Die Religion des Geldes

Gerhard Schwarz

Die Religion des Geldes

Ökonomisierung – Globalisierung –
Digitalisierung

2., Auflage

 Springer Gabler

Gerhard Schwarz
Wien
Austria

ISBN 978-3-658-10507-5   ISBN 978-3-658-10508-2 (eBook)
DOI 10.1007/978-3-658-10508-2

Die Deutsche Nationalbibliothek verzeichnet diese Publikation in der Deutschen Nationalbibliografie; detaillierte bibliografische Daten sind im Internet über http://dnb.d-nb.de abrufbar.

Springer Gabler
© Springer Fachmedien Wiesbaden 2012, 2016

Lektorat: Ulrike M. Vetter

Gedruckt auf säurefreiem und chlorfrei gebleichtem Papier

Springer Fachmedien Wiesbaden ist Teil der Fachverlagsgruppe Springer Science+Business Media
(www.springer.com)

Vorwort zur 2. Auflage

Gegenwärtig erleben wir eine der größten Revolutionen der Geschichte. Die größten Revolutionen bisher waren die „Feuerrevolution" mit der Domestizierung des Feuers, die neolithische Revolution und die industrielle Revolution. Die jetzige Revolution ist deshalb so groß, weil sich hier drei Megatrends überschneiden: die Globalisierung, die Ökonomisierung und die Digitalisierung.

Die seit der neolithischen Revolution geltende Einteilung der Menschen in Ober- und Untertanen (die „heilige Ordnung der Männer", auf griechisch Hierarchie) wird heute infrage gestellt. Dabei spielt das Geld eine zentrale Rolle.

Wenn gesagt wird, Geld sei für alle Ungerechtigkeiten der Welt verantwortlich, dann muss das auch heißen, dass mit Geld ebenfalls Gerechtigkeit hergestellt werden kann. „Geld ist der Gott des Kapitalismus" wie Georg Simmel sagt. Dieser Gott erscheint aber heute in neuen Kleidern: nämlich über die Digitalisierung. Erst über sie werden das Prinzip der globalen Konkurrenz und das Prinzip der Ökonomisierung revolutioniert.

Was steckt hinter den drei Megatrends?

Die drei Megatrends entsprechen den in diesem Buch ausgeführten aristotelischen Gedanken der Gerechtigkeit. Es sind die drei Dimensionen der Gerechtigkeit, die den Megatrends zuzuordnen sind, so wie sich diese Dimensionen auch im Geld wiederfinden. Sie stehen zueinander jeweils im Widerspruch. Diese Widersprüche sind vital und grundsätzlich, sie können nicht eliminiert werden (wie es das hierarchische System gerne hätte und auch immer wieder versucht), sondern sie müssen jeweils in mühsamen Konsensfindungsprozessen zu Lösungen finden.

Die Globalisierung mit ihrem Regelsystem entspricht der **Gesetzesgerechtigkeit**. Die **Ökonomisierung** mit der derzeitigen Phase des Kapitalismus entspricht der **Leistungsgerechtigkeit**. Und die **Digitalisierung** bringt die **Bedürfnisgerechtigkeit** auf die weltgeschichtliche Bühne.

Alle Wirtschaftsunternehmen und Organisationen stehen im Schnittpunkt der 3 Megatrends: Unter Wettbewerbsbedingungen werden jene Organisationen überleben, die gleichzeitig den Menschen mehr Freiheit geben (Globalisierung), rentabler wirtschaften (Ökonomisierung) und die die Bedürfnisse der Menschen besser befriedigen (Digitalisierung).

Ich habe dementsprechend in der 2. Auflage die neuen Entwicklungen der digitalen Revolution in Bezug auf das Geld berücksichtigt und am Ende diese auch in einer neuen Graphik dargestellt.

Wichtig für mich ist jeweils das Urteil von Fachleuten. Hier hatte ich das Glück, zwei exzellente Expertisen aus dem Fachbereich Bank für die 2. Auflage zu bekommen. Dies sind Wolfgang Duchatschek, ehemaliger **Vizegouverneur** der Österreichischen Nationalbank, und Henriette Mark, Aufsichtsratsmitglied der Deutschen Bank, denen ich hier meinen großen Dank ausspreche. Ich habe ihre und weitere andere Anregungen in die zweite Auflage eingearbeitet.

Wien, im Februar 2016   Gerhard Schwarz

Vorwort zur 1. Auflage

Der Kapitalismus scheitert genau an demselben Problem, an dem schon der reale Sozialismus (Kommunismus) gescheitert ist – nämlich an einer Gesellschaftsstruktur, in der einige wenige über das Schicksal von vielen Menschen entscheiden, ohne deren Zustimmung einholen zu müssen.

Die hierarchische Einteilung der Menschen in Obertanen und Untertanen wurde bisher von keiner Revolution in Frage gestellt – im Gegenteil: die Revolutionäre waren meist diktatorischer als diejenigen, die von ihnen gestürzt wurden.

Die Symptome dieser Krise des hierarchisch-kapitalistischen Systems sind heute: Überschuldung, Auseinandertriften von Arm und Reich, Dominanzattitüden diverser Eliten, der Verlust der Werte („Der Ehrliche ist der Dumme") usw. Das Problem ist nicht, dies zu diagnostizieren – das pfeifen sozusagen die Spatzen vom Dach. Die Kunst ist, einen Ausweg aus dieser Krise zu finden. „Das System muss neu gestaltet werden", sagen viele. Aber wie? Nach meiner Meinung spielt heute das Geld eine zentrale Rolle – es ist der neue Gott des Kapitalismus, um den sich alles dreht.

Ich habe seit den 60er Jahren mit meinen Kolleginnen und Kollegen für Versicherungen und Banken in Österreich, der Schweiz und in Deutschland die verschiedenen Dimensionen des Geldes und seine Verwendung untersucht. Daneben habe ich durch die Gruppendynamik ein Instrument gefunden und weiterentwickelt, mit dessen Hilfe bei (fast aussichtslosen) Konflikten dennoch eine Konsenslösung gefunden werden kann. Dies geschieht natürlich nur durch einen Lernprozess, der Widersprüche zulässt und zu einer Lösung führt.

Da die Zusammenhänge sehr komplex sind, lassen sie sich natürlich nicht in einem einzigen Buch darstellen. Manches habe ich hier nur angedeutet. Wer sich ausführlicher über Hierarchieproblematik und Konsensfindung informieren möchte, sei auf mein Buch „Die Heilige Ordnung der Männer, patriarchale Hierarchie und die neue Rolle der Frau" (2006) sowie auf mein Buch „Konfliktmanagement"

(2010) verwiesen. Die Problematik der Erlösungsreligionen habe ich in meinem
Buch „Was Jesus wirklich sagte" (2002) dargestellt.

Wenn es gelingt, ein System der Konsensfindung für alle Konflikte zu etablieren, dann kann die Krise gemeistert werden. Wie das geht, soll im Folgenden im
Detail erarbeitet werden.

Herzlich danken möchte ich in erster Linie Paula Stegmüller, die mich seit Beginn der Forschung in den 80er Jahren begleitet. Sie hat mich mit Ideen und Anregungen bei der Konzepterstellung dieses Buches tatkräftig unterstützt und viele
Gedanken beigetragen.

Zu Dank verpflichtet bin ich auch meinen Kollegen Bernhard Pesendorfer,
Peter Heintel, Uwe Arnold, Traugott Lindner, die zusammen mit mir eine Art
„Wunderteam" bildeten, das mir quasi als „Think-Tank" schon bei vielen früheren
Forschungsprojekten zur Verfügung stand. Viele Aufgaben konnten so zur großen
Zufriedenheit der Auftraggeber gelöst werden.

Viele Anregungen bekam ich auch von den kritischen Lesern des Manuskripts
wie von Henriette Mark, Reinhard Pirker, Horst Stein, Martin Schrötter und nicht
zuletzt auch von meinem Sohn Guido Schwarz, der sich außerdem um die bessere
Lesbarkeit verdient gemacht hat. Ihnen allen sei an dieser Stelle herzlich gedankt.

Gerhard Schwarz

Einleitung

Langsam treten nach dem „Gott" der christlichen Kirchen als Orientierungshilfe neue „Gottheiten" auf den Plan. Sie werden zwar von den Kirchen noch als „Götzen" diskriminiert, aber immerhin sind sie auch damit als Quasi-Gottheiten anerkannt. Jedenfalls reklamieren sie für sich die Verkündigung einer erlösungsähnlichen Heilsbotschaft. Dies zeigt sich vor allem im Bereich der Ökonomisierung: Shoppingcenter werden als „Konsumtempel" apostrophiert. Alles strebt nach Geld so wie früher nach Gottes Gnade. Die Bereiche des Lebens werden zunehmend ökonomisiert: die Kunst, die Wissenschaft, die Bildung, die Gesundheit etc. So wie im Mittelalter die Theologie versucht hat, sich in alle Bereiche des Lebens einzumischen, und meinte, Gott sei überall dabei, so ist heute überall das Geld mit dabei.

Überall dabei sein wollten schon die antiken Götter. Der einzelne Mensch konnte damit effektiv kontrolliert werden. Heute erfolgt die Kontrolle weitgehend über Geld. Auch wenn am Horizont schon die Medien und das Internet als neue Gottheiten auftauchen, geht der Prozess der Ökonomisierung im Kapitalismus vorerst noch weiter.

Dabei ist in unserer (Welt-)Gesellschaft einiges außer Balance geraten, und es müssen daher größere Veränderungen bewältigt werden. Am deutlichsten zeigt sich das bei dem Thema Geld, dem „Gott des Kapitalismus". Gottheiten stellen immer einen absoluten Bezugspunkt für die Menschen dar. Die gesellschaftlichen Beziehungen werden daher über die jeweiligen Gottheiten definiert.

Daher erscheint es sinnvoll, sich zunächst mit dem Thema „Geld" auseinanderzusetzen, zu untersuchen, inwieweit es dieser Rolle genügen kann und was für uns daraus folgt. Auch scheint es sinnvoll, die Grenzen unseres Geldmodells auszuloten: Was kann es leisten – oder eben nicht? So erhalten wir Hinweise auf die neuen Spielregeln der Zukunft. Vorläufig haben wir uns aber mit dem neuen Gott zu arrangieren und den Spielregeln zu folgen, wenn wir erfolgreich sein wollen. Die Finanzkrise 2008 und die Krisen der folgenden Jahre haben gezeigt, dass die traditionellen ökonomischen Theorien nicht ausreichen, um die Prozesse der Finanzwelt zu verstehen. Auch waren die Verantwortlichen (Manager, Politiker, Wissenschaftler etc.) nicht in der Lage, die Informationen – so sie denn vorhanden waren – in richtige Entscheidungen umzusetzen. Das ist für mich der Anlass für eine philosophische Betrachtung über das Geld und seine Rolle im Kapitalismus.

Aber es gibt noch eine zweite Gottheit, die der Ökonomisierung den Rang abzulaufen versucht. Präziser: Sie versucht mithilfe der Ökonomisierung selbst eine Erlösungsideologie zu etablieren: das Internet und die neuen Medien.

Nimmt man als geographisches Symbol für die Ökonomisierung das amerikanische Finanzzentrum – nämlich die Wall Street – dann könnte man als Zentrum der Digitalisierung des Silicon Valley betrachten. Dort sitzen Google, Facebook, Microsoft, Amazon, etc.

Die Internetideologen haben ebenfalls religiöse Ambitionen. Sie wollen mithilfe von technologischen Innovationen die Menschen erlösen – nämlich alle ihre Probleme lösen.

Zum Unterschied von den Herrn des Geldes kommen sie aber nicht (jedenfalls zunächst nicht) über das Leistungsprinzip sondern über das Bedürfnisprinzip auf die Menschen zu: „Google hilft in allen Lebenslagen". Damit ist die neue Erlösungsreligion zunächst äußerst erfolgreich und bekommt wenig Widerstand.

Widerstand richtet sich meist gegen Hierarchie und Autoritäten. Die über das Bedürfnisprinzip kommenden Digis können mit großer Zustimmung rechnen und erzeugen als quasi unscheinbare Autorität mehr Akzeptanz als Widerstand. Mit überraschender Selbstverständlichkeit geben die Menschen Informationen Preis, die sie normalen Autoritäten (unter Zwang) nie geben würden.

Wie ist das zu erklären?

Ich glaube das Geheimnis liegt in der Trialektik des Geldes. Damit ist gemeint, dass das Geld in sich drei einander widersprechende Dimensionen hat, die auf den drei unterschiedlichen Bedeutungen der Gerechtigkeit beruhen: der Bedürfnisgerechtigkeit, der Leistungsgerechtigkeit und der Gesetzesgerechtigkeit.

Wenn man die Berechtigung aller drei Dimensionen in ihrem Widerspruch versteht, entsteht ein neues Denkmodell der Komplexität vieler unserer Lebensbereiche. Dieses Denkmodell wird – so behaupte ich – der Realität unseres Handelns besser gerecht als die traditionellen Denkmodelle.

Es gibt ja in der Geschichte kein Denkmodell, das alles erklären kann (das wird es auch nicht geben), aber die einzelnen Modelle sind unterschiedlich brauchbar. So war etwa das antike Modell von der Erde als Scheibe für die Mittelmeer-Schifffahrt brauchbar, nicht aber für die Überquerung des Atlantik. Das kopernikanische Modell war gut für die ganze Erde, nicht aber für die Reisen in unser Sonnensystem. Dafür brauchte man die Relativitätstheorie. Ähnlich kann auch die Logik nicht als einziges Denkmodell bestehen.

Im Spiegel, Nummer 50/2011, gab es noch die Titelgeschichte: „Geld regiert die Welt. Und wer regiert das Geld?" Vermutet wurde damals, dass das Machtzentrum des Kapitalismus die Politik mehr oder weniger erfolgreich zu beherrschen versuche. Die damaligen Machthaber werden als Marionetten des „Finanztempels" gezeigt. Schon vier Jahre später, in der Nummer 10/2015, vermutet der Spiegel die neue „Weltregierung" bereits im Silicon Valley. Dort bilde sich „eine neue Elite, die nicht nur bestimmen will, was wir konsumieren, sondern wie wir leben. Sie will die Welt verändern und keine Vorschriften akzeptieren." Auch dieser neuen Bewegung wird religiöser Charakter zugeschrieben: In demselben Spiegel, Seite 22, heißt es: „Die Religion der Wall-Street-Herren war das Geld. Der Glaube der neuen Herrscher geht viel tiefer. Er ist inhaltlich getrieben. Er ist der Glaube an eine Botschaft. Die Botschaft lautet: Technologie wird die Welt retten." Und etwas weiter: „So wird der Technik-Optimismus zu Erlösungsfantasie" (ebd. Seite 23).

Die Techniker von Google, Facebook, Microsoft etc. sehen sich dabei durchaus als Konkurrenz zur Politik, die ihrer Meinung nach die Probleme der Welt nicht wirklich lösen kann. Ihr eigenes Credo lautet daher: „Wohlfahrt und Zufriedenheit für alle durch so viel Autonomie wie möglich und so wenig Staat wie möglich. Jegliche Autorität ist skeptisch zu betrachten. Regulierung und staatliche Vorgaben haben in dieser Welt nichts verloren." (Spiegel 10/2015, Seite 26).

Auch diese neuen Erlösungsfantasien, die über die technologische Befriedigung der Bedürfnisse des Menschen die Welt retten will, beruhen auf einer reduzierten Weltsicht und einer einseitigen Form des Weltverständnisses, wie schon viele andere vorher.

Es gibt daher heute zwei neue Priesterkasten: Neben den Verwaltern des Geldes, der Finanzmärkte (Banken, Versicherungen etc.) sind es auch die Verwalter der neuen digitalen Revolution. Die Medien sind sich heute nicht darüber einig, von wo die Politik mehr gesteuert wird: von Wall Street oder von Silicon Valley.

Um die neue Revolution zu verstehen, muss man – glaube ich – ihr Medium, das Geld, in einer größeren Komplexität untersuchen.

Ich glaube daher, dass für das Verständnis unserer heutigen komplexen Welt auch immer komplexere Denkmodelle notwendig werden.

Das bei uns gebräuchliche Denkmodell der Logik stammt aus der Neolithischen Revolution. Reflektiert und in Formeln gefasst wurde es von Aristoteles. Die aristotelische Logik hat mehr als 2000 Jahre gute Dienste geleistet (siehe mein Buch, Die Heilige Ordnung der Männer, 6. Aufl. 2016), für die Komplexität der gegenwärtigen Situation muss sie aber weiterentwickelt werden. Insbesondere die Bereiche Wirtschaft und Geld können ohne die systematische Einbeziehung von Widersprüchen, die es in der reinen Logik ja nicht geben darf, nicht ausreichend verstanden werden.

Neben dem Denkmodell der Logik mit seinen vier Axiomen (Satz von der Identität, Satz vom zu vermeidenden Widerspruch, Satz vom ausgeschlossenen Dritten, Satz vom Grunde) gab es sowohl in Europa als auch in Asien schon Ansätze für eine Weiterentwicklung: ein Denken, das Widersprüche nicht ausschließt, sondern sie als Erkenntnisgewinn betrachtet. In Europa ist dieses Denken unter dem Namen „Dialektik" immer wieder weiterentwickelt worden. In Asien läuft diese Denkmethode unter der Bezeichnung „Taoismus".

In die europäischen Wissenschaften, wie z. B. in die Ökonomie, hat das Denken in und mit Widersprüchen nur sehr marginal Eingang gefunden, am ehesten noch bei Freud in der Psychoanalyse.

Durch den Erfolg der auf der Logik basierenden Naturwissenschaften wurden viele andere Wissenschaften verführt, diese Logik auch bei sich selbst anzuwenden (z. B. die Ökonomie) – was aber für komplexe und mit irrationalen Elementen verwobene Systeme nicht ausreichend ist. Insbesondere die Kombination von Geld mit der Zahlenreihe verleitet dazu, Geld als etwas „rein Logisches" zu betrachten. Denn die Mathematik ist sozusagen die Logik zum Exzess. Dort werden Widersprüche konsequent ausgeklammert.

Bei der Betrachtung der Natur sind die mathematischen Modelle immer dann sehr brauchbar, wenn es sich um immer wiederkehrende periodische Prozesse handelt, wie etwa der Wechsel von Tag und Nacht aufgrund der Umdrehung der Erde, aber auch Finanzblasen und Konjunkturzyklen. Wiederholungen können mithilfe von Zahlen verstanden werden, und dieses Denkmodell hat sich ja auch sehr bewährt.

Große Erfolge haben die Akteure der digitalen Revolution mit ihren Algorithmen. Das Verhalten der Menschen folgt offenbar bestimmten Mustern, die in einer großen Anzahl mithilfe mathematischer Modelle statistisch erfasst werden können. Sie stimmen natürlich nicht immer für den Einzelfall, aber eben für größere Anzahlen. Damit lassen sich Verhaltensweisen Einzelner zum Beispiel beim Kauf von Produkten vorhersagen. Wer sehr viele Informationen über das Verhalten von Menschen besitzt (wie etwa Google und Co.), kann dann immer genauere Modelle entwickeln, die ökonomisch nutzbar sind. Dagegen hat die „Dialektik" noch vergleichsweise wenige Erfolge aufzuweisen.

Bei dem Versuch, die Dialektik weiterzuentwickeln, bin ich auf das Modell der Trialektik gekommen. Dieses Denkmodell der Trialektik, das ich anhand des Phänomens „Geld" entwickelt habe, kann meiner Meinung nach für das Verständnis, die Analyse und schließlich auch für die Lösung komplexer Problemzusammenhänge gute Dienste leisten.

Bei finanziellen Dispositionen müssen Widersprüche ausbalanciert werden, um einen Crash zu vermeiden. Die einfache Regel, nicht mehr auszugeben als einzunehmen, wird nicht einmal mehr vollständig von privaten Haushalten befolgt, ist aber keinesfalls für ein Wirtschaftsunternehmen und schon gar nicht für den Staat anwendbar.

Der Begriff „Trialektik" ist erklärungsbedürftig: Es gibt ihn noch nicht, denn ich habe ihn erfunden. Die Grundidee stammt von Aristoteles. Hätte Aristoteles seine eigenen Ideen vernetzt, hätte er den Begriff erfunden.

Mit dem Begriff „Trialektik" widersprechen einander nicht nur zwei Gegensätze, die sich auch gegenseitig bedingen (dies würde zur Dialektik führen), sondern drei Gegensätze. Die Dreiheit als Verständnis von Unterschieden ist ebenfalls ein altes Denkmodell.

Trialektik bedeutet auch, dass sich drei Aporien in einem Gegensatz und gleichzeitig in einem Ergänzungsverhältnis zueinander befinden. Es werden also nicht wie in der Dialektik zwei Gegensätze (These und Antithese) zu einer Synthese gebracht, sondern es werden drei Widersprüche zueinander vermittelt. Trialektik meint ein Verhältnis von Widersprüchen zueinander.

Manchen von Ihnen wird das angeführte Modell der Aporien vielleicht als unnötige Verkomplizierung vorkommen. In vielen Bereichen wird man mit einer Vereinfachung auskommen, so wie in den Naturwissenschaften für kleine Entfernungen und kleine Geschwindigkeiten das Weltbild des Galilei genügt. Niemand wird den Fahrplan der Bundesbahn nach der Relativitätstheorie berechnen, aber schon für das GPS braucht man sie, und ähnlich ist es mit dem Verständnis der Trialektik und ihrer Anwendung auf komplexe Systeme wie das Geld und alle damit zusammenhängenden Lebensbereiche.

Mit meinem Denkmodell der Trialektik beschreibe ich ein mögliches Verständnis von Geld, durch das Gerechtigkeit über das Geld hergestellt werden kann. Es gilt, ein Out-of-Balance der drei Widersprüche im Finanzsystem wieder in Balance zu bringen. Beispiele werden dies illustrieren.

Mit diesem Buch wende ich mich vor allem an Finanzminister – vom Finanzminister eines Landes über die Finanzvorstände von Unternehmen und Organisationen bis hin zum Finanzminister des privaten Haushalts. „Finanzminister" heißt wörtlich – aus dem Lateinischen übersetzt – „Diener des Geldes". Wir, die Finanzminister des kleinen oder größeren Haushalts, sehen uns jedoch lieber als „Herren des Geldes". Die folgenden Ausführungen sollen helfen, den Übergang vom Diener zum Herren zu bewerkstelligen.

Das Buch wendet sich aber auch an alle, die an gesellschaftlichen Entwicklungen Interesse haben und in den verschiedenen – jeweils vom Geld bestimmten Lebensbereichen – Probleme vorfinden und diese auch lösen wollen oder müssen.

Ich werde mithilfe der trialektischen Denkmethode die bedeutsamen Krisen unserer Zeit analysieren: die Krise der Arbeit und der Arbeitslosigkeit, die Krise des Bildungssystems sowie die des Gesundheitssystems. Dies geht nicht mehr nur mit rationalen Konzepten, sondern es ist für das Verständnis wirtschaftlichen Handelns auch eine Analyse der irrationalen Prozesse notwendig.

Schließlich werde ich das Denkmodell auch auf die heute heiß diskutierte Frage der Ethik – speziell der Wirtschaftsethik – anwenden. Auch hier gibt es sehr viele irrationale Komponenten.

Der Lohn der Mühe, sich mit dem Denkmodell der Trialektik zu beschäftigen, wird darin liegen, komplexe Problemsituationen besser analysieren und bewältigen zu können. Es ist ein vielfältiges und kräftiges Werkzeug!

Für die Praxis heißt dies, dass wir viele Lösungen von Problemen nicht mehr mithilfe von allgemeinen Regeln finden können, sondern nur mittels Konsensfindung in jedem einzelnen Fall. Ich glaube, dass man in der Zukunft (und teilweise schon heute) die immer komplexer werdenden Probleme unserer Welt nur so wird bewältigen können. Ein schönes Beispiel dafür ist etwa die Welle der Mediationsverfahren. Immer mehr Richter geben anhängige Fälle an Mediatoren weiter, weil eine erreichte Konsenslösung meist besser ist als eine Gerichtsentscheidung.

So müssen auch die Widersprüche der drei Dimensionen des Geldes immer wieder neu analysiert werden.

Inhaltsverzeichnis

Der Autor

Dr. Gerhard Schwarz Universitätsdozent für Philosophie (Universität Wien) und Gruppendynamik (Universität Klagenfurt), arbeitet seit Anfang der 60er Jahre auf den Gebieten Organisationsentwicklung, Gruppendynamik, Konfliktmanagement, mehrdimensionale Ursachenforschung und Cross-cultural-Projekte. Er ist Berater renommierter Unternehmen.

Von seinen vielen Veröffentlichungen fanden besonders seine Bücher „Konfliktmanagement", „Führen mit Humor", „Die ‚Heilige Ordnung' der Männer" und „Was Jesus wirklich sagte" große Beachtung. Im praktischen Konfliktmanagement ist Schwarz für seine humorvollen Interventionen bekannt. Auch seine Vorträge werden mit Begeisterung aufgenommen.

2001 bis 2006 war Schwarz Moderator der Sendung „Philosophicum" im ORF. Außerdem moderiert und präsentiert er Dokumentationssendungen.<
www.gruppendynemik.com

Religion des Geldes 1

Vielleicht ist es sinnvoll, den Begriff der „Religion" etwas zu analysieren. Die Idee, Religion mit der Existenz eines jenseitigen höheren Wesens (Gott oder Götter) in Zusammenhang zu bringen, greift sicher zu kurz, da z. B. auch der Buddhismus als Religion gilt und sich auch als solcher versteht, ohne einen jenseitigen Gott anzunehmen.

Eher scheint sich Religion auf die sich immer höher entwickelnden Fähigkeiten des Menschen zu beziehen. Irgendwann emanzipierten sich die Menschen von der Natur und entwickelten so etwas wie eine Freiheit – zunächst gegenüber der Natur. Ein schönes Beispiel dafür ist der Gebrauch des Feuers. Bei allen (anderen) Tieren löst Feuer eine Fluchtreaktion aus. Die (göttliche) Freiheit des Menschen erlaubt es ihm – aufgrund seines großen Gehirns –, dieser Fluchtreaktion zu widerstehen und eröffnet damit die Möglichkeit, das Feuer zu domestizieren. Damit tritt eine Art Machtumkehr ein. Mit Hilfe des Feuers und über viele andere Hilfsmittel und Werkzeuge gelang es, nicht mehr Sklave der Natur zu sein, sondern über sie zu herrschen. „Macht Euch die Erde untertan" (Gen. 1,14) ist grundlegender Appell in fast allen Religionen.

Diese Machtumkehr wurde dann von den Priestern der verschiedenen Religionen verwaltet. Von den Schamanen bis zu den Pyramidenbauern gab es schon in der Antike zum Teil spektakuläre Erfolge, wie sich der Mensch der Natur bemächtigte. Schon in der Antike traten übrigens die von Goethe als Zauberlehrlingsproblematik beschriebenen Fehlentwicklungen dieser Machtumkehr auf. So beklagt etwa Platon (400 vor Christus!) die Bodenerosion aufgrund der Landwirtschaft und die Vergiftung der Flüsse aufgrund des Bergbaus.

Primär verwalteten die Religionen das Normensystem, mit dessen Hilfe sich der Mensch an jeweils geänderte Umweltbedingungen anpasste. Die Veränderungen der Umwelt traten meist durch Wanderungen über die Kontinente auf.

© Springer Fachmedien Wiesbaden 2016
G. Schwarz, *Die Religion des Geldes,* DOI 10.1007/978-3-658-10508-2_1

Mit dem Sesshaftwerden und der Entwicklung von „Heiligen Ordnungen" (Hierarchien) traten immer mehr Normen auf, die das Leben der Menschen in Organisationen regeln sollten. (Vgl. Schwarz, „Die Heilige Ordnung der Männer", 2016) Mit dem Zahlensystem, Schrift und Geld im Zuge der Neolithischen Revolution begannen sich die Priesterkönige in den meisten Hochkulturen in weltliche Könige und religiöse Vertreter der Tradition aufzuspalten. Die Könige waren Vorfahren der heutigen Politiker und die Priester Vorläufer der heutigen Wissenschaftler. Sie entwickelten Theorien über die Natur und den Menschen mit dem Ziel der Machtumkehr. Motto: Wie führe ich meinen Chef – d. h. wie bekomme ich Macht über das, was Macht über mich hat?

Die Personifizierung der Naturgewalten z. B. in Form von Gottheiten war dabei sehr hilfreich: Denn es ist leichter, mit einem Gott des Wassers zu verhandeln als mit einer Naturgewalt. Und schon sehr früh lernten die Priester (Wissenschaftler) auch Staudämme zu bauen und das Wasser und andere Naturgewalten zu beherrschen.

Das Geld hatte damals noch eine untergeordnete Bedeutung. Es war für den Unterhalt der Priester, die es von den Opfergaben abzweigten. „Gilt" war der Opferspieß – und schon damals diente es der Bevorratung von Gütern (vgl. Türk, 2015).

Die Machtdemonstration von Priestern, Schamanen, Medizinmännern etc. hatten dabei einen wesentlichen Sinn: den Menschen die Angst vor dem zu nehmen, was sie *nicht* beherrschen konnten. Bald dürften daher bei den ersten Repräsentanten von Religionen auch Allmachtsphantasien entstanden sein. So wurde schon sehr früh seitens der Priester versucht, Antworten auf unbeantwortbare Fragen zu geben, etwa: Wie ist die Welt entstanden? Wie wird die Zukunft sein? Usw.

Obwohl niemand weiß, wie die Welt entstanden ist, treten in allen Völkern und Kulturen „Spezialisten" auf, die eine Antwort wussten. Meist wurde eben das Prinzip der Kultur einfach an den Anfang gesetzt. In mutterrechtlichen Kulturen hat eine große Mutter die Welt zur Welt gebracht. In patriarchalen Kulturen hat ein allmächtiger Vater die Welt aus dem Nichts geschaffen usw.

Heutige offizielle Vertreter von Religionen vermuten, dass es deshalb wichtig ist, etwas über den Anfang zu sagen, weil sonst die Menschen nicht glauben, dass man etwas über die Zukunft weiß. Dies aber macht die Autorität des Bodenpersonals einer Religion aus. In einem deutschen TV-Sender wird jede Stunde im Rahmen der Nachrichten auch ein Blick auf die Börse geworfen. Vor und nach diesem Blick gab es eine Zeitlang eine Werbeeinschaltung mit der Botschaft: „Die Börse wurde Ihnen präsentiert von Allianz Globalinvestment, die Fondsgesellschaft mit dem entscheidenden Einblick in die Welt von morgen".

Damit versuchen also die Priester der neuen Religion des Geldes die Nachfolge der bisherigen Religion anzutreten. Vom Orakel zu Delphi bis zum Papst wird dieser „entscheidende Einblick" in die Zukunft erwartet. Papst Benedikt XVI., ehemaliges Oberhaupt der katholischen Kirche, sagt in seinem Buch „Jesus von Nazareth" auf Seite 26: „Zu allen Zeiten hat der Mensch nicht nur nach seinem letzten woher gefragt, fast mehr noch als das Dunkel seines Ursprungs beschäftigt den Menschen die Verschlossenheit der Zukunft, auf die er zugeht. Er will den Vorhang aufreißen, er will wissen, was geschehen wird, um dem Unheil ausweichen und dem Heil entgegengehen zu können. Auch die Religionen sind nicht nur der Frage nach dem Woher zugeordnet: alle Religionen versuchen irgendwie, den Schleier der Zukunft zu heben. Sie erscheinen bedeutend gerade dadurch, dass sie Wissen über das Kommende vermitteln und dem Menschen auf diese Weise den Weg zeigen können, den er nehmen muss, um nicht zu scheitern. Deswegen haben praktisch alle Religionen Formen der Zukunftsschau entwickelt." (Das Buch ist 2006 erschienen!)

Die Vertreter der traditionellen Religionen wehren sich naturgemäß gegen die neue Religion des Geldes. So gibt es etwa in der Schweiz eine Gruppe von Theologen, Finanz-, Wirtschafts-, Religions-, Kultur- und Medienwissenschaftlern, die ein „Basler Manifest zur ökonomischen Aufklärung" verfasst haben (www.zrwp. ch). Darin wird die „unsichtbare Hand des Marktes" als Götzendienst angeprangert: „Wir haben uns von einer Gesellschaft mit marktwirtschaftlicher Ökonomie zu einer den sich selbst organisierenden Markt als Götzen anbetenden Finanzgesellschaft entwickelt. Freie Marktwirtschaft heißt, auf die Produktivität von Vertragsfreiheit, Gestaltungsmöglichkeiten und verantwortliches Handeln zu vertrauen – und eben nicht fundamentalistisch daran zu glauben, dass die Unsichtbare Hand des Marktes mit gottgleicher Weisheit alles so herrlich regiert, weil sie für Gleichgewichtszustände sorgt."

Als Nachfolger der bisherigen Religion versuchen sich nicht nur die Vertreter des Geldes, sondern auch die Wissenschaften zu etablieren. So behaupten etwa die Atomphysiker zu wissen, dass die Welt durch einen Urknall entstanden ist. Ich glaube aber, dass sie wenig Chance haben, sich hier zu etablieren (vgl. Pietschmann/Schwarz: „Mythos Urknall", 2012)

Je weiter sich die Menschen von der Natur wegbewegten, desto mehr und desto komplexere Regeln mussten für das (von den Instinkten) freigewordene Verhalten der Menschen gefunden werden. Die Bücher, in denen nach Erfindung der Schrift solche Regeln festgeschrieben wurden, bekamen immer mehr Umfang (z. B. die Bibel). Es kam zur Entwicklung einer differenzierten Moral. Gut war, wer dem Gesetz gehorchte. Verstöße gegen das Gesetz waren böse und wurden sanktioniert. Hier arbeiteten Könige und Priester eng zusammen.

In der sogenannten „Achsenzeit" (Jaspers) – um etwa 400 vor Christus – traten in China, Indien und Europa Philosophen auf (Lao tse, Siddharta Gautama und Sokrates), die eine Flexibilisierung der Handlungen dadurch zu erreichen versuchten, dass sie als letzte Instanz für Gut und Böse nicht das Gesetz, sondern die jeweilige, in einer Situation „vernünftige" Entscheidung proklamierten. Man könnte das als Geburtsstunde des „Ich" bezeichnen.

Sokrates meinte, er habe ein „daimonion" in sich, also eine Art göttlichen Funken, der ihm jeweils sagte, was richtig sei. 500 Jahre später wird man im Christentum vom individuellen Gewissen sprechen.

Siddharta Gautama in Indien nannte sich „der zu sich selbst Erwachte". So könnte man nach Meinung des Philosophen Suzuki das Wort „Buddha" übersetzen.

Diese neue Form der Selbstbestimmung und die damit verbundene Befreiung von Zwängen wurde in der Nachfolge dieser Propheten als „Erleuchtung" bezeichnet, im Christentum spricht man von Erlösung. Gemeint ist also immer der Übergang von der Fremdbestimmung (ursprünglich die Natur, später die Gesetze) zur Selbstbestimmung.

Jesus von Nazareth vereinigte dann um die Zeitenwende die beiden Traditionen, die griechische und die buddhistische, in ein neues Weltbild. Seit der Entdeckung der Qumran-Texte, die etwa 200 Jahre vor der Zeitenwende datiert werden können, weiß man, dass auch in den Reden des Jesus von Nazareth viele buddhistische Gedanken, zum Teil sogar wörtlich, enthalten waren.

Anders als im Buddhismus gab es im Judentum einen jenseitigen Gott. Trotz vieler Hinweise in der Bibel, dass der Mensch „Ebenbild Gottes" sei, empfand man – jedenfalls laut Text des Neuen Testaments – die Behauptung Jesu, er sei „Gottes Sohn" oder – häufiger – der „Menschensohn", als Gotteslästerung. Dabei war die Auffassung, dass das ehedem vielleicht jenseitige Göttliche sich im Menschen befände und ihm die Machtumkehr zur Beherrschung der Natur ermöglichte, nur eine konsequente Fortführung der Erleuchtung und Erlösungsreligionen.

Augustinus meinte dann, dass die Erlösung darin bestehe, diese Göttlichkeit in sich zu aktivieren und damit zur Selbstbestimmung zu kommen. „Inscende te et tanscende te", sagte er. Man könnte das auch so übersetzen: Gehe in dich hinein – dort findest du die Transzendenz.

Die Selbstbestimmung – insbesondere wenn sie sich einmal auch gegen das Gesetz richten sollte, birgt natürlich eine große Gefahr: dem Rückfall auf naturhafte Egoismen, der mit Raub, Diebstahl, Mord etc. einhergeht. Der Stärkere setzt sich gegenüber dem Schwächeren durch. Das würde sogar den Fortschritt, den schon das Gesetz gebracht hat, wieder zunichtemachen. Daher gab es schon im Buddhismus, Judentum und auch im Christentum eine Pflicht zur Konsensfindung.

Nur wenn der andere, den meine Entscheidung betrifft, auch zustimmen kann, ist diese Entscheidung gut. Andernfalls gilt noch der gesetzlose Zustand. Diese Konsenspflicht wird auch unter dem Namen „Liebesgebot" tradiert: „Liebe deinen Nächsten wie dich selbst". Der griechische Text (Mt 19,20) ist übrigens zweideutig. Das griechische Wort „hos seauton" kann auch übersetzt werden: „Liebe den Nächsten als ein Selbst". Liebe ist damit ein Kind der Freiheit. Nur wenn der, der mich liebt, dies nicht aus irgendwelchen Zwängen heraus tut, ist diese Liebe wertvoll und ein Konsens ist haltbar. In Über- oder Unterordnungssituationen beruht die Zustimmung immer auf Zwang und ist damit für einen Konsens nicht geeignet.

Natürlich braucht man dafür auch Macht über sich selbst. Deshalb gibt es in den meisten Erlösungsreligionen auch eine differenzierte asketische Tradition. Das größte Problem sind aber die verschiedenen Formen der Unterdrückung.

Dieser Aspekt hat heute eine sehr große Bedeutung, weil sehr viele Entscheidungen (in Politik, Gesellschaft und generell in Hierarchien) oft gegen den Willen der Betroffenen gefällt werden. Damit wird aber das, was im Zuge der Erlösungsreligionen „Menschenwürde" genannt wird, verletzt. Außerdem haben Entscheidungen gegen den Willen der Betroffenen eine schlechte Performance.

Eine besondere Rolle spielt dieser Kurs aber beim Umgang mit Geld. Bevor diese neue, eigentlich bereits nach-kapitalistische Entwicklung im Folgenden dargestellt wird, noch ein kurzer Blick auf das, was wir im Religionsunterricht über Religion gelernt haben.

Jesus von Nazareth hat die vom Buddhismus und von der griechischen Philosophie übernommene Selbstbestimmung der Entscheidungen, was Gut und Böse betrifft, für sich reklamiert. In der Folge meinte er dann, dass diese Qualität (als Einheit von Gott und Mensch bezeichnet) auch auf seine Jünger und alle weiteren Menschen übergehen würde.

Wirklichen Wert haben Entscheidungen nur dann, wenn es nicht noch eine andere (womöglich jenseitige) Instanz gibt, die dann das letzte Wort hat – so wie ein Chef – und sagen kann: richtig oder falsch!

Insofern hat jeder Mensch so wie Jesus von Nazareth die Gottheit in sich (im Lateinischen: ens a se = aus sich heraus entscheidend). Dies ist Voraussetzung für die Liebe – also für Konsens zwischen Gleichberechtigten. Deswegen wird in der Bibel dann auch festgestellt: Gott ist die Liebe (z. B. 1 Joh. 4,9).

Die heute schon etwas veraltete Ausdrucksweise der Bibel kann ohne Schwierigkeit in die Gegenwart übersetzt werden. Das folgende Schema soll dies verdeutlichen (Abb. 1.1):

Die Erlösung (Erleuchtung im Buddhismus) geschieht dann, wenn es gelingt, von der Fremdbestimmung zur Selbstbestimmung zu gelangen. Das Bild dafür ist

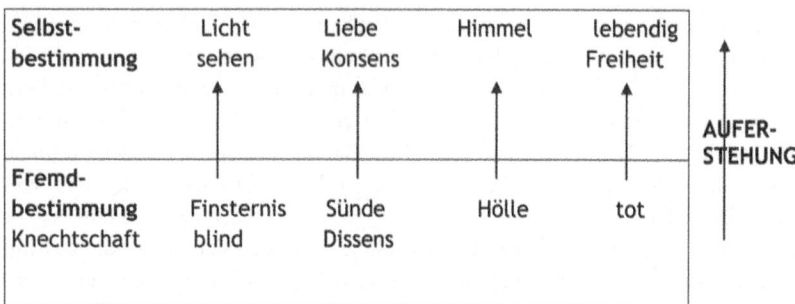

Abb. 1.1 Ausdrucksweisen der Bibel übersetzt in die Gegenwart

Finsternis und Licht – daher „Erleuchtung". Jesus von Nazareth bevorzugte aber das Bild von Knechtschaft und Freiheit. Wer Entscheidungen trifft, z. B. gegen das, was er für richtig hält, ist fremdbestimmt. Augustinus verwendete dafür das Wort „alienatio", im Griechischen steht „hamartia" dafür, was meist mit Sünde übersetzt wird.

Dissens oder Unzufriedenheit, Widerstand oder Unglücklichsein mit fremden Entscheidungen führt auf die Dauer zu einem Zustand, der als Hölle bezeichnet wird. Der Aufstieg zur Freiheit wird dann auch als Himmel bezeichnet. Wir hören das im Alltag auch öfters: Diese Ehe war die Hölle. Oder: Er/Sie befindet sich „im siebenten Himmel". Als tragisch erleben wir es, wenn ein Zustand, der einen zunächst im Himmel sein lässt, sich so langsam zu einer (Ehe-)Hölle entwickelt.

Die Ausdrucksweise der Bibel führt hier zu einem weiteren Missverständnis. Jesus verwendete im Laufe seiner Verkündigung und damit im Laufe der Eskalation des Konflikts mit der damals herrschenden Obrigkeit eine immer kräftigere Sprache. So bezeichnete er ursprünglich Menschen, die er als fremdbestimmt erlebte, als „blind", weil sie in der „Finsternis" leben.

Die sogenannten Wunder, die Jesus vollbrachte, haben meist die Tendenz, zur Selbstbestimmung – also ans Licht – zu führen. Er machte „Blinde sehend" und „Taube hörend" usw. Dies ist natürlich als Bild für den genannten Unterschied aufzufassen. Die stärkste Ausdrucksweise war dann die, dass er Menschen in Fremdbestimmung als „bei lebendigem Leibe tot" bezeichnete. Tod steht in der Bibel (meist) nicht für das Absterben des Leibes, sondern für die Fremdbestimmung, also die Sünde. So z. B. 1. Joh. 3,11: „Wir wissen, dass wir aus dem Tode zum Leben gekommen sind, weil wir die Brüder lieben. Wer keine Liebe hat, bleibt im Tode."

Manchmal nennt Jesus fremdbestimmte Menschen auch „Besessene". Sie werden von einem anderen „besessen". Menschen, die andere in Besitz nehmen, nennt er auch Satan und gelegentlich beschäftigte er sich auch damit, den Satan auszutreiben.

Später hat sich diese Ausdrucksweise bildlich weiterentwickelt, und so wie Gott personifiziert wurde, geschah dies auch mit dem Bösen als Metapher. „Der Herr der Finsternis", der ursprünglich aber als Lichtträger (Lucifer) aufgetreten ist, spielt in der Kunstgeschichte eine große Rolle. Die wichtigste Unterscheidung ist aber die von Tod und Leben. Der Übergang vom Tod zum Leben (mithilfe der Erlösung) heißt dann auch Auferstehung und findet selbstverständlich zu Lebzeiten statt, also „im Leibe", wie formuliert wird. (Genaueres dazu in meinem Buch: „Was Jesus wirklich sagte", 2000).

Religion ist somit die Art und Weise, in der die Prinzipien des menschlichen Zusammenlebens formuliert werden. In den alten Religionen, die noch nicht als Erlösungsreligionen bezeichnet werden können wie die Naturreligionen, z. B. Hinduismus, wird als das zentrale Organisationsprinzip die Über- und Unterordnung verwendet, wie es etwa in der Hierarchie definiert ist. Im Hinduismus wird sogar der Tod mit einbezogen: Wer in diesem Leben den Regeln der Priester folgt, kann im nächsten Leben mit einem „Aufstieg" in der Hierarchie rechnen. Die „Bösen" müssen absteigen. Dagegen hat etwa der Buddhismus das Nirwana proklamiert, dieses Leben ist unser letztes Leben, es wird keine Wiedergeburt geben.

In den Erlösungsreligionen wird als zentrales Ordnungsprinzip der Prozess der Konsensfindung angesehen. Damit sind auch die großen Errungenschaften des Abendlandes möglich geworden:

- Die Menschenrechte: Jeder Mensch – da zugleich göttlich und menschlich – muss als Mensch anerkannt werden und besitzt die gleichen Rechte.
- Die Demokratie: Jeder Mensch hat Mitsprache.
- Die Wissenschaft: Alles Wissen muss öffentlich sein und von allen Menschen überprüfbar und nahvollziehbar sein.

Der Kapitalismus hat diese Grundprinzipien – jedenfalls ansatzweise – realisiert, zumindest besser als alle anderen bisherigen Systeme. Deswegen – so meine These – hat er sich auch weltweit durchgesetzt. Mit Hilfe des Geldes sollten alle Ungerechtigkeiten und Fremdbestimmungen beseitigt werden. Wie die weltweiten Proteste aber zeigen, ist eher das Gegenteil der Fall. Die Schere zwischen Arm und Reich geht immer mehr auseinander. Die Finanzmärkte, die über die Regierungen regieren, sind alles andere als gerecht.

Die Grundgedanken der Erlösungsreligionen – nämlich die Menschen zu ihrer Selbstbestimmung zu führen – wird aber nicht nur von den Ideologen der Marktwirtschaft vertreten (jeder kann durch Kauf mithilfe des Geldes sich selbst bestimmen), sondern auch von den Vertretern der digitalen Revolution.

Sie glauben, dass sie mithilfe der Technik die Welt verbessern können. So sagt etwa der Chef von Google, Larry Page, in einem Interview in der ZEIT (Nr. 21/2015, 21.5.2015, Seite 23) auf die Frage, was ihn am meisten beschäftige: „Das Problem der Menschen, denen es schlecht geht, weil sie am falschen Platz geboren sind. Da ist auch das größte Geschäftspotenzial. Milliarden Menschen haben kein Geld. Das ergibt keinen Sinn und hilft niemandem. Da könne das Internet große Wirkung entfalten, und die Menschen ermächtigen ihr Schicksal selbst zu bestimmen."

Larry Page meint auch, dass die neue Technologie in Zukunft den Menschen viel unangenehme Arbeit abnehmen wird. Er fragt dann in dem ZEIT-Interview „ob es wirklich so furchtbar wäre wenn Menschen eine unangenehme Arbeit nicht mehr verrichten müssen?... Auch sonst würden viele Menschen ihre Jobs nicht sonderlich mögen... Man müsse die Welt nur gut organisieren: wenn wir zu viele Arbeiter haben, dann lasse uns anfallende Arbeitszeit verringern. Ich habe gerade Leute gefragt und es gibt niemanden, der nicht gerne ein paar Urlaubstage mehr hätte." (ZEIT Nr. 21/2015, Seite 22)

Auch andere digitale Ideologen meinen, dass das „Internet für jedermann" die Welt verbessern und gerechter machen wird. Mark Zuckerberg möchte das Internet sogar als zu den Menschenrechten gerechnet sehen. Facebook, Google, Amazon, Microsoft und Apple beherrschen 80 % des weltweiten Datenverkehrs – zum Wohle der Menschheit wie er meint. Speziell im Visier haben die „Priester der neuen Religion" das hierarchische System mit der Unterdrückung der Menschen. Mithilfe der neuen Technologien würde es keine Sklaven mehr geben müssen. Dies alles geschieht mithilfe des Geldes.

Es ist daher Zeit, dieses neue allmächtige Kommunikationsprinzip – das Geld – etwas genauer unter die Lupe zu nehmen und nachzusehen, wo die Weiterentwicklung zum Konsens ansetzen muss und wodurch das Zusammenleben gerechter werden kann.

Dies kann m. E. nur dadurch geschehen, dass die hierarchische Logik verlassen wird, dass die Widersprüche, die das Geld in sich hat, erkannt werden und im Zuge eines Lernprozesses jeweils in jeder Situation neu einer Konsenslösung zugeführt werden.

Wenn das gelingt, dann ist dies eine neue Revolution, die zu mehr Gerechtigkeit führt und vielleicht das System des Kapitalismus ablöst.

Wie das geht, wird im Folgenden erläutert.

Das Modell der Trialektik

2.1 Was ist eine Aporie?

Das Wort Aporie stammt von Platon und heißt wörtlich „Unendlichkeit" oder „Weglosigkeit". Erst Aristoteles hat es präzise als „meta-logische" Denkfigur gefasst: Er sagt (Metaphysik 995 a), dass die Prinzipien der Logik nur für die Mathematik gelten, nicht aber für die Wirklichkeit. Für die „Wirklichkeit" gelten auch andere Prinzipien, nämlich Widersprüche. Bei Aristoteles ist „Wirklichkeit" alles, was nicht bloß mit „Form" zu tun hat, sondern mit „Physis" (später: Physik), wo für den Widerspruch gilt, „dass es auch möglich sein muss, ein und dasselbe zugleich zu bejahen und zu verneinen". Er nennt das „Aporia pròte" – also „erste Aporie" (Metaphysik 995 b).

Lao Tse verwendet übrigens für Aporie das Wort „Tao" – und es heißt auch dort, wörtlich übersetzt, „Weglosigkeit" und „Weg" zugleich.

Mit dieser „Weglosigkeit" hatte ich bei meiner ersten Chinareise ein einprägsames Erlebnis. Mein Kollege und ich lernten für die Reise einige Zeichen der chinesischen Schrift und natürlich auch das Zeichen für Tao. Als wir dann in Peking den Kaiserpalast in der „verbotenen Stadt" besichtigten, nahm mich mein Kollege ganz aufgeregt beiseite. Er hatte am Beginn eines dunklen Ganges das (durchgestrichene) Zeichen für TAO entdeckt. Wir holten unseren Dolmetscher. Dieser lachte und sagte: „Das heißt: Dulchgang velboten!"

Für unser alltägliches (logisches) Denken sind Widersprüche demnach „verbotene Durchgänge".

Lao Tse sagt: „Der Weg (Tao) ist ewig ohne Tun, aber nichts, das ungetan bliebe" (Tao te King, Kap. 37). Er sagt auch: „Die beiden (Gegensätze) sind eins und gleich hervorgetreten und doch sind ihre Namen verschieden" (Tao te King, Kap. 1).

© Springer Fachmedien Wiesbaden 2016
G. Schwarz, *Die Religion des Geldes*, DOI 10.1007/978-3-658-10508-2_2

Diese Einheit von Gegensätzen (coincidentia oppositorum des Nikolaus von Cues) ist immer wieder in der Geschichte verwendet worden, um komplexe Strukturen zu beschreiben. So auch die Trinität im Christentum: „Wir sprechen nach der Lehre unserer Vorfahren von diesen drei Personen, damit sie als solche erkannt, nicht aber damit sie getrennt werden." Das Konzil von Toledo formulierte sein Gottesbild dann sogar explizit als Aporie: „… dass nie mehr die Gottheit von der Menschheit oder die Menschheit von der Gottheit getrennt werden kann … Insofern er (Jesus Christus) Gott ist, ist er dem Vater gleich. Insofern er Mensch ist, ist er geringer als der Vater. Nach unserem Glauben ist er also größer und geringer als er selbst" (Denzinger 531).

Eine der wichtigsten Aporien (sie ist bei Aristoteles erst die Nummer 14, Metaphysik 1003 a) ist die von Möglichkeit und Wirklichkeit. Sie wird uns beim Geld noch beschäftigen. („Welche Elemente nur der Möglichkeit nach – dynamei – existieren oder auf andere Weise".)

Am leichtesten kommt man ins Streiten, wenn man die Frage nach der Zeitlichkeit des Ursprungs der beiden gegensätzlichen Faktoren einer Aporie stellt. Also was war zuerst: Henne oder Ei?

Ich habe diese Aporie in meiner Karriere als Vater immer wieder erlebt, wenn ich bei einem Streit meiner Kinder versuchte, die – eben völlig sinnlose – Frage zu stellen: Wer hat angefangen? In diesem Fall war es immer „der andere". Auf höherem Niveau kehrt diese Frage in der Wissenschaft wieder: Was war am Anfang? Z. B. bei der Entstehung des Geldes. Wie ist Geld aus Nicht-Geld (z. B. Tausch) entstanden? Aus Hortung von Eigentum (Gold)? Oder durch die Forderung, mehr zurückzubekommen, als man ausgeliehen hat (Zinsen)?

Die Frage des Anfangs ist als Verschiebung eines aporetischen Konfliktes auf die Frage: „Was war zuerst?" zu verstehen, und trotzdem beschäftigt sich die Wissenschaft damit ganz ernsthaft. Dabei geht es nicht nur um Henne oder Ei, sondern es wird auf höherer Ebene nach dem Anfang aller Anfänge gefragt – ein unendlicher Prozess. Wie ist Materie entstanden? (Z. B. die Urknalltheorie in der Astrophysik: „Materie – Antimaterie" oder „Welle – Korpuskel" in der Quantentheorie.)

2.2   Aporien sind brauchbare Lösungswerkzeuge

Um mithilfe von Widersprüchen Erkenntnisse zu erlangen, sind einige „Tricks" oder Techniken zu beachten. Jeder Standpunkt, der von jemandem vertreten wird, ist klar zu formulieren und dann dessen Widerspruch zu suchen, der ebenfalls seine Berechtigung hat. Daran erkennt man, dass man es mit Aporien oder mit „notwendigen" Konflikten zu tun hat – die einer Lösung zugeführt werden können.

Eine Aporie hat drei Eigenschaften:

1. Sie beinhaltet zwei einander widersprechende Aussagen (oder auch Interessen).
2. Beide sind wahr (werden als berechtigt angesehen).
3. Beide sind voneinander abhängig.

Solche Aporien sind Ihnen sehr bekannt. Sie sind leider in unserer europäischen Tradition (zum Unterschied von der asiatischen) eher wenig beachtet worden. In Europa hat sich die formale Logik durchgesetzt, und Aporien werden eher als unangenehm empfunden. Im Deutschen gibt es gar kein eigenes Wort dafür. Für Aporien werden verschiedene griechische oder lateinische Ausdrücke verwendet wie: Dilemma, Paradoxon, Antinomie, Ambivalenz oder aber Umschreibungen wie „Henne und Ei", „Pest oder Cholera", „vom Regen in die Traufe", „zwei Seiten einer Medaille", „Quadratur des Kreises", „Widerspruch in sich" oder Ähnliches.

Außer in der Philosophie werden Aporien selten als Erkenntnisquelle verwendet. Bei der Analyse und der Lösung von Konflikten kommt man aber meist nicht darum herum.

Für die Wissenschaft, speziell für die Ökonomie und da wiederum für die Theorie des Geldes, bringen Aporien jedoch einen hohen Erkenntnisgewinn. Die These lautet: Mit diesem Denkmodell versteht man bestimmte Probleme und Zusammenhänge besser als mit anderen Denkmodellen.

Im Zuge der Analyse der Finanzkrise 2008 (und folgende Jahre) werden allerdings auch von den Ökonomen immer wieder Widersprüche genannt. Meist handelt es sich dabei um Aporien, die nicht linear-logisch aufgelöst werden können. So z. B. birgt Basel III nach Meinung vieler Autoren solche Aporien. Es heißt im „Fokus der Wirtschaft" vom 4.12.2010 in der Neuen Zürcher Zeitung auf Seite 13 unter dem Titel „Latente Zielkonflikte": „Schon am Ausgangspunkt der Überlegungen, von denen Politik und Regulatoren offenbar geleitet werden, zeigen sich Widersprüche. Zum einen sollen Banken Risiken reduzieren und ein wirksameres Risikomanagement betreiben, zum anderen soll die Realwirtschaft auch künftig ausreichend mit Krediten versorgt bleiben. Das ist ein Zielkonflikt, der sich auf der Ebene des einzelnen Instituts nur schwerlich lösen lässt."

Immer wieder wird auch darauf hingewiesen, dass bestimmte Maßnahmen das Gegenteil von dem erreichen, was sie erreichen sollen. Auch dies ist ein Kennzeichen von Aporien (siehe Phase 2 der Lösungen von Aporien).

Ich glaube, dass der „logische Methodenzwang" in den Wissenschaften, der ursprünglich einen großen Fortschritt darstellte, um Wissenschaft von Aberglauben und Alltagsverständnis abzuheben, heute oft ein Hemmnis für die Weiterentwicklung darstellt. Insbesondere der Zwang, überall naturwissenschaftliche

Methoden anzuwenden oder nur Ergebnisse aus solchen Methoden anzuerkennen, führt zu einer unzulässigen Selbstbeschränkung in der Erkenntnis. Überall dort, wo menschliches Handeln mit im Spiel ist (also Motivation plus rationales Denken, aber auch kollektiv und individuell Unbewusstes oder auch soziale und interaktive Prozesse), ist der Anteil, den man mit formalen Methoden erfassen kann, oft nur gering.

Die Faszination und der Erfolg der naturwissenschaftlichen Modelle mit der ihnen vorausgesetzten Logik haben die Wirtschaftswissenschaftler (und nicht nur sie) zur Hoffnung verführt, mit der Anwendung dieser Methoden ähnliche Erfolge zu erzielen, wie sie die naturwissenschaftlichen Modelle im technischen Bereich verbuchen konnten.

Dies ist aus mehreren Gründen nicht möglich:

1. Die Mathematik passt nur sehr eingeschränkt auf die Realität. In der Mathematik ist folgende Rechnung kein Problem: $2 - 3 + 1 = 0$. Auf die Realität umgesetzt könnte man daraus folgende Story machen: Wenn aus einem Zimmer, in dem sich zwei Personen befinden, drei herauskommen, muss wieder einer hineingehen, damit niemand drinnen ist.
   Anders, wenn man die Gleichung so formuliert: $3 - 2 - 1 = 0$. Aus einem Zimmer, in dem sich drei Personen befinden, können zwei herauskommen. Dann muss noch eine herauskommen, damit niemand drinnen ist.
   An diesem Beispiel sieht man, dass die Mathematik kein Kriterium eines Realitätsbezuges an sich hat. Einstein äußert sich ähnlich: „Insoferne sich die Sätze der Mathematik auf die Wirklichkeit beziehen, sind sie nicht sicher, und insofern sie sicher sind, beziehen sie sich nicht auf die Wirklichkeit" (Geometrie und Erfahrung, S. 3).
2. Der Realitätsbezug muss von außen – also aus anderen Bestimmungen als aus der Mathematik – kommen. Es scheint daher nicht sinnvoll, etwa ein Prinzip aufzustellen, das behauptet, nur diejenigen Erkenntnisse seien wissenschaftlich brauchbar, die mithilfe der Mathematik gewonnen wurden. Dieses Prinzip gilt nicht einmal mehr für die Naturwissenschaften – keineswegs aber für die Wissenschaften, die menschliches Handeln verstehen wollen, wie etwa die Ökonomie.
   Für die Gegenwart und auch noch für die nähere Zukunft schlage ich vor, dass man den strikten Methodenzwang fallen lässt und pragmatisch sich jener Logik zuwendet, die für den betreffenden Gegenstand den größten Erkenntnisgewinn verspricht. Es gibt ohnehin keine Theorie, die „alles" erklärt.

2.3 Die Bearbeitung von Widersprüchen durch die Dialektik

Dialektik bedeutet das Verhältnis von Widersprüchen oder Gegensätzen in einer Aporie und ihre Lösung.

In Interviews mit verschiedenen Konfliktparteien konnte ich Aporien finden: Ein typischer Fall ist der Konflikt zwischen der Zentrale einer Bank und ihren Filialen. In der Zentrale erfuhr ich, dass sich die Filialen (oder einige von ihnen) nicht (oder nicht immer) an die Vorgaben aus der Zentrale hielten – zum Schaden der Filialen und auch der gesamten Bank, so wurde mir gesagt. Die vorgebrachten Beispiele waren einleuchtend, und es schien mir, dass die Zentrale hier völlig im Recht war. Natürlich konnte ich das als Konfliktmanager nicht sagen, aber ich dachte es mir damals. Als ich dann die Interviews mit der anderen Seite machte, hatte ich dasselbe Erlebnis: Mir leuchtete ein, dass die Anordnungen der Zentrale (gelegentlich) realitätsfremd waren und vor allem die lokalen Gegebenheiten weitgehend außer Acht ließen. Wie sollen wir hier in der City genauso viele Bausparverträge verkaufen wie auf dem Land?

Mir dämmerte schon damals, dass wahrscheinlich beide recht hatten. Weil sie den gegensätzlichen Standpunkt vertraten, kam es zum Konflikt, den ich lösen sollte.

Ich verallgemeinerte dann die Grundlagen beider Standpunkte und formulierte eine Aporie.

Das Prinzip der Zentrale, die ja Verantwortung für viele Filialen trug und darauf achten musste, dass überall die gleichen Spielregeln galten (z. B. Konditionen für die Kunden), wurde immer wieder mit dem Wort „Ordnung" umschrieben. Die Filialen hörten natürlich „Unterordnung" und meinten, dass diese vorgegebenen strengen Regeln (Ordnung drückt sich in Regeln aus) sie an der Arbeit und am Erfolg hindern würden. Die Filialen hätten lieber die Freiheit gehabt, die Regeln so zu interpretieren, dass sie auch auf die Situation ihrer Kunden passen. Am liebsten hätten sie diese Regeln, wenn sie unpassend waren, ganz ignoriert. Diese „Freiheit" wurde aber natürlich von der Zentrale als erster Schritt ins Chaos interpretiert und gegebenenfalls mit Sanktionen belegt.

Die Filialen wendeten daher viel Kreativität auf, um die Regeln zu umgehen und trotzdem alles ordnungsgemäß erscheinen zu lassen. (Mit einiger Überredung konnte man einem Kunden einen Kredit in Form eines Bausparvertrags gewähren. Die Zentrale war zufrieden, denn man musste ja nicht alle Anlagen wirklich beilegen ...)

Es standen sich daher zwei gegensätzliche Auffassungen gegenüber, die man als Aporie so formulieren konnte:

- Nur mit Ordnung können wir auf Dauer erfolgreich sein, und daher muss sich die Filiale – als Vertreterin der Freiheit – der Gestaltung einer Ordnung unterordnen.
- Die andere Seite war der Meinung: Nur mit der freien Anpassung unserer Regeln an die Situation, den Standort und die Kundenbedürfnisse können wir auf Dauer erfolgreich sein.

Kurz und philosophisch verallgemeinert:

- Ordnung erhält die Freiheit ⟷ Ordnung zerstört die Freiheit.

Diese Aporie kann man auch umkehren:

- Freiheit erhält die Ordnung ⟷ Freiheit zerstört die Ordnung.

Beide Aussagen sind gegensätzlich, aber beide sind wahr – und beide sind auch voneinander abhängig.

Was sich nicht bewährte, war eine logische Lösung des Konfliktes. Logisch heißt: Eine Seite hat recht und die andere unrecht. Weder die Zentrale noch die Filialen hatten die Macht, ihren Standpunkt als alleinige Wahrheit durchzusetzen. Sie hatten das wohl versucht (bevor sie mich mit der Lösung beauftragten), aber immer mit dem Ergebnis eines deutlichen Geschäftsrückganges.

Die Lösung dieser Aporie ist die Synthese der beiden Widersprüche (als These und Antithese bezeichnet). Sie war nur möglich mithilfe eines Lernprozesses, den beide Seiten durchlaufen mussten. Das Modell von Über- und Unterordnung funktionierte nicht.

Der Geschäftsrückgang erfolgte dabei aus unterschiedlichen Gründen. In denjenigen Filialen, die sich strikt an die Vorgaben der Zentrale hielten (manchmal besetzte man den Posten eines Filialdirektors mit einem Zentralisten), gingen die Kunden verloren, weil man auf ihre Anliegen aufgrund der zentralen Regulierungen nicht ausreichend reagieren konnte. Umgekehrt ist in den Filialen, die die Regeln der Zentrale mehr oder weniger ignorierten, um auf Kundenbedürfnisse besser eingehen zu können, irgendwann der Aufwand für die Verschleierung der Anpassung an die Kundenwünsche so groß geworden, dass auch sie einen Geschäftsrückgang hatten. Dies wurde z. B. deutlich bei der Risikoabschätzung von Krediten. Weder die Filialisten allein konnten etwa die Risikoselektion richtig abschätzen (weil sie nicht über die in der Zentrale vorhandenen Informationen verfügten), noch konnte die Zentrale die Risiken richtig abschätzen, weil sie die Kunden nicht kannte. Es wurde klar, dass dieser Lernprozess von der Gegenüberstellung der Gegensätze bis zu einer Konsenslösung über eine Reihe von Stufen geht. Diese Lernschritte müssen beide Parteien symmetrisch machen – im Unterschied zu einer linearen, logischen Lösung. In einem solchen Fall muss nur einer einen Lernprozess machen – nämlich der, der sich unter die „Wahrheit" der anderen Seite unterordnet.

In allen Fällen, wo es eine feststehende Wahrheit gibt, die auch gefunden werden kann, ist es sinnvoll, Konflikte so zu interpretieren, als ob einer der beiden sich im Besitz der Wahrheit befindet – also „recht hat" – und der andere nicht.

Wenn beide irren, muss eine dritte Instanz gefunden werden, die sich im Besitz der Wahrheit befindet.

In vielen Fällen – und es werden immer mehr – kann jedoch die lineare Lösungsmethode von Über- oder Unterordnung nicht angewendet werden, weil es sich häufig um komplexe Strukturen handelt, die meist auf Aporien zurückzuführen sind.

Zurück zu unserem Beispiel von Ordnung und Freiheit.

Der erste Lernschritt war die Konfrontation der Gegensätze. Die Zentralisten meinten, die Filialen hätten sich einfach an die Anordnungen zu halten. Die Filialisten meinten, die Zentrale dürfe nur sinnvolle Vorschläge machen.

Man erzählte mir die Geschichte von den Fröschen und den Störchen.

Viele Frösche leben lange Zeit ungestört in einem Teich, bis eines Tages ein Storch kommt und einige frisst. Am nächsten Tag kommt er aufs Neue und holt wieder einige Frösche. Nachdem dies jeden Tag so weiter geht, wandert eine Abordnung von Fröschen zur weisen Eule in den zentralen Wald, um Rat zu suchen. Die Eule wiegt den Kopf und sagt: „Die Sache ist sehr einfach, den Storch hört man am lauten Flügelschlag schon von Weitem. Wenn ihr das hört, einfach wegfliegen!" Die Frösche bedanken sich und kehren zum Teich zurück. Der Rat nützte den Fröschen allerdings wenig, sodass sie nach einiger Zeit wieder bei der Eule landen und ihr berichten, dass sie nicht fliegen können. Da wird die Eule böse und sagt: „Unsere Ratschläge sind immer richtig. Für die Durchführung seid ihr selbst verantwortlich!"

Mit solchen und ähnlichen Geschichten begann die von mir organisierte Konfrontation der Konfliktpartner: Zentrale als Vertreter der allgemeinen Ordnung – Filiale als Vertreter der Freiheit der Anpassung an die Notwendigkeiten.

Beim ersten Mal, als ich diese dialektische (aporetische) Methode anwandte, war ich sehr überrascht, als im Verlauf der Konfrontation plötzlich zuerst eine Seite und dann auch die andere Seite ihre Argumentationsweise völlig veränderte.

Es wurde deutlich, dass es eine zweite Phase (zweiter Lernschritt) gibt, in der sich die Streitparteien fast immer ähnlich verhalten.

Was passierte? Die Ordnungshüter (Zentralisten) gingen ab von der Verteidigung ihrer Position und wechselten zur Gegenseite, was sie aber übertrieben. So etwa: „Angenommen, ihr habt recht mit eurem Freiheitsdrang und dem Ignorieren unserer Regeln – mit der flexiblen Anpassung usw. -, was passiert dann? Geht nicht dann die Ordnung völlig kaputt? Gibt es dann noch – wenn das alle so machen – ein einheitliches Erscheinungsbild unserer Bank? Oder landet dann nicht alles im Chaos?"

Chaos wollten die Filialisten natürlich nicht. Aber auch sie gingen dann zum Gegenangriff über, indem sie die Position der Zentralisten übertrieben:

> Wenn ihr jedes Detail regelt – geht ihr dann nicht an den Bedürfnissen der Kunden vorbei? Bricht im Endeffekt da nicht das ganze Geschäft zusammen?

Diese Extremierung, indem eine Streitpartei der jeweils anderen Seite bedingungslos recht gab, mit Aufzeigen der Konsequenzen, führte zu einer sehr nachdenklichen neuen Phase, der *dritten Phase* oder dem *dritten Lernschritt*.

Beide Seiten sahen nun ein, dass sie mit ihrem jeweiligen Standpunkt nicht durchkamen. Daraufhin traten die Gegensätze innerhalb der Gruppen auf: die *vierte Phase* der Auseinandersetzung (inklusive dem *vierten Lernschritt*). Die Zentralisten meinten, dass man wohl eine Art von Freiwilligkeit aufseiten der Filiale brauche, und einige der Filialisten – vorher gerade noch vehemente Freiheitskämpfer – wollten gewisse Regeln haben, die sie selbst aufstellen und je nach Fall variieren oder interpretieren konnten.

Während ich diese Zeilen schreibe, läuft im Fernsehen gerade ein eindrucksvolles Beispiel für diese Dialektik. Es wird über die Revolution in Ägypten berichtet. In der ersten Phase versuchte die Polizei die Demonstranten zu bekämpfen. Als das nichts nützte, zog sie sich zurück. Durch das Machtvakuum kam es bald zu Plünderungen. Nun bildeten die Demonstranten – also die „Freiheitskämpfer" – plötzlich Bürgerwehren, die für Recht und Ordnung sorgten.

In unserem Bankbeispiel einigte man sich zum Schluss, in der *Phase fünf (fünfter Lernschritt)*, darauf, dass in Zukunft Mitarbeiter der Filialen in den Gremien der Zentrale mitarbeiten und mitbestimmen sollten – eine Praxis übrigens, die schon in vielen Zentralen üblich ist. Vielleicht ist sie auch dort Resultat solcher Lernprozesse.

Wenn wir diese „Dialektik" (unter diesem Namen wird die Methode in der Philosophie reflektiert) nun etwas allgemeiner unter die Lupe nehmen, dann kommt die „Synthese" (moderner: der Konsens) dadurch zustande, dass beide Parteien einsehen, dass sie sich mit der exklusiven Durchsetzung ihrer Meinung gegen die andere Seite selbst schaden.

Die These: „Nur Ordnung erhält die Freiheit" ist ohne ihr Gegenteil, dass nämlich Ordnung auch die Freiheit einschränkt, nicht wahr. Nur zusammen, mit dem Gegenteil, wird die Behauptung wahr.

Alles zu ordnen, keinen Spielraum zu lassen, schränkt die Freiheit ein. Somit ergibt sich, dass die eine Seite, wenn man sie konsequent vertritt, „in ihr Gegenteil umschlägt" – wie es Hegel formuliert. Die These, dass nur die Ordnung die Freiheit erhält, zeigt – konsequent zu Ende gedacht -, dass die Freiheit zerstört wird, weil alles geordnet werden muss. Umgekehrt zeigt die These ebenfalls, dass nur durch Freiheit Ordnung möglich ist, dass dadurch eine chaotische Situation hergestellt wird, in der die Freiheit ebenfalls nicht mehr existiert. Also findet auch hier ein Umschlagen ins Gegenteil statt.

Das Geheimnis liegt hier in dem Wörtchen „nur". Es suggeriert die logische Lösung, bei der eine Seite recht hat und die andere unrecht. Die Seite, die unrecht hat, müsste sich wohl der anderen unterordnen und ihr recht geben. Bei einem aporetischen Widerspruch haben aber beide Seiten recht, und die (logische) Wahrheit schlägt in ihr Gegenteil um, wenn man sie exklusiv betrachtet, also „nur" Ordnung oder „nur" Freiheit recht gibt.

Falls Sie jetzt meinen, dass Sie bei Konflikten immer schon so gehandelt haben, dann sind Sie immer schon nach der dialektischen Methode vorgegangen, ohne sich dies bewusst gemacht zu haben!

Dieses Umschlagen einer „Wahrheit" (also nur eine Seite einer Aporie) in ihr Gegenteil stellt den eigentlichen Lernprozess dar, den beide Seiten einer aporetischen Konfliktsituation oder beide Seiten der einseitig präferierten Aporie durchmachen müssen. Wichtig dabei ist, dass beide Seiten diesen Lernprozess durchlaufen müssen – und nicht nur eine Seite. Wenn die Betroffenen dazu nicht selbst in der Lage sind, ist ein Konfliktmanager oder der Chef in der Hierarchie gefragt.

Hilfreich ist auch, dass meist die Gegensätze dann in der *vierten Phase* innerhalb der Gruppen auftreten. Wenn, formal gesprochen, die (neuen) Freiheitskämpfer innerhalb der Ordnungshüter genauso stark geworden sind wie die (neuen) Ordnungshüter innerhalb der Freiheitskämpfer, dann sind die beiden Seiten identisch – eine Lösung ist in Sicht (fünfte und letzte Phase). Formulieren lässt sich diese in der Tradition bekannte Lösung so: „Die Freiheit gibt sich selbst eine Ordnung", was im griechischen „Autonomie" heißt.

Eine solche selbst verordnete Ordnung wird viel besser funktionieren als die alte, aufgezwungene, und sie wird auch mehr auf die Freiheit Rücksicht nehmen.

Es haben also beide gewonnen. Dies wird auch als die beliebte Win-win-Situation bei Aporien bezeichnet.

Die Phase zwei mit der Verstärkung der Gegensätze wird auch oft als paradoxe Intervention bezeichnet, weil man nicht die eigene Position vertritt, sondern die gegnerische konsequent weiter- und damit ad absurdum führt.

Hegel meint, dass die ursprünglichen Gegensätze in der Synthese aufgehoben sind. Damit ist gemeint, dass sie auf eine höhere Ebene hinaufgehoben sind, im Sinne von emporgehoben. Aber sie sind auch in ihrem ursprünglichen Absolutheitsanspruch aufgehoben, also entmachtet. Sie sind aber auch gut aufgehoben – weil die Autonomie sowohl mehr Freiheit als auch mehr (= besser anerkannte) Ordnung bringt.

Meist genügt es, in Konfliktfällen diesen Prozess mit den fünf Phasen durchzudenken und damit den notwendigen Lernprozess zu machen. Ich habe oft erlebt, dass Gruppen und Organisationen nicht alle diese Phasen wirklich in der Realität durchlaufen haben, also dann nicht tatsächlich im Chaos oder in der Erstarrung gelandet sind. Dies könnte zum Ende („Crash") solcher Unternehmen führen. Wird dieser „Crash" aber in Gedanken vorweggenommen, kann durch Analyse der Aporien der Lernprozess stattfinden und schließlich zu einem erfolgreichen Abschluss gebracht werden.

Bei einer anderen Bank konnte ich mitverfolgen, wie sie in Bezug auf Kreditvergaben realiter in die beiden Extreme geschlittert ist. Nachdem einige Filialen einen zu hohen Wertberichtigungsbedarf hatten, wurde seitens der Zentrale die Kreditvergabe so restriktiv gehandhabt, dass das Volumen wegbrach. Eine neue Geschäftsleitung setzte dann wieder auf mehr Volumen. Damit waren aber viele Risiken verbunden, weil die Kreditakquisition mit hohen Bonuszahlungen belohnt wurde. Daraufhin gab es wieder die Wertberichtigungen – was dann erst zur Analyse der zugrunde liegenden Aporien und zur Konsenslösung führte.

Beispiele für die Phase zwei einer solchen Aporie werden immer wieder in der Presse referiert, wenn etwa eine Maßnahme das Gegenteil von dem bewirkt, was sie bewirken soll. So zeigt etwa Walter Schachermayer in der Zeitschrift *Falter* 20/2010 auf Seite 18, dass die Minimierung der Risiken mit staatlichen Garantien in der Praxis dazu führt, dass die Banken höhere Risiken (gefahrlos) eingehen können. Damit könnte das, was den Crash verhindern soll, ihn geradezu herbeiführen.

Dieses unter dem Namen „Dialektik" in allen Hochkulturen, die eine Philosophie entwickelt haben (wie z. B. neben Europa in China und Indien), bekannte Denkmodell ist überall anwendbar, wo man nicht mit logischen = hierarchischen

Modellen durchkommt. Das sind meist Prozesse, bei denen das menschliche, „irrationale" Handeln eine Rolle spielt. Für die Naturwissenschaften ist dieses Modell (zumindest vorläufig, wie ich meine) noch nicht relevant, obwohl auch dort bereits Aporien auftreten, wie z. B. Licht als Welle und/oder Korpuskel in der Quantentheorie. Wohl aber ist das dialektische Modell in der Ökonomie brauchbar. Es dient hier als Baustein zum Modell der Trialektik und damit zum tieferen Verständnis unseres Geldsystems.

In unserer Logik, die eine „hierarchische" ist (s. u.), wird ein Gegensatz, ein Widerspruch „heruntergestuft" zu einem „Unterschied". Unterschiede sind unter einen Allgemeinbegriff subsumierbar und damit im Rahmen eines hierarchischen Systems (Ordnung ist Über- und Unterordnung) verständlich und logisch zu machen. Eine übergeordnete Instanz entscheidet, wer recht hat, was „wahr" oder „falsch" ist, es gibt kein Drittes.

Bei Aporien heißt es aber: wahr und falsch zugleich. Im hierarchischen System wird der Lernprozess der beiden Gegner (Gegensätze), der zu einer Synthese führen könnte, durch die Unterordnung unter ein Allgemeines verhindert. Dies führt aber zu einer Verkürzung der Realität und damit zu einer eingeschränkten Erkenntnis (Tab. 2.1).

Hier noch einmal eine graphische Darstellung der fünf Schritte:

Tab. 2.1 Fünf Lernschritte der dialektischen Lösung

Phasen	These	Antithese	
1. Gegensätze treten auf	O	O	
2. Versuch der Vernichtung des anderen	⊗	⊗	
3. Umschlag ins Gegenteil, Einsicht	⊗ = ⊗	⊗ = ⊗	
4. Gegensätze treten innerhalb der Gegensätze auf und wachsen			
5. Synthese			

LERNPROZESS

Der eigentliche Lernprozess – sozusagen das „Herzstück" dieses Lernprozesses – ist die Phase 2. Hier wird einem durch den Umschlag ins Gegenteil quasi der Boden unter den Füßen entzogen. Man sieht, dass man das Gegenteil von dem erreicht, was man will, wenn man die andere Seite, den anderen Standpunkt, „vernichtet".

Im antiken Griechenland gab es zur Zeit des Aristoteles den Philosophen Diogenes von Sinope. Er begründete die Schule der Kyniker. Deren Methode – später Zynismus genannt – beruht darauf, beim Zuhörer – oder „Gegner" – den Umschlag ins Gegenteil herbeizuführen.

Hegel erwähnt und bewundert in seiner Geschichte der Philosophie Diogenes, weil es diesem gelungen sei, einmal mit zwei Worten eine Wahrheit ins Gegenteil umschlagen zu lassen (wofür Hegel oft viel mehr Worte aufwenden musste).

Die Story ist die: Diogenes ging durch die Straßen von Athen. In einer engen Gasse stellte sich ihm ein reicher Athener in den Weg und sagte: „Ich weiche keinem Schurken aus." Diogenes antwortete: „Ich schon!", und ging um ihn herum. Seit damals hat der Zynismus zwar eine schlechte Presse, ist aber bei manchen Konfliktinterventionen ein äußerst wirksames Instrument. Ich habe diese Methode in meinem Buch „Führen mit Humor" (3. Aufl. 2015) ausführlich dargestellt.

Leider kann man diesen dialektischen Lernprozess nicht vermeiden und auch nicht abkürzen. Deswegen sagt Lao Tse: „Der Weg ist das Ziel."

Eine Vermeidung wäre nur möglich, wenn sich eine Seite durchsetzt und die andere nachgibt. Bei Aporien kann dies keine dauerhafte Lösung sein – es wäre die bekannte Unterordnung.

Es hat aber auch keinen Sinn, etwa in der Phase 1 oder 2 eine Synthese vorzuschlagen, „um den Lernprozess abzukürzen und Zeit zu sparen", wie manche diese Illusion formulieren. Meist wird die vorgeschlagene Lösung dann von einer Seite reklamiert, und der notwendige Lernprozess bleibt aus (siehe auch Schwarz, Konfliktmanagement: „Von der Aporie zum Konsens", 2008, S. 299 ff.).

Ich habe übrigens an mir selbst schon einige Male erlebt, dass ich eine bei den Philosophen sehr knapp formulierte Einsicht erst begriffen habe, als ich ein Beispiel in der Praxis dafür fand. Für diesen Zusammenhang „Der Weg ist das Ziel" bei einer aporetischen Konsensfindung möchte ich das Beispiel, an dem ich diese „Wahrheit" begriffen habe, hier zitieren – in der Hoffnung, dass es auch Ihnen, geneigter Leser, hilfreich ist.

Im Jahr 1969 hatte ich bei einem Gruppendynamikseminar den Leiter einer Reparaturwerkstätte als Teilnehmer in einer von mir betreuten Gruppe. Gegen Ende des Seminars erzählte er von einem Konflikt, den er in seiner Werkstätte hatte.

Das Problem bestand darin, dass er fünf Meister hatte, alle fünf Meister besaßen einen Dienstwagen. Jedes Jahr zu Weihnachten kaufte er einen neuen Dienstwagen – nicht einen fabrikneuen, sondern im Allgemeinen einen recht günstigen Eintauschwagen – und vergab ihn nach bestem Wissen und Gewissen an denjenigen, der ihn seiner Meinung nach am nötigsten hatte. Leider waren die anderen vier, die auch jeweils das Auto wollten, mit seiner Entscheidung nie zufrieden. Er klagte, dass jedes Jahr etwa im Herbst seine Meister zu ihm kämen und ein Wettstreit um das Auto beginne. Der erste meint, er braucht das Auto, weil er am meisten fährt, der nächste meint, er braucht es, weil seines das älteste Auto ist, der dritte meint, er sei der Dienstälteste usw. Jeder habe einen Grund, in diesem Jahr das Auto zu bekommen.

Die Gruppe meines Gruppendynamikseminars gab dem Leiter dieser Autoreparaturwerkstätte den Rat, die fünf Meister doch alleine entscheiden zu lassen. Ein halbes Jahr später, als dieser zu einem Fortsetzungskurs kam, erzählte er, dass dieses System sehr gut funktioniere. Er hatte zu den Leuten gesagt: „Zwei Stunden habt ihr Zeit, euch zu einigen, wer das neue Auto bekommt. Werdet ihr euch nicht einig, ist das kein Problem, denn ich selbst brauche dieses Jahr auch ein neues Auto." Zwei Stunden wurde gestritten, und die verschiedensten Varianten wurden diskutiert. Dann gab es eine Konsenslösung, mit der alle einverstanden waren: Der, dem es der Chef auf keinen Fall gegeben hätte, hat es bekommen, zwei haben die Autos getauscht, eines musste repariert werden usw.

An dieser Geschichte wird zweierlei deutlich: Erstens, der Chef hätte gar keine Möglichkeit gehabt, diese Entscheidung vorauszusehen und auf die Bedürfnisse sozusagen der einzelnen Personen abzustimmen. Zu anderen Zeiten oder nach drei statt zwei Stunden Diskussion hätte die Lösung möglicherweise anders ausgesehen. Zweitens aber, selbst wenn er ein Hellseher gewesen wäre und diese Entscheidung angeordnet hätte, wäre sie von der Gruppe nicht akzeptiert worden, weil die einzelnen Personen nicht in der Lage gewesen wären, den Entscheidungsprozess nachzuvollziehen, den die Gruppe durch die Konsensfindung durchmachen musste (aus Schwarz, Konfliktmanagement, 2008, S. 54–55).

Hier habe ich eigentlich erst verstanden, was es heißt: Der Weg ist das Ziel, nämlich der Lernprozess einer Gruppe ist durch die Einzelentscheidung eines Chefs nicht ersetzbar. Auch in diesem einfachen Beispiel handelt es sich um eine Aporie. Sie lautet:

Alle wollen das neue Auto. Nur einer kann es bekommen.

Die Synthese dieser Aporie wird durch den Lernprozess der Gruppe gefunden, sodass es zu einer alle Beteiligten zufriedenstellenden Konsenslösung kommt.

Ich habe dieses Beispiel übrigens in einer ähnlichen Form in einer 1973 erschienenen Publikation von Klaus Antons gefunden (Praxis der Gruppendynamik). Dort handelt es sich um eine Telefongesellschaft und um sechs Teilnehmer – aber die Fragestellung ist ähnlich. Und auch Antons leitet daraus ab, dass Gruppenentscheidungen in bestimmten Fällen besser sind als Einzelentscheidungen.

Aus unseren obigen Überlegungen kann man auch für die Gruppendynamik oder generell für Teamarbeit ableiten: Immer dann, wenn es sich bei Problemstellungen um Aporien handelt, wird eine Entscheidung durch die Betroffenen besser sein als eine (hierarchische) Einzelentscheidung.

Die Chefs in Hierarchien denken (hoffentlich) logisch. Damit können sie aber (dialektische) Lernprozesse nicht erfassen und auch nicht anstelle der Betroffenen lösen. Die „logische Lösung" – nämlich die Unterordnung einer Seite unter die andere – ist ein reduktionistischer Spezialfall der komplexen Dialektik. Sie ist besonders in Hierarchien bevorzugtes Lösungsmodell. Sie genügt auch in sehr vielen Fällen. Dies hat in der Praxis große Relevanz für jeden, der mit Konflikten umgehen muss.

Nun könnte auch die Dialektik ein Spezialfall der komplexen Trialektik sein, bei der nicht nur zwei, sondern drei Gegensätze in einem aporetischen Verhältnis zueinander stehen.

Für komplexere Strukturen braucht man auch komplexere Denkmodelle. Im Folgenden noch einmal eine Zusammenfassung des praktischen Vorgehens bei einer Aporie am Beispiel von Ordnung und Freiheit aus meinem Buch „Konfliktmanagement" (Tab. 2.2).

In der Praxis heißt dies, dass wir immer seltener eine erfolgreiche Antwort auf eine Entweder-Oder-Frage finden können. So z. B. sagt Jesus von Nazareth: „Ihr könnt nicht Gott dienen und dem Mammon" (Mt. 6,24). Er bezieht dies allerdings auf eine hierarchische Struktur: „Niemand kann zwei Herren dienen." Von diesem logischhierarchischen Denken muss man wegkommen, um die heutige Funktion des Geldes zu verstehen.

Eine sehr brauchbare Anwendung der Dialektik hat der österreichische Physiker und Philosoph Herbert Pietschmann entwickelt. In seinem Buch „Eris und Eirene – Anleitung zum Umgang mit Widersprüchen und Konflikten" stellt er ein Denkmodell vor, das er das HX-Modell nennt. Die Phase zwei der Dialektik bezeichnete er als „Kampf gegen den Schatten der Gegenseite" (Pietschmann, 2010, S. 41). Ohne eine solche Erkenntnis des Schattens gibt es keinen Lernprozess.

Tab. 2.2 Von der Aporie zum Konsens – 5 Phasen

Phase	„Ordnung erhält die Freiheit"	„Ordnung zerstört die Freiheit"	Emotion, Stimmung	Intervention des Konfliktberaters
1. Die Gegensätze treten auf	Formulierung des Ordnungsstandpunkts: „Ohne Ordnung ist Zusammenleben unmöglich!"	Formulierung des Freiheitsstandpunkts: „Ohne Freiheit ist Leben nicht lebenswert!"	Aufregung über den anderen, der einen „falschen" Standpunkt hat	Beide Seiten bringen ihre Argumente vor. Auf Symmetrie achten!
2. Extremierung des anderen Standpunktes	„Jeder ist völlig frei – totales Chaos. Dann geht nichts mehr!"	„Alles reglementieren – totaler Stillstand!"	Sieg- oder Niederlage-Denken. Man will den anderen bloßstellen und wünscht den Gegner zu vernichten oder unterzuordnen	Beide Seiten gleichermaßen unterstützen, keiner soll die Oberhand behalten
3. Einsicht beider, dass sie sich selbst „vernichten", wenn sie den anderen „vernichten"	„Wenn wir die Freiheit ganz abschaffen und überall Regeln aufstellen, wird das Leben zum Gefängnis!"	„Wenn wir gar keine Ordnung zulassen und jeder völlig frei tut, was ihm gefällt, dann ist Zusammenleben unmöglich!"	Stimmungsumschwung: Nachdenklichkeit, innerer Rückzug, Depression	Einsicht, dass jeder vom anderen abhängig ist, bestätigen und dies als Fort schritt anerkennen
4. Der Gegensatz tritt in der eigenen Partei auf. „Dissidentenphase"	Bei den „Ordnungshütern" melden sich Vertreter, die die Freiheit verteidigen: „Ich trete (auch) für Freiheit ein!"	Bei den „Freiheitskämpfern" wird nun auch nach Ordnung gerufen: „Ich bin (auch) für Ordnung!"	Unsicherheit über die neue Rolle und Sichtweise. Zweifel, ob der Umschwung richtig ist. Uneinigkeit in der eigenen Partei	„Dissidenten" unterstützen, ermutigen, die „andere Seite" zu akzeptieren. Eventuell eine Nachdenkpause organisieren
5. Synthese: Widerspruch ist aufgehoben, hinaufgehoben, bewahrt. Es gibt et was Neues, den KONSENS!	Einsicht: „Ordnung bestimmt ihre Freiheit selbst!" KONSENS: ES SOLL AUTONOMIE GEBEN!	Einsicht: „Die Freiheit gibt sich selbst ihre Ordnung!"	Annäherung, Verständnis, Versöhnung, Aufbruchsstimmung, Erfolgsgefühl	Ergebnis formulieren helfen, rituell bestätigen, „feiern" des Erfolgs

Die Darstellung der „Trialektik" anhand des Geldes

3

Wie ich schon bei früheren Untersuchungen feststellen konnte (siehe Schwarz, Die Heilige Ordnung der Männer, 2016, Konfliktmanagement, 2008) können auch Produkte aporetische Gegensätze in sich bergen. Gegensätze der Aporien eines Produktes zeigen sich als Konflikte in den Organisationen, die diese Produkte erzeugen und vertreiben. Im Fall des Geldes führen daher die diesem „Produkt" innewohnenden Aporien zu einem komplexeren Verständnis von Banken und Geldinstituten aller Art, in weiterer Folge aber dann auch zum Verständnis aller Systeme oder Personen, die mit Geld zu tun haben.

Selbstverständlich kann man Geld auch „linear" betrachten – also nur etwa eine Dimension davon benützen. Es empfiehlt sich aber, zumindest im Hintergrund die drei Bereiche zu kennen.

Wenn wir das Geld analysieren, dann finden wir also drei Bereiche, die zueinander in einem aporetischen, widersprüchlichen Verhältnis stehen. Jedem dieser Bereiche können wir ein Grundprinzip zuordnen.

Nun finden wir hier die Besonderheit, dass nicht nur zwei Bereiche (etwa 1 und 2) zueinander im Widerspruch stehen, sondern alle drei zueinander, also 1 zu 2, 1 zu 3 sowie umgekehrt 2 zu 1, 2 zu 3 und 3 zu 1 und 3 zu 2. Zusätzlich finden die zwei jeweils sich widersprechenden Aussagen (Aporien) in der dritten Aporie ihre Synthese (Lösung, Konsens), also These 1 (Bereich 1) und Antithese 2 (Bereich 2) finden in Bereich 3 ihre Synthese etc.

Dies kann man in allgemeiner Form in einem Kreisdiagramm darstellen (siehe Abb. 3.1).

Wir haben es hier also nicht nur mit Aporien, sondern mit dem Verhältnis oder mit der aporetischen Beziehung von Aporien zueinander zu tun. Dies klingt kompliziert, wird aber in der Anwendung und Erläuterung des „Produkts Geld" verständlich.

© Springer Fachmedien Wiesbaden 2016
G. Schwarz, *Die Religion des Geldes,* DOI 10.1007/978-3-658-10508-2_3

Abb. 3.1 Drei Bereiche, die in Widerspruch zueinander stehen

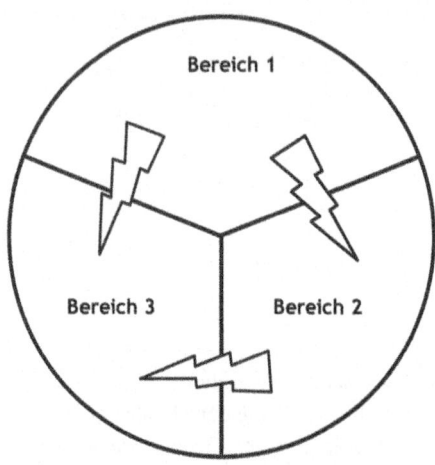

Meine These lautet: Erfolgreich sind alle geldabhängigen Bereiche, wenn sie im Sinne der Trialektik ihre drei widersprüchlichen Dimensionen gleichermaßen zur Geltung und Vernetzung bringen. Mit anderen Worten: Es müssen die drei widersprüchlichen Dimensionen klar definiert und zueinander in Abstimmung gebracht werden. Ich verwende für diese Leistung gerne den Terminus „Ausbalancieren". Es darf keine Dimension auf Kosten der anderen dauerhaft überbetont werden, und es darf keine Dimension völlig außer Acht gelassen werden.

Dieses „Ausbalancieren" ist meist ein aufwendiger Lernprozess, der aber nur dann notwendig ist, wenn einfachste („lineare") Lösungen nicht zum Ziel führen oder eben noch größere Probleme machen.

Die drei auszubalancierenden widersprüchlichen und sich ergänzenden Dimensionen des Geldes sind:

1. Das Geld oder das Einkommen ist sinnstiftender Ordnungsfaktor, wie er durch die Währung repräsentiert wird. Man nimmt mit dem Geld, das man einnimmt oder ausgibt, an der jeweiligen gesellschaftspolitischen Ordnung teil und muss auch an dieser Sinnfindung mitwirken (öffentliche Aufgaben erfüllen, z. B. Steuern zahlen etc.). Das Geld ist hier Maßstab ursprünglich für den Tausch, später aber für alle Transaktionen, bei denen Werte aufeinander bezogen werden müssen (z. B. bei einem Kauf oder Verkauf).
2. Das Geld als Kapital. Um richtig wirtschaften zu können, braucht man (zumindest kurzfristig) meist mehr Geld als man hat. Also muss man es ausleihen und dafür Zinsen bezahlen. Oder man hat mehr als man verbraucht, dann kann

man Zinsen bekommen. Diese Dimension stammt vermutlich aus der Neolithischen Revolution, bei der das Überleben (besonders im Norden) durch Vorräte garantiert wurde. Um Vorräte anlegen zu können, brauchte man mehr als man unmittelbar verbrauchen konnte. Auch die Möglichkeit, in Notsituationen sich Vorräte ausborgen (statt rauben) zu können, gehört hierher. Diese Dimension birgt auch zwei Gefahren. Erstens: Die Kombination von Geld und Zahlenreihe ermöglicht, dass Prozesse ins Unendliche gehen, wenn mit „Möglichkeiten" gehandelt wird. Eine zweite Gefahr ist die uns innewohnende Gier, die uns dazu treibt, mit Geld zu spekulieren, um wesentlich mehr zu bekommen, als man hat, denn auch sie ist unendlich.

3. Das Geld als Eigentum. Nur Geld, das man zur Verfügung hat, kann man für den privaten Konsum verwenden. Schon der Versuch, Kredite (also Kapital) für den Konsum zu verwenden, ist im Kapitalismus gefährlich. Nur für Investitionsgüter, nicht aber für Konsumgüter sind Kredite sinnvoll (also für ein Auto nur dann, wenn es meine Produktivität steigert, oder für eine Eigentumswohnung, wenn sie im Wert steigt und Mieteinnahmen bringt. Aber auch das grenzt schon an Spekulation).

Diese drei Dimensionen des Geldes stehen zueinander in Widerspruch und müssen von jedem von uns – soweit wir also „Finanzminister" sind – ausbalanciert werden.

Dies ist keine einfache Sache. Das Out-of-Balance bezeichnet den bekannten Crash – man kann auch Konkurs oder Pleite sagen oder sonst eine unfreundliche Bezeichnung wählen. Ich glaube, dass finanzielle Zusammenbrüche – ob im Kleinen oder im Großen – immer auf dieses Misslingen der Ausbalancierung der drei Dimensionen zurückzuführen sind. Wenn das stimmt, dann ist natürlich auch der Weg aus der Krise durch bessere Ausbalancierung zu beschreiten. Ein Out-of-Balance stellt aber auch die Kumulierung von Reichtum einiger weniger dar, denen eine Masse von Armen und Mittellosen gegenübersteht.

Krisensicher ist demnach die gesunde innere Struktur eines Systems, egal ob es sich um einen privaten Haushalt, um ein Unternehmen oder um den Staat handelt. Krisensicher bezüglich der Finanzen, versteht sich. Andere Arten von Krisen können natürlich davon unabhängig sein. Allerdings – so scheint es – laufen in der gegenwärtigen Phase des Kapitalismus doch sehr viele Dimensionen unseres Lebens über das Geld. Man versucht heute, auch Kunst, Wissenschaft, Religion und Kultur über das Geld zu steuern. In diesem Fall gilt auch für diese Steuerung die Trialektik des Geldes.

Wenn es stimmt, was kolportiert wird, dass die reichen Griechen mehr Geld auf ausländischen Konten geparkt haben, als der griechische Staat Schulden hat, dann führte diese „Inbalance" 2011 zu einer Fast-Staatspleite, was wieder ein Out-of-Balance darstellt.

3.1 Die drei Grundaporien des Geldes

Im Fall des Geldes müssen drei Aporien zueinander vermittelt werden.

Wenn man diese Problematik durchdenkt, kommt man zu einem erstaunlichen Ergebnis: Die Lösung oder Synthese jeder dieser Aporien steht sozusagen auf einer höheren Ebene wieder im Gegensatz zu den beiden anderen Aporien, sodass jeweils zwei Aporien als Gegensätze in ihrer Synthese die dritte Aporie ergeben.

Bildlich lässt sich diese Dreiheit darstellen wie in Abb. 3.2 gezeigt.

Man muss diesen Gedankengang also in drei Teile – in drei Bereiche – aufschlüsseln:

Bereich 1: Geld als Maßstab für Tausch ist die Synthese von Geld als Ware und Geld als Eigentum.

Bereich 2: Geld als Ware ist die Synthese von Geld als Eigentum und Geld als Maßstab für Tausch.

Bereich 3: Geld als Eigentum ist die Synthese von Geld als Maßstab für Tausch und Geld als Ware.

Diese Vermittlung der drei Aporien zueinander nenne ich Trialektik.

Um die Widersprüche zwischen den einzelnen Bereichen zu verdeutlichen, hier einige Formulierungen für die betreffenden Aporien:

Aporie Bereich 1 zu Bereich 2: „Geld muss seinen Wert bewahren" – „Geldhandel verändert den Geldwert" (wird erhöht bzw. im schlechteren Fall vermindert). Synthese liegt im Bereich C: Ich brauche Geld als Eigentum, um leben zu können. Nur mit Geld, das einen Wert hat, kann ich mir etwas kaufen.

Abb. 3.2 Die drei Aporien des Geldes

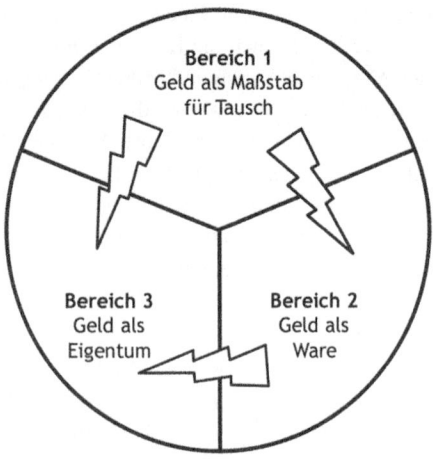

Aporie Bereich 1 zu Bereich 3: „Mein Gehalt ist durchschnittlich hoch, es entspricht dem Standard-Lohngefüge" – „Mein Gehalt ist zu klein, ich brauche mehr!" Synthese liegt im Bereich B: Ich muss mein Geld besser anlegen, bzw. ich muss mehr leisten oder gerechteren Lohn bekommen.

Aporie Bereich 2 zu Bereich 3: „Geld ist da, um angelegt zu werden" – „Geld ist sinnvoll für meine Bedürfnisse einzusetzen, kann nicht angelegt werden." Synthese liegt in A: Wenn Geld als Maßstab stabil bleibt, kann ich sowohl anlegen als auch konsumieren, denn Geld eignet sich für die Bevorratung.

Komplexe Gedankensysteme sind in der Geschichte schon öfter – an unterschiedlichen Stellen – aufgetreten. So hat etwa der Begriff der „Trinität" schon viele gute Dienste – z. B. für das Verständnis von Religionen – geleistet: Drei Wahrheiten, die zueinander in einem Spannungsverhältnis stehen, bilden ein Ganzes. Bei vielen trinitätsähnlichen Definitionen werden aber die (aporetischen) Gegensätze, wie die des Geldes, übersehen. Da schon das Trinitäts-Denkmodell viele Gegner auf den Plan gerufen hat (z. B. Goethe: „Aus eins mach drei, aus drei mach eins, das ist das Hexeneinmaleins" oder Mohammed: „Wer sagt, Gott ist einer von dreien, ist ungläubig" usw.), wird natürlich auch die Trialektik ihre Gegner haben. Dessen ungeachtet ist aber zu prüfen – und ohne Gegenstimme wird das nicht möglich sein -, was dieses Denkmodell leistet – und was nicht.

Alle Religionen haben in ihrem Grundkonzept die Frage der Gerechtigkeit. Sie wird dort besser oder schlechter gelöst. Die für mich brauchbarste Analyse für diesen Zusammenhang sind die Überlegungen von Aristoteles zur Frage der Gerechtigkeit. Man kann hier drei Formen unterscheiden. Sie entsprechen den drei Dimensionen des Geldes und stehen zueinander in Widerspruch.

3.2 Die drei Gerechtigkeiten als Trialektik

Sehr brauchbar für diesen Zusammenhang sind die Überlegungen von Aristoteles zur Frage der Gerechtigkeit. Man kann hier drei Formen unterscheiden. Sie entsprechen den drei Dimensionen des Geldes.

Noch sehr naturnah wäre die Leistungsgerechtigkeit: Wer mehr leistet, wer stärker ist, bekommt mehr als der, der weniger leistet, sich weniger anstrengt oder eben schwächer ist. Hier wirkt das Konkurrenzprinzip als Auslese. Schneller bedeutet besser.

Dieses „natürliche" Prinzip steht aber in Widerspruch zur Bedürfnisgerechtigkeit: Gerecht ist, wenn der, der mehr braucht, auch mehr bekommt. So braucht der Schwächere mehr Unterstützung und Förderung als der Starke, Erfolgreiche. So braucht auch etwa ein kleineres Kind im Regelfall mehr Zuwendung von den

Eltern als ein größeres. Ungerecht wäre es, dem kleinen Kind die notwendige Zuwendung zu verweigern, weil es weniger „leistet". Ansatzweise gibt es diesen Widerspruch schon im Tierreich, z. B. bei der Betreuung der Jungen. Für das Management dieses Widerspruchs sind dort meist die Weibchen zuständig.

Im Rahmen der „logischen" Hierarchie wird dieser Widerspruch durch einen Akt der Unterordnung (Subsumtion) eliminiert. Der Chef hat jeweils zu entscheiden, wer recht hat (Leistung) und wessen Bedürfnisse jeweils berücksichtigt werden. Früher hatte man dabei einseitig das Leistungsprinzip (Fachkompetenz des Vorgesetzten) präferiert. In den letzten Jahren und Jahrzehnten legt man auch Wert auf die sogenannte Sozialkompetenz der Vorgesetzten, also ihre Fähigkeit, auch das Bedürfnisprinzip zu berücksichtigen. Dies bringt natürlich zunehmend Konflikte und Widersprüche in die (logische) Hierarchie. Führung ist nicht mehr nur eindeutige Über- und Unterordnung, sondern auch Ausbalancierung von Widersprüchen, also z. B. Berücksichtigung der dem Leistungsprinzip widersprechenden Bedürfnisse.

Bedürfnisgerechtigkeit und Leistungsgerechtigkeit stehen in einem aporetischen Verhältnis zueinander: Sie widersprechen einander oder schließen sich im konkreten Fall sogar aus, da etwa ein und dieselbe Ressource, z. B. Zeit, nicht gleichzeitig nach widersprüchlichen Prinzipien verteilt werden kann – aber sie brauchen einander auch. Mit dem Modell der Aporie lässt sich nun das Verhältnis von Bedürfnis und Leistung in Bezug auf die Gerechtigkeit besser verstehen als mit Subsumtion.

Die Welt wäre weder nur nach dem Bedürfnisprinzip noch nur nach dem Leistungsprinzip zu organisieren. Man sieht dies auch schön im Bereich der Pädagogik. Kinder entwickeln sich dann gut, wenn die beiden Elternteile tendenziell unterschiedliche Prinzipien vertreten. Dabei muss nicht, wie es meist der Fall ist, die Mutter das Bedürfnisprinzip und der Vater das Leistungsprinzip vertreten. Es kann auch umgekehrt sein: Die Mutter ist fordernd und leistungsorientiert und der Vater ist pflegend und bedürfnisorientiert. Zu Entwicklungsstörungen kommt es jedoch, wenn beide Elternteile die gleiche Richtung vertreten, also wenn beide leistungsorientiert oder beide bedürfnisorientiert sind. Bei Alleinerziehenden treten Störungen auf, wenn es nicht gelingt, die beiden Prinzipien abwechselnd oder mithilfe anderer Personen (Großmütter und Großväter z. B.) gut auszubalancieren.

Entwicklungsstörungen bei Kindern sind also (manchmal – öfter?) ein Out-of-Balance der Aporie von Bedürfnis und Leistung. Eine Therapie der Störung bestünde in der Ausbalancierung beider Prinzipien. In Gesprächen oder auch in der Realität müsste man die übertriebene und daher „schädliche" Seite darstellen. Nur bedürfnisorientiert zu betreuen führt genauso zu Identitätsproblemen der Jungen wie nur leistungsorientiert zu erziehen. Gott sei Dank entwickeln die meisten Kinder von sich aus dann eine Synthese: nämlich ein Bedürfnis nach Leistung.

Wenden wir dieses Denkmodell (Aporie von Leistung und Bedürfnis) auf die Tauschwirtschaft an, dann sehen wir, dass hier ein Widerspruch organisiert werden muss: Wie bekommen die Menschen das, was sie brauchen, wenn sie es selbst nicht herstellen können? Sie tauschen! Bei etwas komplexerer Arbeitsteilung ist es unwahrscheinlich, dass immer der eine gerade das zum Tauschen hat, was der andere gerade braucht. Daher muss dieser Widerspruch organisiert werden. Diese Organisation ist wahrscheinlich eine der genialsten Erfindungen der Menschheit: Wie bringt man Menschen dazu, ihre Leistung darin zu sehen, die Bedürfnisse der anderen zu befriedigen? Wenn dies gelänge, wäre der Widerspruch von Leistung und Bedürfnis aufgehoben.

Irgendwann wurde diese Erfindung gemacht – sie heißt „Markt". Menschen treffen sich und bieten ihre Produkte an, mit denen sie die Bedürfnisse der anderen befriedigen können. Aus der Zentralisierung entsteht anonyme Kommunikation.

Für den Tausch von unterschiedlichen Produkten braucht man einen Maßstab, der es erlaubt, den Wert zu vergleichen. Dieser Maßstab ist das Geld. Erst mit seiner Erfindung konnte sich der Markt als Friedensinstrument durchsetzen: Aus Konkurrenten bzw. Feinden werden Freunde bzw. zumindest Tauschpartner.

Die Konkurrenz verschwindet dabei nicht, sie wird nur auf eine höhere, abstrakte Ebene gehoben. Dieses Aufheben ist allerdings sehr labil und immer wieder bedroht durch Streit, Gewalt, Raub, Diebstahl etc. oder letztlich durch Kriege, wenn eine Partei meint, übervorteilt worden zu sein.

Immer wieder sind in der Geschichte Märkte zusammengebrochen und in ihren „Urzustand" zurückgefallen. Daher – so meinte Aristoteles – benötigt man zur Stabilisierung der Balance von Leistungs- und Bedürfnisgerechtigkeit (er nannte diese Balance mithilfe des Marktes übrigens „Ökonomie") noch eine dritte Form der Gerechtigkeit, die allgemein für Ruhe und Frieden am Markt sorgt. Diese dritte Form nannte er die „Gesetzesgerechtigkeit". Sie sorgt dafür, dass Verträge „gerecht" sind und nachher auch eingehalten werden (Abb. 3.3).

Kant hat ähnliche Gedanken entwickelt wie Aristoteles. Er erklärt den Bereich 2, die Leistungsgerechtigkeit, anhand des Geldes: „Ein anderer sieht sich durch Not gedrungen, Geld zu leihen. Er weiß wohl, dass er nicht wird bezahlen können, sieht aber auch, dass ihm nichts geliehen werden wird, wenn er nicht Gerechtigkeit verspricht, zu einem bestimmten Zeitpunkt zu bezahlen" (Kant, 1966, Grundlegung zur Metaphysik der Sitten, Zweiter Abschnitt. S. 280).

Für die Bedürfnisgerechtigkeit (Bereich 3) formuliert er seinen Kategorischen Imperativ so: „Handle so, dass du die Menschheit sowohl in deiner Person als auch in der Person jedes anderen jederzeit zugleich als Zweck, niemals bloß als Mittel brauchst" (ebenda S. 287).

Die Gesetzesgerechtigkeit schließlich, der Bereich 1, hört sich bei Kant so an: „Handle so, als ob die Maxime deiner Handlung durch deinen Willen zum allgemeinen Naturgesetze werden sollte" (S. 279).

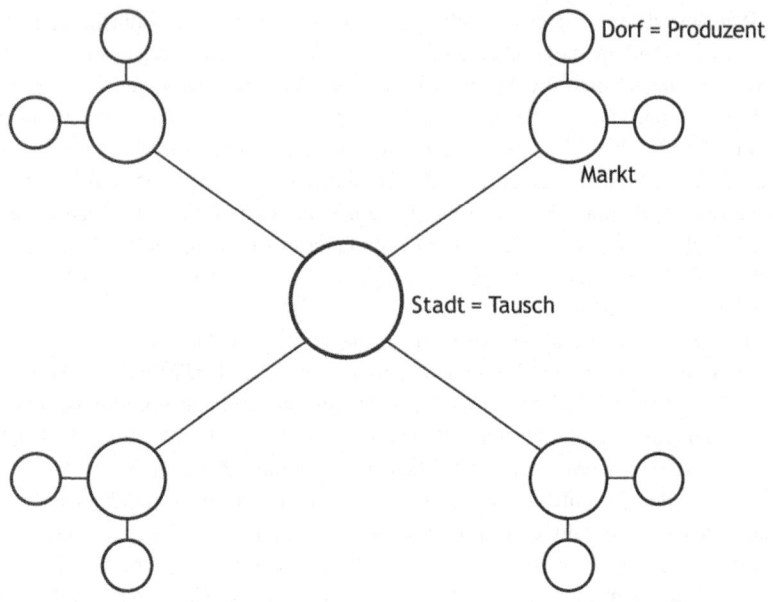

Abb. 3.3 Zentralisierung

Im Bereich 2 können oder müssen Menschen als Mittel gebraucht werden. (Kant meint daher, sie dürfen nicht „bloß" als Mittel gebraucht werden.) Denn wenn jemand Geld leiht, obwohl er weiß, dass er es nicht wird zurückzahlen können (ein gar nicht so unaktuelles Beispiel anlässlich der Finanzkrise 2008!), dann verwendet er das System und die in ihm organisierten Menschen als Mittel für seine Zwecke.

Im Bereich 3 der Bedürfnisgerechtigkeit aber ist der Mensch Selbstzweck und darf nicht als Mittel (für eine Leistung) verwendet werden. Im Bereich 1 wiederum ist das Prinzip einer allgemeinen Gesetzgebung – Kant sagt sogar „Naturgesetz" – maßgebend.

Wie man das als Individuum machen soll, sagt Kant nicht. Aber es liegt auf der Hand, dass darin Widersprüche enthalten sind, die ausbalanciert werden müssen (Abb. 3.4).

Kant hat übrigens genauso wie Aristoteles den aporetischen Widerspruch zwischen seinen Formulierungen des Kategorischen Imperativs nicht reflektiert – und auch nicht auf Geld angewendet.

Doch zurück zum Markt. Dieser soll Bedürfnisse und Leistung ausbalancieren.

Überall dort, wo das labile Gleichgewicht des Marktes aus der Balance kommt, muss der Gesetzgeber, der Staat, die Exekutive eingreifen und die Ordnung wieder

Abb. 3.4 Drei
Gerechtigkeiten

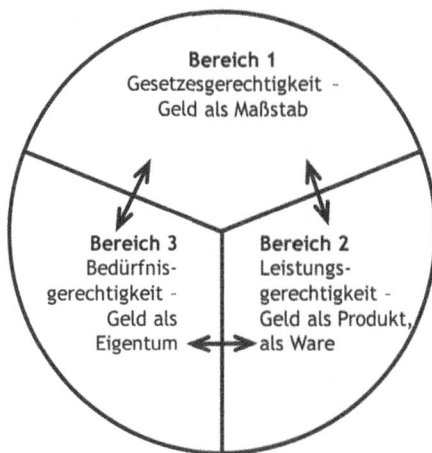

herstellen. „Von selbst" entwickelt sich eine solche Ordnung nicht, denn Konkurrenz will immer Monopol, und Monopole stabilisieren sich zunächst selbst, bis sie wieder – mitunter – durch Revolutionen und Selbstzerstörung gekippt werden. Auch im Tierreich wird das Gleichgewicht, z. B. bei Überpopulation, mitunter durch „Selbstzerstörung" wieder hergestellt. Gelingt dieses nicht, kann es zum Aussterben der Art oder anderer Arten führen.

Die Aufrechterhaltung des Gleichgewichts der Aporie des Marktes mithilfe der Gesetzesgerechtigkeit nannte Aristoteles „Politik". Er hat sich mit dieser Namensgebung bekanntlich auch durchgesetzt.

Wer sich für eine gelungene „Verfilmung" der aristotelischen Theorie interessiert, der besorge sich den Film „Wall Street". Hier wird das aporetische Verhältnis der drei Gerechtigkeiten anhand einer Geschichte sehr schön dargestellt. (Schon die Mythen alter Völker kleideten grundsätzliche Erkenntnisse in Geschichten. Die heutigen Filmhelden entsprechen den früheren Göttern oder Dämonen.)

Die Personen der Handlung repräsentieren jeweils für sich relativ „rein" eines der abstrakten Prinzipien: Die Leistungsgerechtigkeit des Konkurrenzprinzips wird von einem skrupellosen Börsenspekulanten dargestellt (Michael Douglas). Die Bedürfnisgerechtigkeit wird vom Vater des jungen Anlageberaters repräsentiert, der zwischen den beiden aporetischen Prinzipien hin- und hergerissen wird. Der Vater ist Gewerkschafter der Firma XX, die einer Spekulation zum Opfer fallen soll.

Da der Börsenspekulant seine Erfahrungen auf Insiderwissen aufbaut, aber auf verbotene Weise und natürlich auch unmoralisch seine Interessen mit Täuschung und List verfolgt, greift schlussendlich die Polizei ein und führt den Spekulanten in Handschellen ab. Polizei als Vertretung der Politik hat Vorrang vor Ökonomie und hat für Ordnung und Gerechtigkeit zu sorgen.

Ein schönes Beispiel für die „Gesetzesgerechtigkeit" hat auch das „Institut der deutschen Wirtschaft (IW)" herausgefunden. Im Handelsblatt vom 05.06.09 publizierte IW-Direktor Michael Hüther die Ergebnisse einer Berechnung über die Schichtungen der Einkommen mit oder ohne Transferleistungen (Pensionen, Arbeitslosengeld, Sozialbeihilfen, Krankenkassenleistungen, Kinderbeihilfen etc.):

„Konkret haben die Forscher zunächst ermittelt, wie die Schichtung der Markteinkommen aussähe – also ohne Zugriff des Steuer- und Transfersystems. Ordnet man alle Haushalte gemäß ihren Einkommen in zehn gleich große Gruppen, reicht die Skala von minus 13 € bis 10.155 € pro Monat. Hinter dem negativen Wert für die untere Gruppe stehen Unternehmer, die Verluste machen.

Im zweiten Schritt haben die Forscher analysiert, was sich für jede Gruppe durch Einkommensteuer, Sozialabgaben und Transferzahlungen ändert. Ergebnis: Die unteren drei Zehntel der Haushalte bekommen unterm Strich jeweils mindestens 1200 € pro Monat heraus. Vom fünften Zehntel an, das im Schnitt 2805 € am Markt verdient, sind die Steuern und Abgaben höher als die Transfers. Bis zur Spitzengruppe steigen die Abzüge kontinuierlich bis auf 4155 € an. Basis der Berechnungen sind laut IW die Daten der alle fünf Jahre vom Statistischen Bundesamt erhobenen Einkommens- und Verbrauchsstichprobe, die gut 40.000 Haushalte umfasst. Wie stark der Sozialstaat die Spreizung der Einkommen offenbar verringert, zeigt ein weiteres Ergebnis: Bevor das System eingreift, hat das zweitoberste Zehntel der Haushalte beinahe das 27-fache Einkommen des zweituntersten – nach der Umverteilung nur noch das 2,6-fache. Das Einkommen der unteren Gruppe wird dabei vom Staat um gut 500 % erhöht, das der oberen zugleich um fast 40 % gesenkt.

Das Gesamtergebnis der Untersuchung ist auch deshalb bemerkenswert, weil es manche gegensätzliche Positionen in der Gerechtigkeitsdebatte gleichermaßen relativiert. Das betrifft zum einen den Streit über den Einkommensteuertarif und die Kritik an einer übermäßigen Belastung unterer und mittlerer Einkommensschichten. Nach den Ergebnissen des IW sind die Betroffenen bei Berücksichtigung aller Abgaben und Transfers zumindest nicht so auffällig stark gebeutelt, wie die Steuerdebatte häufig unterstellt.

Ebenso bringt aber offenbar auch die Kappung der Sozialabgabenlast durch die Beitragsbemessungsgrenze den Besserverdienern per Saldo weniger Vorteile als vermutet. Einkommen oberhalb der Grenze von derzeit 5400 € pro Monat (West) werden nicht mit Sozialbeiträgen belastet. Für sich wirkt diese Regelung damit zwar wie eine degressive Lohnsteuer, jenseits der Bemessungsgrenze sinkt die prozentuale Beitragslast mit steigendem Einkommen ab. Rechnet man aber alle Effekte des Sozialstaats gegen, bleibt laut IW auch davon kein messbarer Vorteil übrig."

Die Sektorenlinien deuten in allen Abbildungen jeweils Ergänzung und Widerspruch der beiden benachbarten Sektoren zueinander an. -----

Abb. 3.5 Trialektik des Geldes entspricht den 3 Gerechtigkeiten

Hier sieht man, dass der aristotelische Ausdruck „Gesetzesgerechtigkeit" tatsächlich berechtigt und notwendig ist, um über Geld so etwas wie Gerechtigkeit herzustellen. Die drei Dimensionen des Geldes gleichen sich nicht von selbst aus. Die Balance muss als politischer Akt hergestellt werden.

Zusammenfassend stellt sich die Trialektik des Geldes so dar:

Dimension 1: Öffentlicher Auftrag/Gesetzesgerechtigkeit

Dimension 2: Rentabilität/Leistungsgerechtigkeit

Dimension 3: Eigentum/Bedürfnisgerechtigkeit

Der Ausdruck „Gerechtigkeit" ist deshalb wichtig, weil das Austragen von Konflikten bei der Ausbalancierung der drei Dimensionen erst so etwas wie Gerechtigkeit zwischen Menschen herstellt. Gerechte Entscheidungen – jetzt einmal auf Geld beschränkt – sind Resultat eines Lernprozesses in einer Gruppe (Familie, Organisation, Gesellschaft) und nicht etwas, das man als Allgemeines voraussetzen kann (zwecks Unterordnung).

Deswegen kommt auch die Diskussion um die „gerechte" Verteilung des Geldes in der Gesellschaft nicht so recht voran, weil wir die Instrumente für das Austragen dieser Konflikte noch nicht ausreichend entwickelt haben. Das Konsensprinzip, das die Erlösungsreligionen eingeführt haben, hat noch nicht wirklich gegriffen (Abb. 3.5).

Im Folgenden werden nun die einzelnen Geldaporien mithilfe der Trialektik dargestellt.

3.3 Geld als Maßstab

Das Maß ist eine Synthese von Qualität und Quantität: Es gibt an, „wie viel" von „etwas" vorhanden ist. Weder mit dem „Wieviel" allein – wenn man nicht weiß wovon – noch mit dem „Etwas" – wenn man nicht weiß, „wie viel" davon – könnte man etwas anfangen.

Nestroy: „Die Babylonier haben das Geld erfunden, aber warum so wenig davon?"

Geld als Maßstab für den Tausch ist also selbst schon eine Synthese einer Aporie: Nur Gleiches kann getauscht werden, aber Ungleiches muss getauscht werden. Nur wenn man Ungleiches tauscht, macht Tausch einen Sinn. Nur wenn das Getauschte vergleichbar ist – also eigentlich „gleich" ist -, wird der Tausch funktionieren.

Die Tausch-Aporie lautet also:

• Zwei Dinge sind gleich.
• Zwei Dinge sind ungleich.

Diese Aporie führt dazu, dass ein Gegenstand in doppelter Weise einen Wert haben muss: „So ist beim Schuh (der Wert) einerseits sein Gebrauch für das Anziehen – andererseits seine Verwendung als Tauschobjekt" (Aristoteles, Politik, 1257 a).

Später wurde dann in der modernen Nationalökonomie der Unterschied von „Gebrauchswert" und „Tauschwert" postuliert. Dies ist aber nicht nur ein Unterschied, sondern ein Gegensatz oder eben ein Widerspruch. Meist wird dieser Widerspruch nicht hervorgehoben (wie auch, er würde die Logik stören). Dies verhindert aber – so meine These – ein genaues Verständnis dieses „Unterschiedes".

Im neuen Weltbild der Trialektik ist diese Reduktion des „Gegensatzes" auf einen „Unterschied" sozusagen als Spezialfall mit enthalten. Die Synthese der Gleich-Ungleich-Aporie findet sich in dem „objektiven" Wertmaßstab, den das Geld darstellt.

Die Einheit der Gegensätze von Gebrauchswert und Tauschwert in einem Gegenstand ist Synthese der angeführten Aporie. Anders formuliert heißt das, dass Besitz oder Eigentum einen Gebrauchswert hat, der gleichzeitig auch einen Tauschwert (Maßstab) repräsentiert.

Eine der wesentlichen Grundlagen des Aufstiegs der Menschheit war sicher ihre Fähigkeit, über Stammesgrenzen hinweg Tauschkooperationen einzugehen. Dies schaffte neben dem Risikoausgleich, der damit erreicht wurde, besonders im Rahmen der Arbeitsteilung auch größere Differenzierung der verfügbaren Produkte. Insbesondere mit dem Sesshaftwerden und der damit verbundenen Arbeitsteilung konnten Überschussgüter getauscht werden.

Das Naturprinzip – man jagt einander, wie im Tierreich, die Beute ab, der Stärkere optimiert durch Raub oder Diebstahl seine Ressourcen – wurde durch den Tausch von Überschussgütern abgelöst.

Eine großartige Erfindung war es sicher, dem anderen, dem man etwas wegnimmt, weil man es braucht, auch etwas dafür zu geben – im Idealfall: was der/die andere braucht.

Der Tausch macht damit aus Feinden Freunde. Oder umgekehrt: Erst wenn aus Feinden Freunde geworden sind, ist Tausch möglich. (Schon wieder eine „Anfangsaporie"!)

Damit ein Gegenstand getauscht werden kann, ist eine aufwendige Abstraktionsleistung notwendig: Der Gegenstand muss als Wert reflektiert werden, da sich sein Wert als Gebrauchsgegenstand von seinem Wert als Tauschgegenstand unterscheidet. Erst die Reflexion eines Wertes macht die Unterscheidung von Gebrauch und Tausch möglich. Diese Abstraktionsleistung war so groß und so wenig selbstverständlich, dass sich mit ihr noch verschiedene Märchen befassen, so etwa in unserem Kulturkreis das Märchen vom „Hans im Glück". Der Held dieses Märchens ist ganz auf den Gebrauchswert fixiert und tauscht daher immer das, was er hat, im Augenblick aber nicht gebrauchen kann, gegen das ein, was er gerade nötig hat oder was ihm als wertvoll erscheint. Maßstab ist dabei sein unmittelbares Wünschen, weshalb er sein wertvolles Goldstück sehr rasch durch mehrmaliges Tauschen in einen wertlosen Schleifstein verwandelt.

An diesem Beispiel sieht man auch deutlich, dass Tausch nur sinnvoll ist, wenn man dafür mehr bekommt, als man hergibt. Dieser Satz muss aber für beide Seiten gelten. Gilt er nur für eine Seite, dann war es ein schlechter Tausch, und er ist nicht friedenserhaltend, sondern führt zum Streit. Einseitig übervorteilt zu werden, ist allemal ein klassischer Streit- oder Kriegsgrund. Sind aber beide der Meinung, dass sie bei diesem Tausch gewonnen haben, können sie weiter in Frieden leben.

Der „Hans im Glück" wurde (im Märchen) zwar bei jedem Tausch glücklicher, aber als er am Ende nichts mehr hatte, „kehrte er, überglücklich, alles verloren zu haben, zurück zu seiner Mutter", also zur Primärversorgung einer Naturalwirtschaft. Dagegen bedeutet Wirtschaft – auch schon Tauschwirtschaft – „das hartnäckige Verfolgen produktiver Umwege zum Glück" (Kammer, S. 4). Diese Umwege beinhalten unter anderem eine gegenseitige Übervorteilsvermutung: Ich gebe

100 %, bekomme aber 120 % dafür, der andere denkt aber genauso. Das kann auf Dauer aber nur aufrechterhalten werden, wenn es einen Maßstab gibt, mit dem der Wert eines Gegenstandes gemessen werden kann. Der Gebrauchswert des Gegenstandes, den ich bekommen habe, ist für mich höher als der Tauschwert des Gegenstandes, den ich hergegeben habe. Daher ist es besser zu tauschen als zu kämpfen und wegzunehmen, da hier vor allem das Risiko sehr groß ist, dass der andere siegt und mir etwas wegnimmt.

Damit ein Gegenstand, der „erzeugt" wurde, zu einem Produkt wird, das getauscht werden kann, muss er zunächst dem sofortigen und unmittelbaren Konsum entzogen werden. Es liegt daher nahe, nur bevorratete Überschussgüter zu tauschen, die durch Konsumverzicht oder Abgaben an Zentren und Herrscher aus dem Gebrauch herausgenommen werden – was nur im großen Stil durch „Abgaben" als Zwangskonsumverzicht für allgemeines Wohl möglich ist.

Hier sieht man den ursprünglich bestehenden Konflikt. Güter werden erzeugt (z. B. landwirtschaftliche Produkte), um verbraucht zu werden. Sie sollen den Hunger stillen und sind in dieser Funktion notwendig.

In der Nordhemisphäre musste man aber über den Winter kommen und daher diese Produkte im Überschuss produzieren. Nur überschüssige und bevorratete Produkte konnten später verbraucht werden.

Diese Überschuss-Vorratsprodukte mussten ursprünglich dem direkten Konsum wahrscheinlich zwangsweise entzogen werden und von einem Herrscher oder Tempelherren zentral verwaltet werden.

Die Aporie lautet:

- Produkte werden für den unmittelbaren Verbrauch erzeugt.
- Produkte werden nicht zum Verbrauch, sondern zur Bevorratung erzeugt, d. h. für späteren Verbrauch oder eben für den Tausch.

Oder anders formuliert: Produkte sollen sofort verbraucht werden – Produkte dürfen nicht sofort verbraucht werden.

Man vermutet, dass sich die Bevorratungswirtschaft ursprünglich aus den Opfergaben entwickelte, die im Tempel hinterlegt wurden. Im Althochdeutschen bedeutet jedenfalls das Wort „gilt" (= „Geld") Opfer so wie im lateinischen „Obolus" ursprünglich der Opferspieß war. Dieser Vorrat oder „Tempelschatz" stellt eine unantastbare Größe dar (Bereich 1), der weder Verbrauchsgut (Bereich 3) noch Handelsgut (Bereich 2) war (Abb. 3.6).

Wendet man nun das Denkmodell der Aporie auf diese Entwicklung an, dann sieht man, dass das Geld als Wertmaßstab für den Tausch als Konsens oder Synthese von Widersprüchen aufgefasst werden kann. Denn Geld als Maßstab vermittelt zwischen dem Wert eines Gegenstandes, der sich im Eigentum eines Menschen (oder einer Gruppe) befindet, also seinem Gebrauchswert (dem „Glück"), und dem Wert desselben Gegenstandes, insofern er getauscht werden soll, also dem Tauschwert. Die beiden „Werte" stehen aber zueinander in Widerspruch, denn ein Gegenstand kann entweder verbraucht werden oder getauscht werden, beides ist gleichzeitig nicht möglich. Einmal stellt er Eigentum dar und das andere Mal ist er Ware, also selbst ein Produkt.

Geld als Maßstab ist Synthese von Geld als Eigentum und Geld als Ware und stellt somit einen Fortschritt dar gegenüber der Überbetonung einer der jeweiligen Aspekte.

Würde man alles Eigentum eintauschen und nichts verbrauchen, würde man verhungern. Würde man umgekehrt nichts eintauschen und alles selbst verbrauchen, könnte man die Vorteile der Arbeitsteilung und vor allem der Kooperation und des damit verbundenen Risikoausgleichs nicht nutzen – auch hier ist das Ende abzusehen, jedenfalls in unserer komplexen Welt.

Die Kooperationsfähigkeit ist ein Grundstein der „Karriere" des Homo sapiens. Wir können heute leider nur wenige Entwicklungsschritte wirklich verstehen. Die Entwicklung hängt mit dem immer größer werdenden Gehirn zusammen, dieses aber wieder mit den immer abstrakteren Kommunikationsanforderungen der Menschen. Das große Gehirn macht die Zurückhaltung ungeeigneter Reaktionen möglich, wie z. B. einem anderen etwas einfach wegzunehmen, wenn man es selbst nicht hat – was im Tierreich gut zu beobachten ist. Diebstahl statt Kauf oder Tausch wäre die quasi natürliche Form der Ressourcenoptimierung und der Versorgung

Abb. 3.6 Geldaporie: Maßstab als Synthese

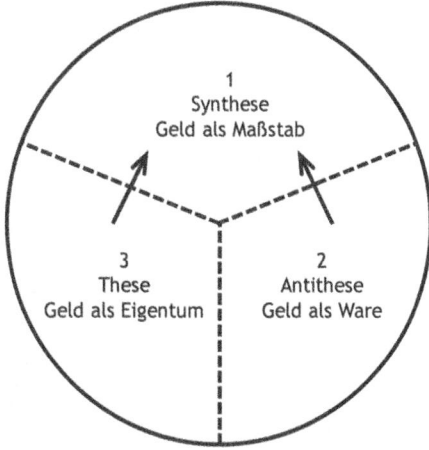

mit benötigten Gütern. Auf sie fällt eine Tauschgemeinschaft immer dann zurück, wenn das Normensystem noch nicht (wie bei Kindern) oder nicht mehr greift (wie in Kriegs- oder Krisenzeiten). Wirklich Sinn macht die Abstraktion eines Maßstabes in Form von Geld aber erst durch die Kombination mit dem Zahlensystem. Die Qualität eines Gebrauchsgegenstandes wird quantitativ bewertet und besitzt beim anderen, der diesen Gegenstand braucht, wieder eine (neue) Qualität. Die Synthese von Qualität und Quantität ist aber das Maß.

Mit dieser Entwicklung von Maßstäben, die es erlauben, Qualitäten zu vergleichen, haben die Menschen aber eine neue Abstraktionsebene erreicht, die natürlich abgesichert werden musste und auch immer wieder in Kriegen zugrunde gegangen ist. Geld als Maßstab ist daher so etwas wie der Versuch, den Frieden auf Dauer zu stellen. Es setzt eine gemeinsame Anerkenntnis von etwas Absolutem außerhalb des relativen Tausches und Gebrauches voraus.

Man hat daher viel Mühe darauf verwendet, Dinge zu finden, die nicht verbraucht werden konnten und einen geringen oder gar keinen Gebrauchswert haben, wie etwa Muscheln, Steine oder Gold. Das Gold war sozusagen ein Vorläufer des Geldes. Es wurde von allen anerkannt und konnte daher als erster Maßstab dienen. Gerade die Anerkennung von Gold als Maßstab bringt einen großen Sozialisationseffekt mit sich. Nur diese Gruppen oder Nationen, die eine solche Anerkennung verbindet, können ein gemeinsames Geld haben. Geld war daher in der Geschichte immer auf politische Einheit und Kontinuität angewiesen. Neue politische Konstellationen haben daher immer mit neuem Geld begonnen.

Als Maßstab, der zwischen dem Gebrauchswert und dem Tauschwert eines Produktes vermittelt, liegt Geld auf einer anderen, sogar „höheren" Abstraktions- oder Konventionsebene als die Waren, die mithilfe des Geldes bewertet werden können. Gerade weil es keine Ware ist, kann es als vorausgesetzter Maßstab den Tausch organisieren.

Als Maßstab ist Geld etwas Objektives, wenn nicht gar Absolutes. Absolut in dem Sinn, in dem Maßstäbe in einem Koordinatensystem festgelegt werden. Nur aufgrund dieser Festlegung – z. B. eines Nullpunktes – ist es möglich, Koordinaten (= Entfernungen vom Nullpunkt in jeder Richtung) anzugeben. Wechselt der Maßstab während der Messung seine Einheit, ist die Messung falsch und der Maßstab unbrauchbar. Deswegen hat man bei Maßstäben immer auf größtmögliche Konstanz (raum- und zeitinvariant) Wert gelegt.

Ähnlich ist es natürlich beim Geld: Als Maßstab ist es invariant und kann selbst nicht einen bestimmten Preis haben und kann auch nicht besessen werden. Es kann kein Eigentum an Geld geben, insofern Geld Maßstab ist. Der Maßstab muss sich sozusagen im Besitz der öffentlichen Funktion befinden, die ihn definiert hat – so wie das Urmeter in Paris. Deshalb ist das Vernichten von Geld (Banknoten z. B.) eine strafbare Handlung. Als Maßstab wäre Geld als Zahlungsmittel nicht verwendbar. Versucht man aber, Geld zu besitzen und sich den Maßstab als Eigentum einzuverleiben, dann könnte man damit nichts kaufen, d. h. nichts eintauschen – es sei denn, es gibt dafür wieder einen Maßstab.

3.4 Geld als Ware

Geld ist entweder nur Maßstab, dann ist es als Zahlungsmittel nicht einsetzbar. Oder Geld ist nur Eigentum, dann ist es nicht tauschbar. Die Lösung dieser Aporie lautet, dass Geld auch selbst Ware sein muss. Erst Geld als Ware vermittelt zwischen Geld als Maßstab und Geld als Eigentum.

Ein Beispiel für die Synthese von Geld als Eigentum und Geld als Maßstab zeigt sich in der Landwirtschaft. Der Landwirt darf seinen Acker, den er besitzt (Eigentum, Bereich 3), nicht verkaufen, da er ihn ererbt hat und als Erbgut auch erhalten muss (= Maßstab). Lösung aus diesem Dilemma ist der Acker als Produktionsmittel (Bereich 2), mit dessen Hilfe er Mehrwert schafft.

Ein anderes Beispiel für die Ausweglosigkeit der Aporie Geld als Maßstab und Geld als Eigentum zeigt sich in so mancher „Armut" von reichen Leuten. So darf ein Schlossbesitzer (Bereich 3) sein Schloss nicht verkaufen, er muss es erhalten (Bereich 1, Maßstab), er darf es verwalten. Die Lösung, um aus der „Armutsfalle" herauszukommen, ist im Bereich 2 zu suchen: Vermarktung des historischen Wertes oder sonst einer Attraktion, die sich finden lässt.

Sobald Geld aber selbst als Ware zugelassen wird, kann Geld ein eigenes Produkt sein, mit dem gehandelt werden kann, und muss daher einen Preis haben. Ein Preis für Geld ist aber sozusagen etwas Perverses, denn eigentlich ist es ja kein Produkt, das als Erzeugtes dem Prinzip der Knappheit unterliegt. Vor allem: Wie unterscheidet man zwischen Geld als Ware und Geld als Maßstab?

Historisch ist dieser Unterschied vermutlich durch die Schulden entstanden, die Gruppen beim zentralen Tempel machen mussten, wenn sie das Saatgut aufgegessen hatten (oder anders verloren hatten). Das Saatgut selbst zeigt den Bauern, dass man etwas, das man anbaut, vermehrt wieder bekommt. Ähnliches kann bei der Viehzucht beobachtet werden. Wenn man Tiere domestiziert (indem man z. B. Raubtiere fernhält), dann werden durch Züchtung (in Ruhe, d. h. in Gefangenschaft) immer mehr Tiere daraus. Erst der „Überschuss" an Feldfrüchten und Tieren ist tauschbar. Das Prinzip: „mehr desselben" muss erst mit der Entstehung von Ackerbau und Viehzucht als Grundprinzip des Handelns aufgetaucht sein.

Abb. 3.7 Synthese: Geld
ist Ware

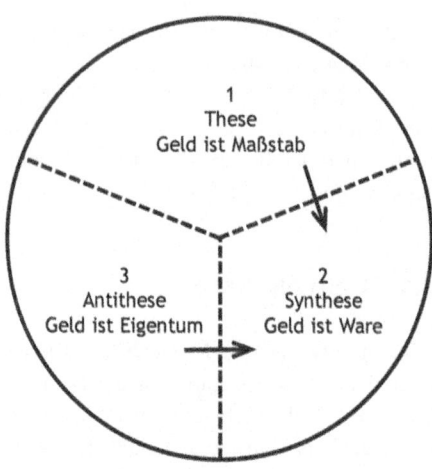

Für Jäger und Sammler hätte ein „Mehr desselben" keinen Sinn gemacht. Mehr Tiere zu erlegen als man essen konnte, war sinnlos. Getötete Tiere sind weder lagerfähig noch transportierbar. Dasselbe gilt für gesammelte Früchte. Beides verdirbt überhaupt in den Warmzonen der Erde sehr rasch. „Mehr" wäre also eher eine Belastung als eine Hilfe. Anders sah es für sesshafte Menschen aus. Sie hielten per se einen Überschuss in Form von gezüchteten Tieren und sicher auch bald von bevorrateten Agrarprodukten. Diese Produkte wurden zentral gelagert und im Bedarfsfall aufgebraucht (Abb. 3.7).

So dürften auch die Tempelwirtschaften, die an Gruppen in Not Saatgut oder Zuchttiere „verliehen" haben, „gerechterweise" eine größere Anzahl zurückgefordert haben – sicher auch, damit den nächsten Gruppen in Not ebenfalls ausgeholfen werden konnte.

Mit der ersten Form der Tempelwirtschaft könnte also auch das Bewusstsein von der Vermehrung eines Gegenstandes durch Verleihen und Zurückfordern entstanden sein. Die Zinsen könnten demnach ein Abbild des Wachstums und der Vermehrung in der Natur sein – sie können dem Gläubiger das versäumte Vermehrungspotenzial des verborgten Gutes abgelten.

Das Geld wurde ja in der Tempelwirtschaft als Maßstab für den Tausch und Maßstab für die Schuld entwickelt. Man bekommt mehr zurück als man investiert hat, das ist schon in dem altpflanzerischen Bewusstsein vorhanden. Verwendet man für den Tausch aber das Geld als Maßstab, dann definieren die Zinsen, die durch die „Schuld" entstehen, das Geld als Ware. Die Zinsen sind der „Preis" des Geldes. Wenn Geld aber Ware ist, dann kann man es „kaufen" und verkaufen. Neben den Realmärkten entstehen dann auch Finanzmärkte.

Schon Aristoteles hat die Problematik dieser Finanzmärkte analysiert:

> Das Künstliche im eigentlichen Handelsgeschäft besteht darin, dass es nicht auf den Vermögenserwerb überhaupt, sondern auf den Geldumsatz gerichtet ist. Denn das Geld ist bei diesem Handel Anfang und Ende. Der Reichtum aber, der durch diese Art von Erwerbskunst erzielt wird, ist ohne Ziel und Grenze (Apeiros).

Finanzmärkte, auf denen Geld und nicht ein produziertes Realgut gehandelt wird, haben die Tendenz, sich zu verselbstständigen und grenzenlos zu werden.

An diesem Punkte, wenn nämlich die Finanzmärkte ins Unendliche abzugleiten drohen, tritt nach Aristoteles die Ordnungsmacht der Gesetzesgerechtigkeit auf den Plan, „…damit die Ökonomie nicht ins Endlose geht, sondern Maß und Grenze hat. Es wird daher leicht zu entscheiden sein, dass die Ökonomie auch Sache der Politik ist". (1258 a).

Aristoteles, der sich ja als Berater der Herrscher verstand, sagt auch noch dazu, wie diese Grenze zu setzen sei, nämlich durch ein Zinsverbot:

> Der aus dem bloßen Geldumsatz gezogene Handelsgewinn wird mit Recht getadelt, weil er nicht in der Natur, sondern nur in gegenseitiger Übereinkunft begründet ist. So ist vollends das Gewerbe des Wucherers mit vollstem Rechte eigentlich verhasst, weil es aus dem Gelde selbst Gewinn zieht und nicht aus dem, wofür das Geld doch allein erfunden ist. Das Geld ist für den Umtausch aufgekommen, der Zins aber weist ihm die Bestimmung an, sich durch sich selbst zu vermehren. Daher hat er auch bei uns den Namen tokos (Junges) bekommen; denn das Geborene (tiktómenon) ist seinen Erzeugern ähnlich, der Zins aber stammt als Geld vom Gelde. Diese Art von Erwerbskunst ist denn hiernach die widernatürlichste von allen.

Aristoteles wendet hier die von Platon erfundene und von ihm selbst (in anderem Zusammenhang) weiterentwickelte Erkenntnismöglichkeit der Aporien nicht auf Geld an, sondern bleibt dabei, dass Geld sinnvollerweise nur als Tauschmittel anzusehen sei („wofür Geld doch allein erfunden ist"). Der Widerspruch zwischen Geld als Maßstab und Geld als Ware wird von ihm dadurch gelöst, dass er ihn beseitigt und Geld als Kapital mit Zinsen verbieten will (wie es später auch geschehen ist) oder doch zumindest moralisch schlecht macht. Bis heute werden „Spekulanten" für viel Übles verantwortlich gemacht, ähnlich den „Wucherern" der Antike und des Mittelalters. Heute so wie damals machen die Finanzmärkte wegen ihrer Instabilität und Abgehobenheit Angst.

Ich schlage vor, Aristoteles in diesem Punkt nicht zu folgen (so wie es der Islam heute noch tut und das Christentum bis zum Marxismus getan hat), sondern die Dimension des Geldes als Ware neben der des Geldes als Maßstab gleichberechtigt und somit als „wahr" zuzulassen. Geld ist sowohl Maßstab für Waren als auch selbst Ware. Den zwischen beiden Dimensionen vorhandenen Widerspruch (Geld kann nur entweder Maßstab sein, dann kann es nicht handelbare Ware sein – oder ist Ware, dann kann es nicht absoluter Maßstab sein) muss man wohl als Erkenntnisgewinn und nicht als die Erkenntnis störend („unwahr") ansehen (oder die Finanzmärkte als „unmoralisch").

Über die Asymmetrie der Finanzmärkte siehe später.

3.4.1　Problematik der Zinsen

Der Fehler des Aristoteles liegt aber nicht nur in der abgespannten Dialektik des Geldes vom Maßstab, Eigentum und Ware, sondern in einer falschen Interpretation der Zinsen. Obwohl er vorher sagt, dass es sich um Konventionen handelt, verwendet er doch hier wieder den Naturbegriff der Zeugung. Das von ihm vorgeschlagene Zinsverbot, mit dem er sich ja bekanntlich bis ins Mittelalter durchgesetzt hat, gießt sozusagen das Kind mit dem Bade aus, da ja Zinsen der Preis des Geldes als Ware sind. Ohne einen solchen Preis kann sich die Ökonomie nicht entwickeln, vor allem nicht im Sinne eines Handelskapitalismus. Möglicherweise war Aristoteles noch näher als wir an der Entstehung der Agrargesellschaft, in der sowohl bei Tieren als auch bei Agrarprodukten das Prinzip der Vermehrung besteht. Aristoteles kam offenbar von diesem biomorphen Denkmodell nicht los.

Auf der anderen Seite gibt es natürlich die von Aristoteles gesehene Gefahr tatsächlich, dass nämlich das Geld, das „sich nur durch sich selbst vermehrt", ins Unendliche geht, wenn ihm nicht eine Grenze gesetzt wird. Gerade dies zeigt übrigens auch, dass das biomorphe Denkmodell vom Geld, das Junge bekommt, hier nicht anwendbar ist.

Geld ist ein Produkt der Kommunikation und damit ein Produkt des Geistes. Der Geist ist aber tatsächlich unendlich. Die Unendlichkeit der Geldvermehrung wird noch dazu durch die Verbindung von Geld und Zahlenreihe gefördert. Die Zahlenreihe ist nach dem Satz des Archimedes unendlich im Sinne der Möglichkeit. Das bedeutet, dass die Zahlenreihe immer nur so lange reicht, als man zählt. Wer bis 3 zählt, für den endet die Zahlenreihe mit 3. Wer seine Finger einsetzt und bis 10 zählt, für den endet die Zahlenreihe mit 10. Für alle aber, die bis 3 oder weiter zählen können, gilt noch etwas: Wenn man die größte Zahl am Ende der Zahlenreihe mit der vorletzten Zahl multipliziert, dann muss das Produkt aus beiden größer sein als die größte Zahl, also „n mal $(n-1) => n$", dies gilt für alle Zahlen größer 2 ($n > 2$). Die Zahlenreihe ist also nicht real unendlich (realiter), sondern nur in der Möglichkeit (potentialiter).

Das Geld ist aber nicht nur in Bezug auf die Zahlenreihe ein Produkt der Möglichkeit, sondern auch in Bezug auf die zu kaufenden materiellen Inhalte. Solange ich etwas noch nicht gekauft habe, sondern „nur" Geld besitze, habe ich alle Möglichkeiten, mit meinem Geld etwas anzufangen. Mit einem Kauf verliere ich nicht nur den betreffenden Geldbetrag, sondern verliere damit auch diese Freiheit der Disposition, ich habe mich festgelegt. Deshalb können Menschen, die viel Geld besitzen, sich mitunter freier fühlen, ihnen steht sozusagen die Welt offen. Sie sind weniger abhängig als andere, die mit wenig Geld ihre Bedürfnisse realisieren müssen. Umgekehrt laufen reiche Menschen auch Gefahr, ihre Freiheit zu verlieren, wenn sie von der Sorge um die Sicherheit ihres Geldbesitzes zu sehr eingenommen werden.

Vielleicht ist diese Freiheit, über unendlich viele Möglichkeiten zu verfügen, das erste Mal mit der Möglichkeit zu zählen entstanden. Denn diese *Möglichkeit*, weiter zu zählen, ist eine Folge der Unendlichkeit des Geistes und bedingt auch die Unendlichkeit der Zahlenreihe. Die Mathematiker unterscheiden dabei eine gute und eine böse Unendlichkeit. Die gute ist die lineare Zahlenreihe, die immer weiter gezählt werden kann. Die böse Unendlichkeit ist eine exponentielle: wenn sich etwas verdoppelt, vervierfacht, verachtfacht usw. Diese Problematik erlebt man im Alltag auch oft: Plötzlich wird etwas immer schneller und schneller, ein Kartenhaus fällt in sich zusammen, eine Gasflasche explodiert usw.

Geldgeschäfte, die mit Zinsen zusammenhängen, können solche exponentiellen Entwicklungen nehmen. Unsere Väter berichten noch von einer Hyperinflation, bei der das Geld täglich um einen exponentiellen Faktor weniger wert wurde. Einem Privathaushalt beispielsweise können die Zinsen schon einmal „über den Kopf wachsen". Auch die Finanzmärkte, auf denen Möglichkeiten gehandelt werden, können solche Entwicklungen enthalten. Damit wäre auch ein Aspekt der Finanzkrise von 2008/2009 zu erklären (Abb. 3.8).

Hier ein Bild der größten jemals gedruckten Banknote: hundert Trillionen Dollars – Zimbabwe-Dollars in der Hyperinflation des Jahres 2008. Diese Zahl geht schon ein wenig in Richtung Unendlichkeit.

Diese Seite des Geistes, nämlich seine potenzielle Unendlichkeit, wird im Finanzbereich meist mit dem Wort „Spekulation" umschrieben. Aristoteles nennt das: „ohne Ziel und Grenze". Man macht Geschäfte nicht mit realen Produkten, sondern mit „Möglichkeiten", mit Geschäftsmöglichkeiten. Mögliche Geschäftsverbindungen gibt es aber unendlich viele – und damit auch unendlich viele mögliche Produkte.

Am einfachsten begrenzt man diese Spekulation durch ein Zinsverbot und durch die Bindung des Geldes an reale Werte, aber um den Preis einer stagnieren-

Abb. 3.8 Die größte jemals gedruckte Banknote

den Ökonomie. Die Begrenzung der Spekulation muss anders erfolgen als durch das Verbot von Zinsen.

In der Wirtschaftskrise des Jahres 2008 und der folgenden Jahre sind aber noch weitere Probleme des Handels mit Möglichkeiten diskutiert worden. Ein Begriff, der hier immer wieder gefallen ist und als Mitursache für die Krise identifiziert wurde, war die Gier. Managern oder auch Börsenmaklern wurde unterstellt, aus „maßloser Gier" zu handeln.

Tatsächlich könnte eine gewisse Gier vorhanden sein, wenn Spekulationen aus dem Ruder laufen und entstandene Verluste durch den Versuch, sie mit Gewinnen zu kompensieren, weitere Folgeverluste generieren. Ähnliches kann man in jedem Kasino beobachten. Der Realitätsverlust eines derartigen Handelns wird durch das Wort „maßlos" umschrieben.

Das Maß ist – wie schon oben gesagt wurde – die Synthese von Qualität und Quantität. Messen ist immer notwendig, wenn man wissen will, wovon man wie viel disponiert. Diese Synthese fällt immer dann wieder auf die aporetischen Gegensätze zurück, wenn nur z. B. das „Wieviel" interessant ist. Dies könnte tatsächlich bei bestimmten Finanzprodukten der Fall sein, wenn das „Was" nur mehr als „Möglichkeit" oder „Erwartung" existiert und die Disposition sich nur um die Frage dreht: „Wie viel" muss man einsetzen, um „wie viel" wieder zurückzubekommen? Ob das Rohstoffe oder Devisen, Futures oder Options sind, ist egal. Gehandelt wird ja nur mit der Möglichkeit und nicht mehr mit einem realen Produkt.

Wenn also die Unendlichkeit der möglichen Bedürfnisse mit der Unendlichkeit der Zahlenreihe zusammenkommt, entsteht das crashanfällige Szenario: Es schaukelt sich auf und „geht ins Unendliche", wie Aristoteles schon befürchtet hatte.

Aus der Sicht der Trialektik könnte man den Crash damit erklären, dass der Bereich 2 als Quantität sich verselbstständigte, keinen Widerspruch und damit keine „Kontrolle" im Bereich 1 und Bereich 3 – also weder von den Regeln noch von der Qualität oder dem Gebrauchswert oder Eigentum – erfuhr, sodass auch die Synthese, der Maßstab, unter die „Herrschaft" des Bereichs 2, der Quantität, geriet.

Es scheint möglich, dass auch ein Teil der gegenwärtigen Krise mit den Zinsen zusammenhängt: So ist ein Teil der Schulden, die die Staaten angehäuft haben, auf die Bedienung der Zinsen zurückzuführen. Der „Schuldenschnitt" etwa 2011 bei Griechenland ist nichts anderes, als dass die Gläubiger auf „überhöhte" Zinseinnahmen verzichten.

Viele behaupten, dass durch die Zinsen ein Crash des Systems mit eingebaut sei. Würde man zu Christi Geburt ein Sparbuch eröffnet haben, das sich auch verzinst, könnte keine Bank der Welt dieses Sparguthaben auszahlen. Dasselbe wäre sogar gegeben, wenn man erst vor hundert Jahren ein Sparbuch angelegt hätte. Es muss daher immer wieder zu einem solchen Schuldenschnitt oder zu einem „Neustart" des Geldwesens kommen. Könnte man einen solchen „Neustart", der ja meist mit großen politischen Umwälzungen verbunden ist, verhindern, wenn man das System der Zinsen regelt? Ja! Dies geht aber nur, wenn die Synthese von Qualität und Quantität besser ausbalanciert wird.

Eines der größten Hindernisse dabei ist aber das Konkurrenzverhalten. Dies scheint mir ein altes Erbe zu sein, das an ein archaisches Muster anschließt.

3.4.2 Konkurrenz und ihre Wurzeln

Konkurrenz ist im Prinzip das Geheimnis des Marktes. Wer kann die Bedürfnisse von Käufern besser zufriedenstellen? Eine solche Konkurrenz muss notwendig zu immer besseren Ergebnissen führen. Von ihrem Ursprung her will Konkurrenz allerdings Monopol.

Die Marktwirtschaft schließt hier an ein uraltes Muster an, das die Menschen schon von ihren tierischen Vorfahren übernommen haben, nämlich das Prinzip der Auslese über Konkurrenz. Der Schnellste, der Stärkste, der Cleverste etc. hat höhere Überlebenschancen als der Langsamere, Schwächere, Dümmere etc. Damit ist auch noch verbunden, dass Konkurrenz die Leistungsfähigkeit anstachelt. Ein österreichischer Olympia-Goldmedaillengewinner im Schwimmen sagte nach seinem Sieg ins Mikrofon des Fernsehens, dass er wohl das Glück hatte, in der Bahn neben dem Silbermedaillen-Gewinner geschwommen zu sein. Das habe ihm den Kick gegeben, noch schneller als sein Nachbar zu schwimmen. Wäre der nicht der Zweitschnellste gewesen, sondern ein anderer schlechter Platzierter, hätte er wahrscheinlich die Goldmedaille nicht gewonnen.

Dieses Muster, „ich will unbedingt der Erste sein" – denn schon der Zweite zählt nicht mehr -, kommt wahrscheinlich aus unserer steinzeitlichen Vergangenheit.

Ich habe mich schon oft gewundert, wenn z. B. bei Olympischen Spielen der Gewinner der Silber- oder der Bronzemedaille als Verlierer bezeichnet wird. Auch beim Fußball kann eine ganze Nation in Depression verfallen, wenn sie „nur" den zweiten Platz bei einer Weltmeisterschaft geschafft hat.

Dazu ein kurzer Beitrag mit dem Titel: „Schon der Zweite zählt nicht" (Focus 24/2001, S. 138): „Der Sieger bekommt alles. Oder schon mal etwas von Ernst Schmied oder Jürg Marmet gehört? Die beiden Schweizer Extrembergsteiger standen vor gut vierzig Jahren als zweite Seilschaft auf dem Gipfel des Mount Everest und sind heute nahezu vergessen. Fast jedes Schulkind lernt hingegen, dass Sir Edmund Hillary und sein Sherpa Tenzing Norgay am 29. Mai 1953 als erste den Gipfel bezwangen."

Toni Sailer, ein prominenter österreichischer Skifahrer, der bei den Olympischen Spielen 1956 alle Goldmedaillen bis auf eine und bei den Weltmeisterschaften 1958 drei Goldmedaillen und eine Silbermedaille (im Slalom) gewonnen hatte, sagte in einem TV- Interview vor seinem Tod – immerhin fast 50 Jahre nach seinem Erfolg -, dass seine größte Niederlage (!) die Silbermedaille war. Er musste eine der Goldmedaillen an einen Konkurrenten abgeben. (Ich könnte mir eine größere Niederlage vorstellen, als eine Silbermedaille zu gewinnen.)

Rein objektiv hängt der Unterschied von Platz 1 und 2 stark von Zufällen ab. Alle können gut Fußball spielen oder gut Ski fahren. Der Unterschied liegt bei Sportarten mit Zeitmessung oft nur im Hundertstelsekunden-Bereich. Worin besteht die Identitätsbildung des Platzes Nummer 1? Wieso ist Nummer 2 ein Verlierer?

Ich vermute, dass sich diese Muster in Zeiten entwickelt haben, in denen der Zweite tatsächlich der Verlierer war und ausgemerzt wurde. Noch in historischen Zeiten wurden die Verlierer in Kämpfen umgebracht. Insbesondere wenn nur zwei kämpfen, gibt es nicht den ersten oder zweiten Platz, sondern nur Sieger und Verlierer, das heißt Überlebende und Tote. Das Konfliktlösungsmuster „Vernichten" (siehe Schwarz, Konfliktmanagement, 2008) war daher in der Urgeschichte des Homo sapiens über lange Zeit hindurch das bestimmende Ausleseprinzip. Dies dürfte sich bei Jägern, bei denen zwei Gruppen um ein Territorium kämpften, entwickelt haben.

Manche Biologen (vgl. Focus 24/2001, S. 137 f.) sind der Meinung, dass dieses Muster nicht aus der Konkurrenz zu anderen Gruppen, sondern aus der Konkurrenz zu Raubtieren entstanden ist. Interessant ist die Tatsache, dass mit Konkurrenz sehr starke kollektive Kräfte – weil kollektive Emotionen – mobilisiert werden können. Nicht nur im Spiel (z. B. beim Fußball), sondern auch im Wirtschaftsbereich können Organisationen in Konkurrenzsituationen ihre Mitglieder zu Höchstleistungen anspornen. Was vorher unmöglich erschien, ist im Kampf um den ersten Platz dann möglich. Dieser erste Platz muss verteidigt werden, da er ja heiß umkämpft ist. (Vgl. den Werbespruch: „Es ist verdammt hart, der Beste zu sein.")

Die gemeinsame Emotionalität lässt sich auch auf größere Sozialgebilde übertragen. Eine gute Stimmung, etwa bei einer Führungskonferenz mit 1000 oder mehr Führungskräften, mobilisiert den Siegeswillen unter Umständen ganz beachtlich. Dieser kollektive Siegeswille scheint heute einen deutlichen Wettbewerbsvorteil darzustellen.

Im politischen Wahlsystem verschiedener Länder (z. B. USA, England) gibt es das Prinzip, dass ein Kandidat, wenn er auch nur eine Stimme mehr hat als der andere, als Wahlsieger hervorgeht. Ihm fallen dann, z. B. in den USA, alle Wahlmännerstimmen eines Bundeslandes zu. Dadurch bilden sich zwar leicht absolute Mehrheiten, die Minderheit bleibt aber unberücksichtigt. Es wird aus einer Vielfalt ein Zweikampf gemacht.

Ich glaube, dass auch im kapitalistischen Wirtschaftssystem Vielfalt verloren geht. Hinter der Konkurrenz steckt letztlich die Monopolbildung. Jede Konkurrenz will eigentlich Monopol. Es müssen daher Monopole durch politische Willensbildung sozusagen künstlich verhindert werden. Lässt man der Natur freien Lauf, siegt immer der Stärkere und eliminiert den Schwächeren.

Eines der Hauptargumente für die Differenzierung in Stärkere (= Überlebende) und Schwächere (für die „Beseitigung") ist im Kapitalismus das Zinssystem. Mit Zins und Zinseszins wird das Prinzip verwirklicht, dass der Stärkere (= Reichere) immer reicher wird und der Ärmere immer ärmer. In vielen Untersuchungen wird deutlich, dass die sogenannte „Schere" zwischen Arm und Reich immer weiter auseinandergeht. Ich glaube – übrigens mit der Bibel -, dass die Ursache dieser Entwicklung im Zinssystem liegt.

Aber nicht nur der Zins begünstigt die Differenzierung in Reiche (= Erfolgreiche) und Arme (= weniger Erfolgreiche), sondern jede Monopolbildung, zu einem ideologischen Prinzip erhoben, führt zu einer Auslese. Ob das die Zugehörigkeit zu einer politischen Partei ist oder zu einer religiösen Priesterkaste, immer wird zwischen Erfolgreichen (= Angepassten) und weniger Erfolgreichen, die „beseitigt" werden sollen, unterschieden.

Möglicherweise gab es dieses Prinzip schon im vorkapitalistischen mittelalterlichen Monotheismus: Es gibt nur eine Wahrheit, alle Andersgläubigen müssen entweder diesen einen Glauben annehmen oder sie werden eliminiert. Ob die mittelalterliche Inquisition auch schon diesem Muster folgte?

Es gibt Historiker (z. B. Assmann), die der Meinung sind, dass Kriege besonders durch den Monotheismus begünstigt oder sogar hervorgerufen werden. Wenn nicht eine Wahrheit, sondern mehrere als möglich anerkannt werden, dann muss man nicht um die eine einzige Wahrheit kämpfen. Wird aber nur eine einzige Wahrheit anerkannt, dann sind alle anderen Meinungen unwahr und müssen bekämpft werden.

Auf individueller Ebene entspricht diesem Streben nach Monopol tendenziell das Gefühl der Eifersucht.

Entsprechend der Kriminalstatistik sind die meisten privaten Morde Eifersuchtsmorde. Auch hier wird das Monopolmuster realisiert. Eifersuchtsmörder versuchen ihren Konkurrenten den Weg zur Hölle etwas zu beschleunigen. Sie bleiben dann im „Himmel" des Monopols zurück. Der Zweite ist ein Verlierer. Es scheint so, dass dieses Muster in der Geschichte der Menschheit eine große Rolle gespielt hat und immer noch spielt.

Die Erfahrung aus der Urgeschichte, dass nur der Sieger übrig bleibt, führt dann später bei emotionaler Aufladung und Begeisterung über den Sieg zu allen möglichen Übertreibungen. Der eine macht „alles" richtig – der andere „alles" falsch. In zwischenmenschlichen Wortgefechten hört man: „Immer gibst du mir die Schuld." Oder: „Nie hörst du mir zu!" Ich interveniere dann gerne mit dem Spruch: „Ich habe dir schon tausendmal gesagt, du sollst nicht so übertreiben!" Das Lachen führt dann zu einer Distanzierung der (übertriebenen) Situation.

Journalisten gebrauchen die Übertreibung, um Dinge kampfähnlich erscheinen zu lassen. Sie müssen ja „Schlagzeilen" machen. So wird eine „Explosion" dadurch definiert, dass sich ein Sprengsatz innerhalb einer Sekunde hunderttausendfach vergrößert und die Stücke in alle Richtungen davonfliegen. Wenn sich eine Kugel langsam aufbläst, z. B. in einem Monat um ein Prozent ihres Volumens, so ist das meist unter der Wahrnehmungsschwelle, und man kann nicht von einer Explosion sprechen. Wenn sich die Preise aber in einem Jahr um vier Prozent erhöhen, sprechen viele Journalisten von einer „Preisexplosion".

Wendet man diese Erkenntnisse auf das Geld und etwa auf das Börsenverhalten an, dann sieht man, dass irgendwo eine Grenze der Konkurrenz eingezogen werden muss, wenn das System nicht an sich selbst zugrunde gehen soll. Ohne Konkurrenz kein Markt – aber mit unregulierter Konkurrenz: Crash.

Das Geld ist aber nicht nur Maßstab und Ware, es muss auch Eigentum sein, damit es Bedürfnisse befriedigt.

3.5 Geld als Eigentum

Neben Geld als Maßstab (Dimension 1) und Geld als Ware (Dimension 2) hat
Geld aber noch eine dritte Dimension, nämlich als Eigentum. Auch hier leistet das
Denkmodell der Aporie gute Dienste. Weder Maßstab noch Ware können ge- oder
verbraucht werden.

Geld ist entweder Maßstab, dann kann es nicht verbraucht werden, oder Geld
ist Ware, dann muss es getauscht werden und kann ebenfalls nicht verbraucht werden. Geld würde also keinen Sinn machen, wenn es nicht auch noch als bedürfnis-
befriedigender Besitz möglich wäre. Nur Geld als Eigentum vermittelt zwischen
Maßstab und Waren, indem es dem ökonomischen Kreislauf ein Ziel und einen
Sinn gibt. Damit ein Produkt getauscht werden kann, muss es zunächst dem unmittelbaren Verbrauch entzogen werden. Seine Umwandlung in Geld erst macht
es möglich, dass der Verzicht (das Opfer) wieder zurückkommt in Form eines abstrakten Gutes, das auch aufbewahrt werden kann und als Eigentum für Personen
und Gruppen eine Überlebenssicherung darstellt.

Zunächst ist es ja schwierig zu begreifen, dass man etwas, das man produziert
hat – was man mit seiner Arbeit aus der Natur „verbesondert" hat (Locke), wodurch es mein Eigentum wurde – wieder hergeben soll. Das kann nur dadurch
plausibel gemacht werden, dass man mehr dafür bekommt (Tausch) und dass Geld
Zinsen bringt, wenn man es hergibt (Abb. 3.9).

Abb. 3.9 Synthese: Geld
ist Eigentum

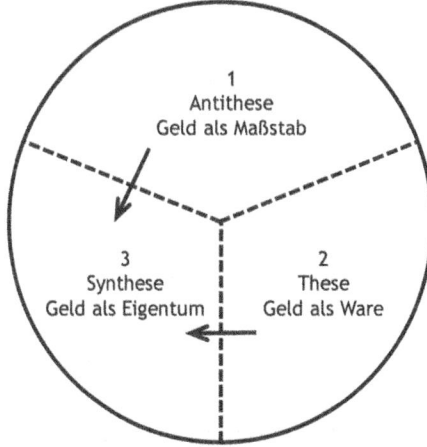

Man kann wieder die Phasen der Lösung einer Aporie betrachten. Wenn Geld nur Maßstab und nicht auch Ware ist, mit der gehandelt werden kann, dann könnte man es nicht erwerben, besitzen und nichts damit kaufen (Phase 2).

Wäre Geld dagegen nur Ware und nicht auch Maßstab, dann würde es ständig neuen Bewertungen unterliegen, wie es etwa in Inflationszeiten der Fall ist. Erst wenn man die Möglichkeit hat, Geld auch auszugeben, weil man es besitzt, bekommt der Widerspruch von Maßstab und Ware einen synthetischen Sinn.

Der Besitz von Geld teilt sich daher auch wieder in die zwei Bereiche auf: Als Maßstab ist es in den verschiedenen Devisenspekulationen enthalten – wer z. B. Fremdwährungskredite vergibt, rechnet damit, dass der Wechselkurs (= Maßstab!) besser oder zumindest nicht schlechter wird.

Aber auch der zweite Bereich – Geld als Ware – wird bei allen Anlageformen spekulativ genützt. Wo bekomme ich für mein Geld, das ich (im Überschuss) besitze, eine hohe Rendite? Hier wird das Geld als Eigentum wieder zurückgeführt auf das Geld als Ware, die einen bestimmten Preis hat – d. h. höhere oder niedrigere Zinsen. Riskant sind alle Geschäfte, bei denen z. B. mit Fremdwährungskrediten (niedrige Zinsen) eine höher verzinste Anlage gekauft wird. Hier kann es mehrfach zum Crash kommen: wenn die Maßstäbe sich ändern, also etwa Devisenrelationen nicht den Erwartungen entsprechen, oder wenn die Anlage, die in Aktien getätigt wurde, fällt anstatt zu steigen.

Die Annahme, dass sich alles grundsätzlich vermehrt, ist aus der Erfahrung der altpflanzerischen Kultur abgeleitet. Vielleicht kommt daher der Mythos vom ständigen Wirtschaftswachstum. Möglicherweise ist dieser Mythos eine Illusion, und wir erleben nach einer Wachstumsphase notwendigerweise eine solche des Rückgangs. Das Geld als Eigentum fällt dann wieder auf die beiden Elemente der Aporie zurück – nämlich auf den Maßstab und auf die Ware.

Jeder Anlageberater muss für den Kunden eine Aporie lösen:

1. Will der Kunde das Geld eher als Maßstab besitzen (ohne es auszugeben), dann rät der Anlageberater zur sichersten Veranlagung (soweit der Maßstab eben sicher ist).
2. Oder versteht der Kunde sein Geld als Ware? In diesem Fall geht der Kunde das Risiko ein, dass das Geld im Wert fällt.

Die meisten Kunden aber wollen eine hohe Rendite bei hoher Sicherheit. Was so nicht funktioniert, weil dies ein aporetischer Widerspruch ist.

Die Synthese von Maßstab und Ware ist nur für den Augenblick gegeben, in dem der Kunde – eben ein „Geldeigentümer" – sein Geld ausgibt, indem er etwas kauft. Mit dem Kauf ist diese Dialektik gelöst, weil Maßstab und Ware fixiert werden in der Synthese des Eigentums, zu einem Zeitpunkt, in dem das Geld für das zu erwerbende Gut eingesetzt wird.

Auch allfällige Aktiengewinne oder Verluste realisiere ich erst, wenn ich eine Position verkaufe. Vorher stehen sie nur in der Theorie zur Verfügung.

Hier wird übrigens auch deutlich, was mit Ausbalancieren einer Aporie gemeint ist: Jeder Anlageberater oder jede Person, die Überschussgeld, das nicht verbraucht wird, anlegen will, steht vor dieser Aporie und muss sich entscheiden, was er/sie will: Sicherheit oder Rendite. Dabei wird der Mix eines Depots eine Balance dieser Aporie darstellen. Die Maßstab-Dimension sollte raum – und zeitinvariant sein, die Waren-Dimension sollte schwanken nach oben oder unten – je nach Marktlage, Angebot und Nachfrage etc. (siehe Kapitel über die Börse).

Als Betrug wird heute gewertet – oder zumindest laufen hier Gerichtsprozesse –, wenn jemand die Ware als Maßstab verkauft, indem z. B. bei einer spekulativen Anlage die „Sicherheit eines Sparbuchs" vorgetäuscht wird.

Ein Problem kann aber auch mit dem Maßstab auftreten, wenn die Währung, in der man investiert, volatil ist und in ein Auf und Ab gerät, wie es etwa der US-Dollar vorgemacht hat. Dann wird der Ruf nach einer stabilen Weltwährung laut, die als objektiver, allgemeingültiger, absoluter Maßstab gelten könnte.

Damit wird auch deutlich, wieso das Geld zum Gott des Kapitalismus avancieren konnte. Ein Absolutes gibt Sicherheit sogar dann, wenn es „nur" ein menschliches Konstrukt darstellt. Geld hatte immer schon eine mythologische Komponente. In den antiken Naturreligionen wurde ja Geld in Form von Gold und Schätzen in den Tempeln der Totenpriester gehortet. In Zusammenhang mit einem Jenseitsglauben werden Opfer für das „Wohl der Toten" gerne gebracht. Im Laufe der Zeit sammelte sich in den Totentempeln ein Schatz im Ausmaß einiger Bruttonationaleinkommen an, der sich auf diese Weise dem Wirtschaftskreislauf entzog. Erst über die Grabräuberei, die später sogar staatlich organisiert wurde, wurde dieses tote Kapital wieder nutzbar. Hier haben „Schätze" und später Gold und dann Geld auch die Funktion, Illusionen noch über den Tod hinaus zu erwecken. Wenn „Geld die Welt regiert" und göttliche Prädikate bekommt, dann muss auch das größte Problem der Menschen, nämlich der Tod, mit seiner Hilfe zu bewältigen sein.

An diesem Problem ist ja das Christentum in zwei Teile zerfallen, weil die Priester gegen Geld Schuldscheine für das Jenseits ausgestellt haben. Wer für die Kirche Geld spendete, dem wurde ein besserer Platz im Jenseits versprochen, so wie die Reichen in der Kirche die vorderen Plätze – näher beim Altar, auf dem Gott präsent war – einnehmen durften. Mit Geld ist man also auch näher am „Himmelreich". Hier zeigt sich die christliche Wurzel des modernen Kapitalismus. Es ist nur mehr ein kleiner Schritt dahin, dass Geld überhaupt zur Gottheit aufsteigt, wenn man die mit dem Geld zu gewinnende Freiheit als Macht über unbegrenzte Möglichkeiten interpretiert, so wie man ja Gott als omnipotent bezeichnet.

Sogar ein theoretisch wertloser Stein, wenn er sich im Besitz einer Familie befindet, kann sehr wertvoll sein, wenn er von den anderen Familien auch als Wert angesehen wird (ein Beispiel, das Milton Friedman aus der Südsee erzählt).

Die doppelte Wertigkeit eines Gegenstandes, der mein Eigentum ist und als solcher verwendet werden kann, der aber auch getauscht werden kann und insofern einen anderen Wert besitzt, muss für jeden Menschen in eine raum-, zeit-, altersabhängige und soziale etc. Balance gebracht werden. Diese Balance ist nur erreichbar, wenn Geld, mit dessen Hilfe diese Balance hergestellt wird, alle drei Dimensionen erfüllt.

Die Trialektik in der Praxis

4

Der praktische Nutzen dieses Modells sollte darin bestehen, dass man mit seiner Hilfe ein Out-of-Balance besser diagnostizieren und dann auch leichter die jeweils notwendigen Lernprozesse angeben kann als ohne dieses Modell.

Ich werde im Folgenden mit Vereinfachungen des Modells arbeiten und nur wenn es notwendig ist, auf die höhere Komplexität des Verhältnisses der Aporien zueinander zurückgreifen.

Wenn man also vereinfachend die drei Bereiche benennt, dann wäre der Bereich 1, die Gesetzesgerechtigkeit, alles, was mit Regeln zu tun hat. Dies können Regeln der Gesellschaft, der Organisation oder auch der Natur sein. Man könnte den Bereich auch als den der Politik bezeichnen, wie es Aristoteles getan hat.

Der Bereich 2, die Leistungsgerechtigkeit, ist die ökonomische Seite einer Sache. Was kostet das? Welchen Wert hat die Ware, die ich kaufe? Dieser Bereich ist die kulturelle Fortsetzung der alten Wildnis-Regel und der archaischen Muster, soweit sie die Konkurrenz betreffen.

Der Bereich 3, die Bedürfnisgerechtigkeit, bezieht sich auf die Frage: Wie weit befriedigt das Produkt (der Prozess, der Zusammenhang etc.) die jeweiligen Bedürfnisse? Dieser Bereich ist die kulturelle Fortsetzung der archaischen Kooperationssysteme.

Zu einem Zusammenbruch – oder zumindest einem Konflikt – kommt es immer dann, wenn ein Bereich überbetont oder weggelassen wird. Keiner der im aporetischen Widerspruch zueinander stehenden drei Bereiche kann eliminiert werden, ohne Schaden anzurichten. Auch Über- oder Unterordnung einer oder zweier der drei Seiten über/unter die andere funktionieren nicht auf Dauer. Jedenfalls – so behaupte ich – nicht im kapitalistischen Wirtschaftssystem. Es gibt andere Wirtschaftssysteme, die ohne diese Aporien auskommen, so wie etwa die Tauschwirtschaft. Keines dieser historischen oder möglichen Systeme könnte heute noch die

© Springer Fachmedien Wiesbaden 2016
G. Schwarz, *Die Religion des Geldes,* DOI 10.1007/978-3-658-10508-2_4

Menschheit ernähren. Wir haben daher keine andere Wahl, als dieses komplexe System weiterzuentwickeln.

Die Trialektik des Geldes ist m. E. auf alle Systeme anwendbar, die im Zuge der Entwicklung des Kapitalismus der Ökonomisierung unterliegen. Diese Ökonomisierung führt in der Gegenwart zunächst die Systeme in eine Krise, wie z. B. Bildung oder Gesundheit, um nur einige zu nennen, weil natürlich die einzelnen Aporien noch nicht ausbalanciert sind und es noch keinen Konsens über die jeweiligen Widersprüche zueinander gibt.

Ich glaube, mit dem Modell der Trialektik hier einiges Licht ins Dunkel der Widersprüche bringen zu können. Vergleichbar wäre das mit einem Blick von oben. Früher sagte man Kirchturmperspektive, heute müsste man sagen: Satellitenperspektive.

Dabei schlage ich vor, bei Problemen (meist erkennbar an Konflikten) darauf zu achten, mit welchen Methoden analysiert und dann interveniert werden sollte. Ich sehe hier drei Dimensionen, nämlich linear, dialektisch und trialektisch.

• Als linear würde ich die Betrachtung von Ursache und Wirkung ansehen und alles, was logisch lösbar ist.
• Als dialektisch würde ich die Betrachtung mithilfe von Aporien als zwei Gegensätze ansehen.
• Als trialektisch würde ich das Verhältnis von drei Aporien zueinander bezeichnen. Natürlich ist nicht auszuschließen, dass es einmal vier oder noch mehr Aporien zueinander in Beziehung zu setzen gilt.

Beim Geld aber scheinen drei Aporien zunächst ausreichend oder zumindest einen hohen Komplexitätsgrad in der Analyse der gegenwärtigen Situation zu erreichen.

Welche Methode ist für das Geldverständnis brauchbar?

Man könnte die drei Methoden in einer Stufenform darstellen (Abb. 4.1):

Die unterste Stufe wäre die lineare Geldbetrachtung. Hierher gehört alles, was logisch lösbar ist. Dies ist überall der Fall, wo es sich um Unterschiede handelt, die unter einen Allgemeinbegriff subsumierbar sind. Alles Quantifizierbare und alles was in Quantitäten messbar ist. Dazu gehören alle berechenbaren Zusammenhänge, wie z. B. die Einnahmen-/Ausgabenrechnungen. Im privaten Haushalt werden vermutlich die meisten Gelddispositionen in diesen linearen Bereich fallen.

Die Nationalökonomie hat diesen Bereich sehr stark ausgebaut und in Anlehnung an die Naturwissenschaften viele brauchbare (und auch einige unbrauchbare) Modelle geliefert. In der Vergangenheit dürfte der Erkenntniswert linearer mathematischer Modelle allerdings stark überschätzt worden sein. In jüngster Zeit mehren sich die Stimmen, die eine Weiterentwicklung der Wirtschaftswissenschaften

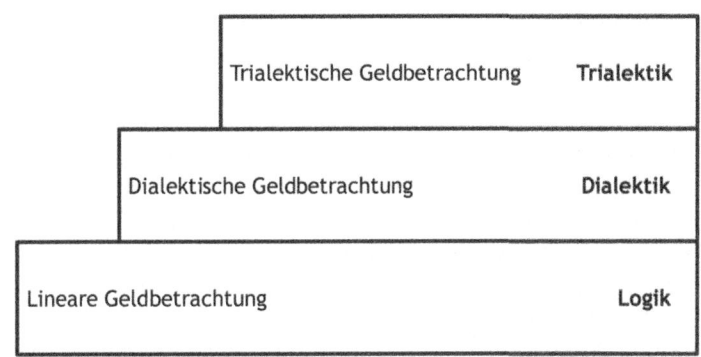

Abb. 4.1 Drei Methoden der Analyse und Intervention

weg von den mathematischen Modellen und hin zu einer „realistischen Beschreibung menschlichen Verhaltens" fordern (z. B. Paul Krugman, Interview im Handelsblatt vom 11.01.2010).

Einen zusätzlichen Impuls hat die mathematische Betrachtung wirtschaftlicher Prozesse heute durch die Algorithmen der Digitalisierung erhalten. Wenn man statistisch eine große Anzahl z. B. von Kaufentscheidungen analysieren kann wie z. B. Google oder Facebook &Co das können, dann bekommt man eine – allerdings eben lineare – Statistik, die aber dennoch viele Erkenntnisse liefert und sogar Voraussagen möglich macht.

Die zweite Stufe, die Dialektik, erreicht man immer dann, wenn man mit Aporien umzugehen hat. Hier kommt man mit linearen Finanzdispositionen nicht mehr aus. Z. B. wenn es um die Frage geht, ob man in die Verbesserung der Produktion oder lieber in verschiedene Finanzprodukte investieren soll. Wo die bessere Rendite zu erreichen ist, kann man kaum voraussagen.

Wenn die Lösung bestimmter Probleme nicht mehr berechenbar ist, sondern finanzpolitische Entscheidungen der verantwortlichen Gremien erfordert, dann müssen diese Entscheidungen erst nach einem Konsensfindungsprozess getroffen werden, in dem Pro und Kontra der verschiedenen Standpunkte diskutiert werden (s. o. dialektischer Lernprozess).

Die dritte Stufe, die Trialektik, wird immer dann notwendig, wenn Systemschwächen diagnostiziert und behoben werden müssen. Aber auch hier gibt es wieder unterschiedliche Komplexitätsgrade. In ihrer einfachsten Form bedeutet das, dass z. B. eine der drei Dimensionen nicht berücksichtigt wurde oder aus dem Ruder läuft. Dies kann anhand einer TV-Sendung illustriert werden, wo die Zuschauer wegbleiben (Dimension 3), oder eine Produktion wurde zu teuer oder in schlechter

Qualität gekauft (Dimension 2), oder die Sendung wird aus rechtlichen Gründen untersagt – hat sozusagen keinen Medien-TÜV bekommen (Dimension 1). In einem weiteren Komplexitätsgrad der Trialektik handelt es sich um Systemdefizite, die z. B. immer dann auftreten, wenn man aus einer Monopolposition in eine Wettbewerbssituation kommt (z. B. Universitäten, die sich am „Bildungsmarkt" bewähren müssen, oder die Post oder die Bahn, die sich neuerdings den Marktgesetzen gegenübersehen).

Im Weiteren ist die Trialektik hilfreich, wenn es sich um Konflikte handelt, die aus der mangelnden Balance der drei Bereiche und einer Veränderungssituation resultieren. Dies kann sein, wenn im Zuge einer Ökonomisierung (Bildungsbereich, Gesundheitsbereich z. B.) oder aufgrund bestimmter strategischer Entscheidungen alte Strukturen obsolet geworden und deshalb der neuen Situation nicht mehr gewachsen sind (Change-Management).

In der Nationalökonomie kommt das Wort „Aporie" und auch das Phänomen des systematischen Widerspruchs nicht vor. Natürlich werden trotzdem bestimmte Aporien behandelt. Bezeichnungen dafür sind etwa „Paradoxon" oder „Dilemma", beides Synonyme für das griechische Wort Aporie.

Auf regelmäßig wiederkehrende Abläufe (wie oben gezeigt wurde z. B. der Umlauf der Gestirne) macht die Anwendung der Mathematik Sinn. Soweit es solche Abläufe auch in der Ökonomie gibt, kann man auch hier mit mathematischen Modellen Erkenntnisse gewinnen. Sobald aber das Handeln des Menschen mit ins Spiel kommt, werden diese Modelle immer weniger sicher.

Dazu ein Beispiel: Der Nationalökonom A. W. Phillips stellte eine mathematische Kurve auf, die den Zusammenhang von Preisstabilität und Arbeitslosigkeit herstellen sollte. Für den von ihm gewählten Zeitraum (1861–1957) stimmte die Kurve auch. Was man leider nicht kann, ist mithilfe solcher Kurven eine genaue Voraussage für die Zukunft zu treffen. Genau das aber wird von der Wissenschaft der Ökonomie erwartet. So heißt es in dem Buch: „Einführung in die Geldtheorie" von Otmar Issing auf Seite 237: „Das Konzept der (modifizierten) Phillips-Kurve suggeriert den Schluss, dass die Wirtschafts- und Währungspolitik wie auf einer Art ‚Speisekarte' zwischen Preisstabilität und Vollbeschäftigung bzw. zwischen feststehenden Kombinationen von Raten der Inflation und Arbeitslosigkeit zu wählen hat" … „Aus der Phillips Kurve ließen sich danach die im Anstieg der Arbeitslosenrate ausgedrückten Kosten einer Inflationsbekämpfung bzw. das Ausmaß der zusätzlichen Inflation ableiten, das man bei einer an der Vollbeschäftigung orientierten Politik hinnehmen müsste. Derartige Schlussfolgerungen setzen jedoch vor allem eine stabile Lage der Phillips-Kurve im Zeitablauf voraus, eine Stabilität, die durch eine Reihe empirischer Untersuchungen ebenso wie durch theoretische Einwände in Frage gestellt wurde."

Vor allem weil insbesondere die Lohnverhandlungen der Gewerkschaft eine Rolle spielen, kann man keine Voraussagen machen.

Das Dilemma zwischen Vollbeschäftigung und Preisstabilität ist nach meiner Ansicht eine Aporie, die das Ausbalancieren aller drei Bereiche notwendig macht. Der Wert des Geldes als Maßstab (Preisstabilität) und der Wert der Arbeit als Ware müssen über den Preis verhandelt werden, und der beeinflusst den Bereich 3 – nämlich das Geld im Eigentum der Arbeiter, die es ausgeben können. Die Politik ist hier meist weiter als die theoretischen Modelle, denn das Aushandeln der Aporie geschieht normalerweise nur in dem Rahmen, dass die erzielte Lohnerhöhung nicht auf die Preise abgewälzt wird.

Immer wenn es hier ein Out-of-Balance der drei Dimensionen gibt, kommt es – je nach Wichtigkeit – zu einem größeren oder kleineren Crash.

Ein schönes Beispiel für dieses Out-of-Balance in kleinem Rahmen ist etwa der berühmte Flop der A-Klasse bei Mercedes. Ich habe die Information dazu nur aus der Zeitung und aus dem Fernsehen. Ich war bei ähnlichen Problemen öfter als Konfliktmanager bei Geschäftsleitungen oder Vorstandssitzungen dabei. Darüber darf ich aber nicht schreiben. Nachdem das Beispiel der A-Klasse aber ausführlich durch die Presse gegangen ist, kann ich den Hergang rekonstruieren.

Die Qualitätssicherung (QuaSi) bei Daimler-Benz war damals kein eigener Vorstandsbereich, sondern unterstand der Produktion. Die technische Schwäche des Autos (Umkippen beim „Elchtest") war den Ingenieuren der QuaSi wohl bekannt. Weil aber die strategische Aufstellung bei Mercedes nicht ausreichend auf die Aporie ausgerichtet war, konnte dieser Flop nicht verhindert werden. Die Aufstellung gemäß der Aporie wäre gewesen:

- Erfolgreich können wir nur sein, wenn wir das Auto (A-Klasse) rasch auf den Markt bringen.
- Erfolgreich können wir nur sein, wenn wir das Auto in der richtigen Qualität – später – auf den Markt bringen.

Im Falle der A-Klasse wurde die Aporie aber nicht dialektisch gelöst, sondern linear: Die QuaSi war der Produktion unterstellt (hierarchische Über- und Unterordnung), und die Produktion wurde vom Markt- und Finanzbereich unter Druck gesetzt. Also entschied man sich, die Bedenken der QuaSi-Ingenieure nicht zu berücksichtigen und das Auto vor Beseitigung der Mängel auf den Markt zu bringen – mit den bekannten Folgen.

Natürlich hätte eine hierarchische Lösung auch anders ausfallen können. Wenn die Produktion der QuaSi Gehör geschenkt hätte, dann wäre das Problem wohl nicht aufgetreten. Doch dann wäre trotzdem der Lernprozess nicht gemacht worden, nämlich beide Standpunkte als eine Aporie, als einen notwendigen Widerspruch zu einer Lösung zu bringen. Die Erkenntnis, dass beide (auf ihre Weise) recht haben, hätte so nicht gewonnen werden können.

Betrachten wir die einzelnen Elemente dieser Aporie etwas genauer:

Die QuaSi muss ein Auto sperren können, wenn es grobe Mängel aufweist. Würde sie aber immer alle Autos sperren, die noch Mängel haben, kämen die Autos spät oder gar nicht auf den Markt (Phase 2).

Die Produktion muss versuchen, so schnell und so gut wie möglich die Autos serienreif zu produzieren. Würden sie immer alle Autos sozusagen „halbfertig" auf den Markt bringen, wäre der Ruf – speziell von Mercedes – bald ruiniert (Phase 2).

Hier vernetzt sich die Qualitätsaporie mit der Imageaporie. Bringt man keine oder nur sehr spät Autos auf den Markt, leidet das Image genauso, wie wenn man, wie in diesem Fall, Autos zu früh auf den Markt bringt, die dann spektakulär den „Elchtest" nicht bestehen.

Beide Bereiche – nämlich Image (Bereich 1, Öffentlichkeit) und Qualität (Bereich 3, Bedürfnisbereich) – sind aber noch mit dem Bereich 2 (Kosten und Ökonomie) vernetzt.

Die Aporie lautet hier: Wie viel darf verbesserte bzw. optimale Qualität kosten? Ab wann bringt verbesserte Qualität keine zusätzlichen Vorteile mehr, sondern kostet nur Geld? Kann ich einen Teil der Entwicklungskosten auf den Kunden abwälzen, indem die Kunden, die dieses Auto als erste kaufen, unter Realitätsbedingungen als inoffizielle Testfahrer für Mercedes Mängel melden, die dann im Zuge der Garantieleistung beseitigt werden? Ab wann wird dies unökonomisch, weil Rückrufaktionen teuer sind, dem Image schaden und die potenziellen Autokäufer dann auf andere Marken umsteigen (z. B. Toyota 2010).

Im Nachhinein betrachtet hat sich die Elchtest-Panne bei der A-Klasse aber gelohnt. Die Techniker entwickelten ein elektronisches Stabilitätspaket (ESP), das sowohl die A-Klasse als auch alle anderen Mercedesfahrzeuge sicherer machte und mittlerweile auch bei anderen Marken zum Einsatz kommt. Im Volksmund hieß dieses ESP-System noch eine Weile „Elch-Sicherheits-Paket". Es hat aber schließlich einen technischen Fortschritt gebracht.

Man könnte diese Entwicklung aus Sicht der Trialektik auch so sehen: Durch die Panne und durch die Systemschwäche (die Qualitätssicherung wurde nicht gehört, da sie kein eigener Vorstandsbereich war) sind Aporien sichtbar geworden, deren Lösung zu einer Synthese (ESP) dem Unternehmen insgesamt einen Vorteil gebracht hat. Allerdings dürfte es günstiger sein, Aporien im Vorfeld (also bevor Pannen auftreten) zu analysieren.

Ich habe in verschiedenen Unternehmen nachgeforscht, wo die eigentlichen Kosten entstehen. Dabei gab es neben vielen anderen Erkenntnissen folgende, sehr interessante: Die meisten und höchsten Kosten entstehen durch falsche Vorstandsentscheidungen. Mit einer solchen Entscheidung z. B. wird ein Auto genehmigt und geht dann in die Entwicklung. Zu einem späten Zeitpunkt müssen Teile des Beschlusses revidiert werden, weil Aspekte auftreten, die vorher nicht berücksichtigt worden sind (Verfahrensmängel, Kompetenzen etc.). Die Zick-Zack-Linie kostet das meiste Geld.

Ich bin der Meinung, dass diese hohen Kosten deshalb entstehen, weil das Thema nicht in seiner ganzen Tiefe ausdiskutiert wurde und beim ersten Beschluss z. B. nicht alle Informationen, die zur Verfügung stehen, genützt werden. Der Grund dafür ist die oft lineare Betrachtungsweise und das Denken in hierarchischen Strukturen. Es geht dann weniger um die berechtigten – aporetischen – Widersprüche in der Sache, sondern um die Durchsetzung von Interessen, um Gewinner und Verlierer im Entscheidungsprozess. Die trialektische Vorgehensweise in einer Entscheidungssituation nimmt einen egalitären – quasi unparteiischen – Standpunkt ein. Die widersprüchlichen Seiten und gegensätzlichen Beweggründe werden im trialektischen Entscheidungsfindungsprozess miteinander vernetzt, weil sie jeweils als berechtigt und ernst zu nehmend betrachtet werden müssen.

Es macht sich auch bezahlt, Expertengremien einzusetzen, die alle Aporien, die in den Beschlüssen eines Entscheidungsgremiums stecken, ausfindig machen, sie analysieren und gegebenenfalls die Entscheidungen dann modifizieren – das ist oft von Erfolg gekrönt.

Generell gilt: Je später eine getroffene Entscheidung (z. B. über ein neues Produkt) revidiert werden muss, desto teurer wird es. Aber auch: Je weniger die betroffenen Personen, Standpunkte, Gruppen, Abteilungen etc. einbezogen wurden, desto wahrscheinlicher und öfter muss revidiert werden – und desto teurer wird es.

Nach meinen Erfahrungen lohnt es sich auch, Entscheidungsträger oder künftige Entscheidungsträger in Konfliktmanagement auszubilden. Es ist allemal effizienter, schneller und billiger, im Vorfeld die Widersprüche zu durchdenken, als sie später in der Realität als Flop zu erleben.

Trialektik und die traditionellen Geldtheorien

An den Schnittstellen der Aporien ist eine Reihe von Kontroversen auszumachen. Betrachtet man die verschiedenen Geldtheorien aus der Perspektive dieser Aporetik, dann versteht man besser, was sie erklären können und was sie nicht erklären können

Es liegt nahe, die Geldtheorien in drei Bereiche einzuteilen, insofern sie nämlich jeweils einen der drei Bereiche bevorzugen, im Extremfall sogar die beiden anderen leugnen oder ablehnen. Aus der Sicht der Trialektik heißt dies, dass jeweils nur ein linearer Teilaspekt des Geldes gesehen wird. Meines Erachtens kann man damit die komplexe Struktur des Geldes im modernen Kapitalismus nicht verstehen. Für die Vergangenheit bzw. für nicht kapitalistische Formen des Wirtschaftens sind die linearen Teiltheorien aber durchaus brauchbar. (So wie die Theorie von der Erde als Scheibe durchaus für die Mittelmeer-Schifffahrt brauchbar war.)

5.1 Theorien über den Ursprung des Geldes als Maß des Tauschens

Zu den Vertretern dieser Geldtheorien gehören die meisten Ökonomen, aber auch Philosophen. Angeführt wird diese Gruppe von Aristoteles, der seine eigene Theorie der Dialektik nicht auf seine Geldtheorie anwenden konnte. Er war sozusagen nicht in sich vernetzt. Aristoteles ist übrigens auch ein schönes Beispiel dafür, dass falsche oder einseitige Theorien über Zusammenhänge dann, wenn sie politisch motivieren, auch zu Fehlentwicklungen in Wirtschaft und Gesellschaft führen können. Für Aristoteles ist Geld durch den Tauschhandel entstanden:

© Springer Fachmedien Wiesbaden 2016
G. Schwarz, *Die Religion des Geldes*, DOI 10.1007/978-3-658-10508-2_5

In der ältesten Gemeinschaft nur, der Familie, bedurfte es natürlich eines Tausch-
handels nicht, sondern er wurde erst dann zur Notwendigkeit, als die Gemeinschaften
größer wurden.

Und dann sagt Aristoteles weiter:

> Als nämlich durch Einfuhr des Bedarfs und Ausfuhr des Überflusses gewonnene
> Hilfe sich nach immer ferneren Ländern ausdehnte, musste notwendig das Geld in
> Gebrauch kommen, da nicht alle Naturalbedürfnisse leicht zu transportieren waren.
> Man kam daher überein, behufs Tausches gegenseitig eine Sache zu geben und anzu-
> nehmen, die selbst zu den nützlichen Dingen zählte und bei ihrer Verwendung im Ver-
> kehr am leichtesten zu handhaben war, wie es z. B. Eisen, Silber und dergleichen ist.
> Zuerst bestimmte man sie einfach nach Größe und Gewicht, schließlich aber drückte
> man ihr ein Zeichen auf, um sich das Messen und Wägen zu ersparen, indem die
> Prägung als Zeichen ihrer Quantität galt.

In der Folge haben sich viele Ökonomen und Philosophen dieser Theorie angeschlossen. So etwa Milton Friedman. Sein Monetarismus besagt, dass Geld durch
staatliche Autorität gewährleistet werde: „Papierstücke, die von der Regierung he-
rausgegeben werden und als gesetzliches Zahlungsmittel Verwendung finden." Die
staatliche Autorität folgt der alten Tempelwirtschaft nach, in der ursprünglich das
Geld aus dem Opferkult (Obolus = Opferspieß) entstanden ist.

Hierher gehört auch die Theorie oder Dimension des Geldes als Maßstab für
Tausch oder Schuldenkontrakte. Geld wird als Tauschmittel gesehen, etwa bei
Adam Smith oder Carl Menger. Geld als Kontrakt zwischen Gläubiger und Schuld-
ner etwa bei John Maynard Keynes. „Monetäre Kontrakte", Tauschakte etc. setzen
immer staatlich festgelegte Wertmaßstäbe voraus, mit deren Hilfe dann bestimmte
Güter, Waren in ihrem Wert verglichen und damit getauscht werden können.

Die zweite und dritte Dimension des Geldes hat Aristoteles zwar gesehen, aber,
wie berichtet, abgelehnt.

5.2 Theorien über Geld als Produkt oder als Ware

In Wien gibt es einen „Föhrenberger Kreis", der schon 1990 unsere Finanzwirtschaft für crashanfällig hielt. Es heißt in einem Buch des Föhrenberger Kreises:

> „Geld ist kein Wert an sich", Geld ist nur „der Transmissionsriemen für den Real-
> güter- und leistungswirtschaftlichen Austausch, sozusagen die Rückseite der Medaille
> der Realwirtschaft." Solange sich Geldmenge mal Umlaufgeschwindigkeit mit dem
> Güter- und Leistungsvolumen im Einklang befindet, herrschen stabile Verhältnisse,
> da ein Zuviel oder Zuwenig an Geld durch Preisanpassungen ausgeglichen wird.

Das ändert sich, wenn größere Geldmengen dem Wirtschaftskreislauf entzogen werden. Robol: „Geld wird dann seiner natürlichen Funktion als Transmissionsriemen der Realwirtschaft entfremdet und wird zum Kapital." (a. a. O., S. 78) Als Produktionsfaktor schafft Kapital einen Mehrwert in Form von Zinsen. Zur Bedienung dieser Zinsen müssen reale Güter und Dienstleistungen erarbeitet werden – es sei denn, auch die Zinsen werden nicht liquidiert, sondern dem Kapitalvermögen zugeschlagen. Dann allerdings wächst das Kapital durch Zins und Zinseszins exponentiell an. Genau das ist seit den siebziger Jahren geschehen. „Kapitalvermögen auf der einen Seite bedingt aber auch Schulden in derselben Höhe auf der anderen Seite", schreibt Robol.

Bei einem *Symposium in Hernstein* (9.–12.11.1997) wurde das Verhältnis von Realmärkten und Finanzmärkten ausführlich diskutiert. Die meisten Beiträge betonten den Widerspruch zwischen Realmärkten (Geld als Maßstab) und den Finanzmärkten (Geld als Ware). So merkte etwa *Peter Ulrich Lehner* an, „dass die nicht demokratisch legitimierte Stellung der Kapitalbesitzer das Interessenshandeln von Finanzanlegern bedient und nicht das der Erwerbsarbeitenden". *Heinz Dieter Haustein* weist darauf hin, „dass der Finanzmarkt auch die Neigung mancher großer produzierender Unternehmen beeinflusst, die akkumulierten freien Mittel nicht in Basisinnovationen und damit in zukunftsfähige Arbeitsplätze zu investieren, sondern in Finanzanlagen zu stecken" (Abb. 5.1).

Der Widerspruch zwischen Bereich 1 und Bereich 2 kann in jedem Unternehmen auftreten, in dem etwa ein Teil der Mittel in die Verbesserung der Produktivität investiert wird – wofür man niedere Zinsen braucht -, und ein anderer Teil auf den Finanzmärkten angelegt wird – wofür man hohe Zinsen braucht.

Abb. 5.1 Zinsaporie: Realmärkte versus Finanzmärkte

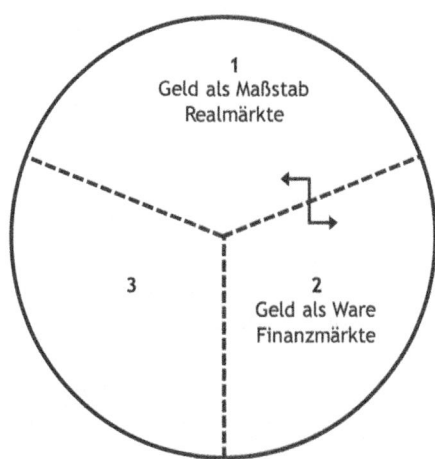

5.3   Theorien über Geld als Eigentum

Auch die dritte Dimension des Geldes, die ebenfalls in Widerspruch zu den beiden bisher entwickelten steht, wird gelegentlich zur Erklärung der Entstehung des Geldes herangezogen. Geld als Wert und Wertaufbewahrung, als intimer Besitz, wurde lange Zeit mit „Gold" synonym verwendet und läuft in der Tradition auch unter „Reichtum". Geld kann entweder anonymer Wertmaßstab sein oder intimer Besitz. Es ist aber wertlos, wenn man sich damit nichts kaufen kann. Aristoteles reflektierte diese Aporie mit dem Ausdruck „ungereimt": „Auch könne es oft vorkommen, dass man, wenn auch mit Geld reichlich versehen, nichts zu essen habe. Nun sei es aber doch ungereimt, dass der Reichtum eine Sache sein sollte, deren Besitz einen nicht davor schütze, Hungers zu sterben, wie es nach der Sage jenem Midas ergangen ist, dem alles, was ihm vorgesetzt wurde, wegen der Unersättlichkeit seiner Wünsche, sich in Gold verwandelte" (Politik, 1257 b).

Geld als intimer Besitz verleitet dazu, den Wert eines Menschen in Geld auszudrücken und dann das (im Prinzip notwendige) soziale Ranking danach auszurichten, etwa in Reiche und Arme. In dieser dritten Dimension wird Geld zum Kriterium des Unterschiedes zwischen Menschen. Diese Dimension ist in den Erlösungsreligionen wie im Christentum sicher im Anschluss an Aristoteles als unmoralisch angesehen worden. Aristoteles: „Denn die Mannhaftigkeit z. B. soll nicht Schätze häufen, sondern Mut verleihen, und ebenso wenig soll das die Feldherrnkunst und die Heilkunst, sondern die eine soll den Sieg, die andere die Gesundheit bringen. Jene Menschen aber machen aus allen diesen Dingen einen Gelderwerb, als wäre das das Ziel, worauf alles bezogen werden müsste."

Die Transformierung aller Dinge in Geld und die damit verbundene Vergleichbarkeit (der verschiedensten Dienstleistungen) sind dann später z. B. bei Proudhon dem moralischen Verdikt verfallen: „Eigentum (zumindest an Produktionsmitteln) ist Diebstahl."

Wie Heinsohn betont, kann man Geld auch als „Anrecht auf Eigentum" ansehen. Eigentum kann belastet werden (z. B. verpfändet), und das so entstehende Geld ist ein „Dokument, das Eigentum repräsentiert" (Heinsohn, S. 32).

In der Gegenwart haben etwa auch Aglietta, Michel, Orléan, Gerschlager, Andre und andere die Grenze zwischen dem Bereich 3 (Geld als Eigentum) und dem Bereich 1 (Geld als öffentliches Ordnungsprinzip) durch eine Definition von gegenseitiger Schuld zu verstehen versucht: „Die Individuen und die Gesellschaft stehen in gegenseitiger Schuld. Wenn Individuen in der Gestaltung ihres Tuns Autonomie erlangen, also nicht mehr unter Verhältnissen unmittelbarer Befehlsgewalt arbeiten, müssen sie, um ihre Absichten verwirklichen zu können, von der Gesellschaft Ressourcen in Anspruch nehmen. Sie stehen also der Gesellschaft gegenüber in

Abb. 5.2 Aporie: Geld ist
(nur) Eigentum

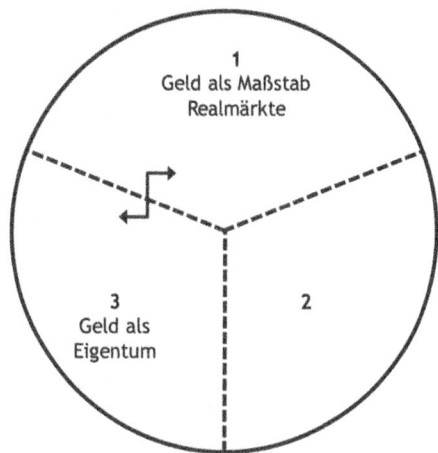

einer Schuld. Die Höhe dieser Schuld ist abhängig davon, wie die Gesellschaft die beanspruchten Ressourcen bewertet. Diese Schuld, die im Kapitalismus in Geld ausgedrückt wird, ist überhaupt erst die Voraussetzung für eine autonome Teilnahme an der Arbeitsteilung. Die Individuen gehen damit eine Verpflichtung ein, was ihnen erst eine Einbindung in die (Struktur der) geltende(n) Arbeitsteilung ermöglicht. Um überhaupt Ressourcen beanspruchen zu können, müssen die Individuen jedoch bereits im Voraus mit Fertigkeiten ausgestattet werden, mit denen sie dann jene Ressourcen erwerben können; und zwar noch bevor diese etwas als Gegenleistung anzubieten haben: Darin liegt auch der Grund für die Erfindung des Geldes (création monétaire)." (Abb. 5.2)

Auch hier wird wieder der „Anfang" in der dritten Dimension gesucht, und die anderen Dimensionen werden außer Acht gelassen oder zumindest als zweitrangig angesehen: „Das zentrale ökonomische Verhältnis ist nicht der Tausch (von bereits gegebenen Dingen), sondern die Schuld des Einzelnen gegenüber der Gesellschaft" (s. o.).

Alle diese Theorien der Entstehung des Geldes haben natürlich recht – aber eben nicht exklusiv. Auch die beiden anderen Theoriegruppen stimmen. Die Frage ist tatsächlich die von „Henne und Ei". Erst der Zusammenhang der drei Theoriedimensionen erklärt m. E. das Geld im modernen Kapitalismus.

5.4   Geld als Gott im Kapitalismus

Vielleicht ist überhaupt Kapitalismus – jedenfalls vonseiten des Geldes her – am besten von dieser Trialektik her zu definieren. Wenn es stimmt, dass das Geld der Gott des Kapitalismus ist (Simmel), dann wäre die traditionelle Trinitätslehre des Christentums durch die Trialektik des Geldes abzulösen.

Doch was heißt das alles für unsere Praxis?

Auffallend ist jedenfalls, dass die christlichen Kirchen leer sind und die Shoppingcenter voll. In den Medien wird immer wieder von Konsumrausch gesprochen, der weite Teile der Bevölkerung erfasst hat. Die Einkaufszentren als „Konsumtempel" scheinen Orte einer neuen Religionsausübung geworden zu sein, die Menschen in den Bann ziehen – im Gegensatz zu christlichen Kirchen.

Von Europa und Amerika aus beginnt diese „Religion" auch Asien und – in neuerer Zeit – Arabien und Afrika zu erfassen. Speziell die Jugend, die in den Schwellenländern ja einen großen Teil der Bevölkerung ausmacht, sieht in den traditionellen Ideologien wenig Perspektiven.

Paradoxerweise beruht ja der Kapitalismus auf den alten christlichen Werten: Freiheit des Einzelnen, er entscheidet über seine Bedürfnisse – via Kauf – selbst. Demokratie: Nur was allgemein anerkannt wird, setzt sich durch. Auch die Wissenschaft als eine Wahrheit, die allen zugänglich sein sollte, kommt von der griechisch-christlichen Tradition.

Für die Befreiung von Zwängen riskieren die Jungen auch viel (z. B. manche sogar ihr Leben), um bessere Perspektiven zu bekommen. Damit geht es den alten Diktatoren an den Kragen – egal in wessen Namen sie die Menschen unterdrücken.

Als göttliches Prinzip eignet sich das Geld allemal, wenn es gelingt, die Kommunikation zwischen den Menschen über Geld zu organisieren. Ich glaube, dass dieser Prozess voll in Gang ist. Allerdings wird er sich nur bewähren – jedenfalls eine Zeit lang –, wenn das Geld in seiner ganzen Komplexität verstanden wird.

Im Folgenden soll gezeigt werden, dass die Welt diesen Weg bereits begonnen hat. Wir können schon an vielen Orten die Konflikte der Gegenwart von der Trialektik des Geldes her verstehen.

Die Trialektik als Analyseinstrument 6

Ein schönes Beispiel dafür ist Kopernikus. Er war – wie man so sagt – der klassische Elfenbeinturm-Wissenschaftler. Trotzdem haben seine Überlegungen zum Umlauf der Gestirne (De revolutionibus) eine wahre Revolution des Weltbildes dargestellt.

Ich bin vor vielen Jahren als Student einmal in Wien bei einem Antiquariat vorbeigegangen und habe in der Auslage ein altes Buch gesehen. Autor: Kopernikus, Titel: „De revolutionibus". Begeistert, hier den Ursprung aller Revolutionstheorien zu finden, habe ich das Buch – ziemlich teuer – sofort gekauft. Über den Inhalt war ich ziemlich enttäuscht: Nicht nur dass der wenige Text darin in Latein abgefasst war, der größte Teil des Inhalts stellte Formeln und Darstellungen des Umlaufs der Gestirne dar. „De revolutionibus" muss man nämlich übersetzen mit „Über den Umlauf der Gestirne". Kein Wort von einem neuen Weltbild, kein Wort von „Revolutionen", auch nichts über die praktischen Konsequenzen der kopernikanischen Berechnungen von den Umlaufbahnen der Gestirne.

Heute ist es wahrscheinlich angebracht, die praktischen Konsequenzen zu den Theorien gleich mitzuliefern.

Bisher hat sich das Denkmodell der Trialektik des Geldes in der Anwendung auf Banken und auf die Börse sehr bewährt. Bei Banken stellte sich heraus, dass man viele notwendige Konflikte in den Unternehmen auf die Aporien der drei Bereiche zurückführen kann. Dabei ist die Erkenntnis wichtig, dass man die Balance der Widersprüche aufrechterhalten muss. Zu Krisen im System kommt es immer, wenn man versucht, eine oder womöglich zwei Seiten der Trialektik zugunsten einer Dimension abzuspannen.

Ich halte die Universalbank-Idee daher für eine wichtige Sinnbestimmung von Banken. Die Finanzkrise von 2008 hat mich darin voll bestätigt. Alle Banken, die sich auf nur eine Seite der Trialektik des Geldes spezialisiert haben (wie etwa die Investmentbanken), sind davon abgekommen oder – wie in den USA – sogar von

© Springer Fachmedien Wiesbaden 2016   69
G. Schwarz, *Die Religion des Geldes,* DOI 10.1007/978-3-658-10508-2_6

Staats wegen gezwungen worden, wieder „richtige" Banken zu werden. „Richtige" Banken sind solche, die in sich den Widerspruch der drei Dimensionen ausbalancieren.

Aber die Trialektik gilt nicht nur für Banken. Auch für den Bereich der privaten (unternehmerischen) und öffentlichen Finanzdispositionen können einige praktische Anwendungen deutlich gemacht werden.

Keine der drei Dimensionen des Geldes kann ohne Schaden für die Ökonomie (oder Schaden für den Erkenntniswert der Theorie) weggelassen werden. In der Geschichte wurde zwar dieser Versuch immer wieder gemacht, aber immer zum Schaden der Wirtschaft (z. B. reine Tauschwirtschaft ohne Bereich 1, Zinsverbot ohne Bereich 2, Eigentumsverbot in diversen Sozialutopien ohne Bereich 3).

6.1 Anwendung auf wirtschaftspolitische Phänomene

Funktionsfähige Systeme im Kapitalismus sind in der Balance der Trialektik: Es dominiert nicht eine der drei Dimensionen auf Kosten der anderen beiden oder auf Kosten von einer der beiden anderen. Dominanz würde heißen: Rückfall auf die „logische" Situation, in der einer recht hat und einer unrecht. Im Grenzfall kann es eine solche logische Situation geben.

Für die Politik heißt das, dass die drei Bereiche in ein ausgewogenes Verhältnis zueinander gebracht werden müssen. Da sie einander widersprechen, ist ständig Handlungsbedarf gegeben, man kann ihr Verhältnis nicht logisch festsetzen (z. B. die Unterordnung von zwei Bereichen unter den dritten Bereich) und es dabei belassen.

Geraten die Widersprüche der drei Dimensionen des Geldes außer Balance, gibt es eine Geldkrise, und die Wirtschaft funktioniert nicht mehr richtig. Das Volk und auch die Medien orten sofort das Ungleichgewicht und verlangen Gegenmaßnahmen der Politiker, die, wie Aristoteles es ausdrückte, die „Mesotes", die Balance, wiederherstellen müssen.

Krisen lassen sich nach dieser Theorie jeweils an den Schnittstellen zwischen zwei Bereichen identifizieren.

Hier einige Beispiele:

In der Krise 2008/2009 ist viel vom „Umbau des Kapitalismus" die Rede gewesen. Manche sahen gar ein Ende dieses Wirtschaftssystems. Positiv an dieser Krise ist sicher, dass sie zum Nachdenken zwingt. Aus der Trialektik des Geldes lassen sich einige Elemente für die Analyse und in der Folge auch einige Handlungsmaximen ableiten. Eine Bestätigung könnte die aristotelisch-marxistische These vom Vorrang der Politik vor der Ökonomie erfahren haben.

Der Markt heilt sich nicht (immer) selbst. Man kann den Kräften und dem „freien Spiel" des Marktes bis zu einem gewissen Grad vertrauen. Bei extremen Ausschlägen aber aufgrund von Fehlentscheidungen muss die „Gesetzesgerechtigkeit" – also der Staat – eingreifen. Dies hat er mit der Stützung des Finanzsystems 2008/2009 auch weltweit getan. Fast überall wurde gesagt: Es gab dazu keine Alternative.

Nun sollte man daraus die Lehren ziehen und überlegen, aufgrund welcher Fehlentscheidungen es zur Krise kommen konnte. Schon hier scheiden sich die Geister. Die Palette reicht von: individuellem Versagen Einzelner (etwa Madoff und Pyramidenspiele) bis zur Vermutung, dass das System als Ganzes nicht lange halten kann (diverse Crash-Propheten). Bei den Crash-Propheten ist interessant, dass jeder andere Gründe angibt, warum es zum Crash kommen musste.

Beim Out-of-Balance-Zustand einer Aporie tritt zunächst ein Verstärkereffekt auf. Dies ist die Phase 2 einer Konsensfindung (siehe Tab. 2.1). Dieser Verstärkereffekt kann entweder in Gedanken vorweggenommen werden – wie es für Lernprozesse meist mit Moderation möglich ist – oder er muss real passieren. Es handelt sich dabei um ein bekanntes (archaisches) Muster: „Wer hat, dem wird gegeben werden – wer nicht hat, dem wird auch das noch genommen werden, was er hat." Der stammesgeschichtliche Sinn dürfte Selektion und Elimination des Verlierers, der das Gleichgewicht stört, sein (siehe dazu Kapitel über die Ethik).

Ein typisches Beispiel dafür ist etwa „Mobbing". Was mich früher oft gewundert hat, ist die zu beobachtende Selbstverstärkung eines Prozesses. Die gemobbte Person entwickelt nämlich mit der Zeit tatsächlich jene Verhaltensweisen, die ihr die Gruppe vorwirft, womit sie verstärkt in eine Außenseiterposition gerät. Dies führt wiederum zu verstärkter Reaktion der Gruppe usw., bis die Elimination des Gruppenmitgliedes erreicht wird, oder zur mühsamen Integration der gemobbten Person, die meist nur durch Hilfe von außen möglich ist.

Mit der Elimination des Außenseiters ist die Einheit der Gruppe wieder hergestellt, und sie ist als solche wieder handlungsfähig. Der Verstärkereffekt dient vermutlich dazu, diesen Prozess zu beschleunigen, da eine durch innere „Feinde" geschwächte Gruppe weniger flexibel ist als eine mit einheitlicher Emotionalität.

Im Großen sind solche Prozesse auch in der Nationalökonomie bekannt. Sie werden oft als Paradoxa beschrieben, weil sie als „irrationales Verhalten" nicht den rationalen Konzepten folgen. Die prominentesten Beispiele dafür sind etwa Inflation und Deflation.

Inflation: Wenn die Preise überall steigen, muss jeder seine Preise auch erhöhen. Dies führt wiederum zu steigenden Preisen der anderen usw.

Deflation: Wenn die Preise sinken, kann billiger produziert werden. Man gleicht die Löhne dem allgemeinen Preisniveau an und kürzt sie dementsprechend. Damit

Abb. 6.1 Aporie der
Preisstabilität

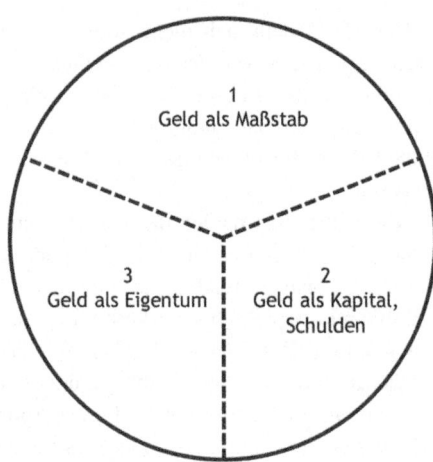

können sich die Konsumenten weniger kaufen, und daher wird auch weniger produziert.

Dadurch gibt es mehr Arbeitslose, die sich wiederum weniger kaufen können. Da alles ständig billiger wird, wartet man mit dem Kauf von Produkten usw.

Hier sieht man, dass die Preisstabilität eine Frage der Balance und eine Aufgabe der „Gesetzesgerechtigkeit" ist. Geld in die Märkte zu pumpen (etwa um den Zusammenbruch von Unternehmen zu verhindern) macht Sinn, wenn es nicht in den Konsum geht, sondern als Kredite für Investitionen vergeben wird.

Wendet man die Trialektik des Geldes als Denkmodell auf dieses Beispiel an, dann können daraus weitere Erkenntnisse gezogen werden (Abb. 6.1).

Die Inflation wäre eine Enteignung des Geldes im dritten Bereich durch Veränderung des Maßstabes. Meist nimmt man an, dass dies immer dann – absichtlich oder unabsichtlich – geschieht, wenn das Gleichgewicht von Besitz und Schulden gestört ist.

Schulden sind mit ihren Zinsen im Bereich 2 angesiedelt. Geld wird nicht verbraucht im Konsum (3) und ist auch nicht Maßstab (1), sondern ist Ware, also ein Produkt, mit dem gehandelt werden kann. Es wird verkauft/verborgt zu einem bestimmten Preis.

Kann es hier zu einem Ungleichgewicht kommen? Kann nur so viel Geld verborgt werden wie vorhanden ist? Muss also die Summe allen Geldes Null sein? (So wie der Bankberater seinem Kunden, der meint: „Mein Geld ist jetzt weg?" antwortet: „Es ist nicht weg. Es gehört nur jetzt jemand anderem.")

Schulden muss man immer bei jemandem machen, der das Geld hat und es verleiht. Oder gibt es auch eine Geldschöpfung aus dem Nichts? Kann man auch höhere Schulden machen als aktives Geld vorhanden ist? Oder führt das dann zur Inflation, weil damit der Maßstab verändert wird?

Um diese Fragen zu beantworten, muss man das Wort „Preis" untersuchen. Man muss unterscheiden zwischen dem Preis des Geldes – nämlich dem Zins – und dem Preis von Produkten. Zur Inflation kommt es immer dann, wenn die Preise von Produkten steigen. Die Preise des Geldes haben mit Investitionen zu tun. Kredite werden an Produzenten gegeben, damit ihre Wettbewerbsfähigkeit verbessert wird (z. B. durch Investition in neue oder verbesserte Produkte). Gefährlich ist es, Kredite an Konsumenten zu geben (etwa an „Häuslebauer"), wenn damit nicht eine Produktivität verbessert wird und vor allem, wenn die Kredite nicht zurückgezahlt werden können.

Interessant ist in diesem Zusammenhang die Rechtfertigung einiger Manager aus dem Umfeld der Kreditgeber fauler Kredite: Man meint, dass man damit eine soziale, gesellschaftliche Funktion erfüllt habe. Warum sollten nicht auch die Bezieher niederer Einkommen oder gar Arbeitslose in den Genuss eines Hauses mit Garten kommen? Und warum wurden diese faulen Kredite dann versteckt weiterverkauft? Weil man damit dieses soziale Engagement in seinem Risiko weltweit verteilen konnte. Dazu unten mehr beim Kapitel Trialektik und Ethik.

Auch hier kommt es dann zur oben beschriebenen Spirale: So hofften z. B. US- Immobilienbesitzer auf steigendes Einkommen, mit dem sie die Kredite hätten bedienen können, und auf steigende Immobilienwerte, mit denen sie im Falle der Zahlungsunfähigkeit durch Verkauf der Immobilie trotzdem ihren Kredit hätten abzahlen können. Es wird mit dem Verstärkereffekt des Wirtschaftswachstums gerechnet. Weil der Wert der Immobilien immer mehr steigt, kann man auch darauf immer höhere Kredite nehmen. Wie sich in Japan gezeigt hat, entsteht irgendwann ein sehr hohes („astronomisches") Immobilienwertgefüge, das von den Ökonomen dann als „Blase" bezeichnet wird.

Die „Blase" platzt, wenn z. B. die Einkommen stagnieren und die Immobilienpreise fallen, weil zu viele ihre Immobilie zum Verkauf anbieten. Dann setzt nämlich der Verstärkereffekt in die umgekehrte Richtung ein: Die fallenden Immobilienpreise führen zum Konkurs der Besitzer, und je mehr Besitzer insolvent werden und ihre Immobilie anbieten, desto mehr fallen die Immobilienpreise.

Solche Blasen sind Resultat eines Verstärkereffekts, der immer bei Ungleichgewicht von Leistung und Bedürfnis auftritt. Mehr Angebot als Nachfrage drückt die Preise, mehr Nachfrage als Angebot erhöht die Preise. Dies pendelt sich meist irgendwie ein und verleitet viele Ökonomen, hier an eine Automatik zu glauben, die sich selbst regelt. Dies tut sie aber nicht bzw. oft erst über das „Platzen" der Blase – also über einen Crash.

Die Immobilienblase kann übrigens – wie oben gesagt wurde – auch in die andere Richtung gehen: Nicht sinkende Preise, sondern steigende Preise (z. B. in Tokio) machen Immobilien immer wertvoller, sodass sie als Besicherung von Krediten verwendet werden können. Immer höhere Kredite für immer fiktivere Werte führen ebenfalls irgendwann zum Crash.

„Crash" wäre in unserem Denkmodell der Trialektik die Phase 2– wenn sie nicht durch Analyse der Gesetzesgerechtigkeit vorweggenommen und durch Interventionen verhindert wird.

Wenn der Verstärkereffekt in der Realität auftritt, kommt es zum „Crash". Das System bricht zusammen. Personen oder Unternehmen werden zahlungsunfähig, und der Staat muss einspringen. Tut er das nicht, kommt es zur großen Krise, die auch die ganze Welt erfassen kann – mit den entsprechenden politischen Folgen und Verwerfungen.

Man kann solche Blasen aber auch voraussehen. Dies wäre eine Aufgabe der Verwaltung des Maßstabes – der Gesetzesgerechtigkeit -, die dann rechtzeitig intervenieren kann, bevor eine Blase platzt. In den Machtzentren des Staats, also in den Finanzministerien, sollte man „Abteilungen zur Blasenbeobachtung" einrichten, die zusammen mit den Wirtschaftskammern und den Industriellenvereinigungen verhindern, dass sich solche „Out-of-Balance-Situationen" aufschaukeln Es haben zwar immer wieder Wissenschaftler solche Blasen vorausgesehen, aber es wurde nicht ausreichend kommuniziert.

Vielleicht ist es zu wenig kommuniziert worden, dass es im Rahmen der EZB einen ESRB (European System Risk Board) gibt. Denn dieser „Riskboard" stellt hier einen Gegenpol zur „normalen" Zentralbank dar, die gelegentlich ja auch Blasen finanziert. Deshalb muss diese Institution unabhängig von der Zentralbank sein sowie die Qualitätssicherung als Kontrollorgan und Gegenpol in der Automobilbranche nicht eine Abteilung innerhalb der Produktion sein sollte.

Vor dem Crash – oder vielleicht auch noch heute – hinkten aber die Aufsichtsorgane der Gesetzesgerechtigkeit immer ein Stück der Realität der erfindungsreichen Blasenproduzenten hinterher. Neue Produkte im Finanzbereich müssten daher genauso wie im Konsumbereich (z. B. bei Medikamenten) genehmigungspflichtig sein, bevor sie verkauft werden dürfen.

Dies wird auch notwendig sein, wenn man diese Produkte besteuern will. Wie Steuern zur Gerechtigkeit beitragen, ist schon oben gezeigt worden. Zusätzlich müssen Finanzprodukte bei Kauf und Verkauf besteuert werden, überhaupt dann, wenn dort große Gewinne anfallen.

Man kann den Wirtschaftenden nicht jedes Risiko nehmen, doch muss es begrenzt werden. Keine Instanz des Staates – der Gesetzesgerechtigkeit – sollte tolerieren, dass riskante Produkte via Blasenbildung ganze Unternehmen oder sogar

Branchen oder womöglich ganze Volkswirtschaften in eine Krise führen. Hochrangige Finanzpolitiker und Experten reden davon, dass im Herbst 2008 das Weltfinanzierungssystem „am Abgrund" stand. Selbst wenn davon nur ein kleiner Teil wahr ist, muss man zumindest im Nachhinein – was ja auch geschieht – Überlegungen anstellen, welche Maßnahmen hier ergriffen werden können, um solche Szenarien künftig zu verhindern.

Aus der Theorie der Trialektik des Geldes ergeben sich einige Hinweise für solche Maßnahmen.

Zunächst ist relativ einfach die Rolle des Staates zu definieren und einzugrenzen: Die heutige – meist eben „untrialektische" Diskussion – schwankt naturgemäß zwischen zwei falschen Alternativen: Die eine Seite sagt: Der Staat ist ein schlechter Unternehmer und soll sich daher aus der Wirtschaft heraushalten (außer er bezieht nur Geld aus Beteiligungen). Als Beweis können sowohl der Kommunismus als auch Erfahrungen innerhalb des Kapitalismus mit verstaatlichten Unternehmen angeführt werden.

Die andere Seite meint, dass gerade die Krise gezeigt hat, dass der Staat doch gebraucht wird. Ohne Hilfe seitens des Staates wären viele Unternehmen – besonders im Bereich der Finanzwirtschaft – nach den Regeln des freien Marktes zugrunde gegangen und hätten im Zuge eines „Dominoeffektes" die gesamte Weltwirtschaft „in den Abgrund" gerissen.

Aus Sicht des Trialektik-Modells muss diese Frage differenzierter beantwortet werden: Die obige Gegenüberstellung der heutigen Diskussion greift zu kurz (so wie eben die Scheibentheorie der Erde bezüglich einer Atlantiküberquerung).

Der Staat verwaltet den Bereich 1 – nämlich die Gesetzesgerechtigkeit – und somit das Geld als Maßstab. Das bedeutet, dass alles, was Maßstab darstellt, sich in den Händen des Staates befinden sollte. Dazu gehören:

- die Zentralbanken wie EZB, FED etc.,
- Versicherungsaufsicht,
- Börsenaufsicht,
- die Rating-Agenturen,
- Kontrollabteilungen für die Genehmigung von Produkten,
- eine Art Finanzpolizei, die alle Entwicklungen im Finanz- und Wirtschaftsbereich beobachtet,
- etc.

Direkte unternehmerische Tätigkeiten sollten keine Aufgabe des Staates sein. Auch Beteiligungen an Unternehmen sollten nur kurzfristig stattfinden. Wenn der Staat regulativ tätig sein soll, darf er nicht selbst einer der zu Beaufsichtigenden sein. Daher ist auch eine private FED im Eigentum von Banken eine gefährliche Sache, insbesondere wenn ihr auch noch Kontrollbefugnisse übertragen werden.

Aufsicht über die „freie Marktwirtschaft" ist nur möglich, wenn das Aufsichtsorgan nicht selbst einer der Mitspieler ist, der dann eine in sich widersprüchliche Doppelfunktion hätte. Die Versuchung wäre groß, das Kontrollsystem immer wieder zu seinen Gunsten im Wettbewerb einzusetzen, wie das ja bei der FED und verschiedenen Rating-Agenturen in Amerika der Fall zu sein scheint (siehe Müller, Crashkurs, 2009, Otte, Der Crash kommt, 2009, Senf, Der Nebel um das Geld, 1997 u. a.).

Wenn der Staat aber nicht als Unternehmer auftreten darf, dann darf er auch nicht als Eigentümer auftreten.

Historisch ist die Funktion des Eigentums und des Unternehmertums von der alten Tempelwirtschaft bis weit in den Feudalismus hinein noch dieselbe. Erst langsam löste sich der Handel aus der Tempelwirtschaft. Mit der Entstehung der großen Handelsvermögen am Beginn der Neuzeit entstand ja auch der Kapitalismus. Der feudale Eigentumsbegriff – es gehört alles dem Fürsten – verschwand allmählich. Heute noch gehört z. B. in Äthiopien alles Land dem Staat und die Bauern sind bloß Pächter. Auf diese Weise wird über den korrupten Staat Landraub möglich.

Die letzte Stufe ist vielleicht mit der Aufkündigung des Goldstandards durch Nixon aufgetreten. Bis dahin war man der Meinung, dass das Geld nur eine Papierquittung für das sich in Händen des Staates befindende Gold war. Jeder konnte (theoretisch) seinen Dollarschein gegen Gold eintauschen, wenn er es wollte (Goldstandard). Mit der Aufkündigung des Goldstandards zog sich der Staat auch aus dem Eigentum heraus und auf die Maßstabfunktion zurück. Als Inhaber der „Gesetzesgerechtigkeit" kontrolliert und steuert er dabei die Marktwirtschaft, in der Leistungs- und Bedürfnisgerechtigkeit ausbalanciert werden müssen. Die Garantie auf Eigentum (z. B. der Spareinlagen) ist dabei genauso ein Element wie die Garantie auf Wettbewerb (z. B. Kartellrecht).

Die Regulierung des ganzen Systems muss über Steuern erfolgen. Da der Staat Ausgaben hat, braucht er auch Einnahmen. Hilfreich zur Regulierung könnte auch eine Transaktionssteuer sein. Die auftretenden Aporien müssen jeweils zu einer Synthese gebracht werden.

Der Staat bekommt im Kapitalismus, was Geld betrifft, eine neue Aufgabe: nämlich Geld als Maßstab zu definieren und zu bewahren. Die Philosophen haben hierfür eine Formel gefunden – speziell seit Kant spricht man von der „transzendentalen Voraussetzung". Das Wort „transzendental" definiert Kant so: „Transzendental nennen wir jede Betrachtung, die sich nicht sowohl mit Gegenständen beschäftigt, sondern mit der Weise des Wissens dieser Gegenstände" (Kritik der reinen Vernunft, Einl. B).

Das Geld in seiner Eigenschaft als Maßstab könnte man in diesem Sinne als transzendentale Voraussetzung betrachten. Als solche ist es nicht Natur, sondern wie Aristoteles es formuliert: „durch Übereinkunft bestimmt". Wird diese Übereinkunft von allen Menschen anerkannt (das berühmte „Vertrauen" in die Finanzwirtschaft oder eine Währung), dann ist dieses Geld als Maßstab stabil und sicher. Sobald es Zweifel an der Stabilität des Geldes (z. B. einer Währung) gibt, flüchten die Geldbesitzer (oft in Panik) in andere Währungen oder in Sachwerte (z. B. Gold oder Immobilien). Eine solche Situation wird als Krise bezeichnet und sollte nicht das Geldsystem insgesamt betreffen, sondern höchstens einzelne Marktteilnehmer oder eventuell einzelne Staaten. Es gehört sozusagen zum „Gott des Kapitalismus", dass man in ihn vertrauen kann, weil er nicht bei jeder Krise droht, pleitezugehen, wie das etwa in den 1930er-Jahren oder 2008 knapp der Fall gewesen war.

Unter einer Gottheit haben sich die Menschen immer einen absoluten Fixpunkt vorgestellt, der nicht durch Manipulation einiger Menschen infrage gestellt werden kann. Wie könnte man also diesem „Gott des Kapitalismus" wieder seine Absolutheit verleihen? Wenn man die Stabilität des Geldes des Mittelalters betrachtet, dann könnte die Zauberformel „Zinsverbot" lauten – wie dies ja auch im Islam bis heute gilt. Dies ist aber nur für gering entwickelte Geldsysteme sinnvoll und für unsere moderne Wirtschaft nicht brauchbar.

In allen Religionen wird übrigens gesagt, dass die Gottheit ihre Funktion der Stabilisierung nur erfüllen kann, wenn man an sie glaubt. Dies dürfte auch für das Geld als Gottheit stimmen. Negativ kann man das an den diversen, in der Geschichte aufgetretenen Inquisitionen erkennen, die jeweils die Glaubensfrage stellten: „Glaubst du an Gott, Allah etc.?" Wurde diese Frage mit Nein beantwortet, bedeutete das drohende Instabilität und derjenige wurde – je nachdem wie sicher sich die Priester fühlten – entsprechend eliminiert. Der Sinn davon war immer die Stabilisierung eines Systems.

Aus Sicht der Trialektik gibt es einige Hinweise zur Stabilisierung der transzendentalen Voraussetzung „Geld". Nachdem Geld keine „transzendente" Seinsweise besitzt wie das eben beim Gott des Christentums oder des Islam oft gesehen wird, sondern eine „Seinsweise" oder eben eine Voraussetzung darstellt, die in der Geistbestimmung der Menschen und in ihrer Verfügbarkeit liegt, so haben die Menschen auch die Möglichkeit, ihre Voraussetzung selbst zu stabilisieren.

Aber wie geht das?

Man muss sich überlegen, woher die Instabilität kommt. Die Instabilität kommt aus dem Warencharakter des Geldes, da dort unter Konkurrenzbedingungen die einzelnen Marktteilnehmer einem Auf und Ab ihrer Position ausgesetzt sind. Hier Stabilität hineinbringen zu wollen würde bedeuten, die freie Marktwirtschaft abzuwürgen. Der Anfang solcher Experimente ist hinlänglich bekannt. Wenn aber die freie Marktwirtschaft mit ihrem Auf und Ab das System insgesamt „an den Rand des Abgrunds" bringt, dann hat der Warencharakter des Geldes auf die transzendentale Voraussetzung des Geldes übergegriffen. Dies scheint doch eine sehr gefährliche Situation zu sein.

Die Lösung kann nur darin liegen, den Bereich 2 (Geld ist Ware) vom Bereich 1 (Geld ist Maßstab) abzukoppeln. Wie macht man das?

Hier zeigt sich der Wert der Trialektik als komplexes Denkmodell, denn viele Lösungen dieses Problems, die heute angedacht werden, sind lineare Lösungen und können die Widersprüche nicht einbeziehen. Dazu gehören z. B.: Spekulationen überhaupt verbieten, die großen „systemrelevanten" Unternehmen (z. B. Banken) in kleine Einheiten zerschlagen usw.

Man muss also Bereich 1 (Geld als absoluter Maßstab) und Bereich 2 (Geld als Ware) entkoppeln. Wie kann das geschehen?

Wichtig ist, das Konkurrenzprinzip, das für den Bereich 2 maßgeblich ist, aus dem Bereich 1 herauszunehmen. Denn Konkurrenz bedeutet, dass der Stärkere siegt – bzw. manchmal auch unterliegt. Wenn also z. B. einzelne Währungen – etwa Dollar und Euro – in Konkurrenz treten, darin ist manchmal der eine vorne (der Dollar steigt – der Euro fällt) oder der andere – je nachdem, wer die besseren Argumente hat oder auch nur die stärkere Presse. Damit sind aber die Währungen, die Maßstab sein sollten, instabil. Zur Zeit der Abfassung dieses Buches gab es sogar Zweifel an der Überlebensfähigkeit des Euro, weil einige Staaten pleitezugehen drohten. Von einer Gefährdung des Dollars spricht allerdings niemand, obwohl auch hier einige Staaten schwer verschuldet sind – z. B. Kalifornien mehr als Griechenland! Offensichtlich werden hier Informationen unter Konkurrenzbedingungen weitergegeben oder zurückgehalten – um vertrauensbildend zu wirken oder auch um Misstrauen zu schüren.

Von diesem Warencharakter – in diesem Fall von Währungen – müsste man das Geld abkoppeln und eine stabile Gemeinschaftswährung schaffen, wodurch Konkurrenz ausgeschaltet würde. Ich glaube, dass kein Weg daran vorbeiführt, wenn man eine globale Krise in Zukunft vermeiden will. An einer solchen Krise sollte eigentlich niemand Interesse haben. Eine globale Krisensituation würde dazu führen, dass die Bevölkerung keines Landes mehr ernährt werden könnte. Aufstände wären die Folge, die eine Instabilität des globalen Finanzsystems und damit auch des politischen Systems nach sich ziehen würden.

Nachdem dies aber alle verantwortlichen Politiker heute wissen, glaube ich nicht, dass sie eine solche Krise zulassen würden. Hier könnte niemand wirklich gewinnen.

Wahrscheinlich wird man sich auf einen neuen internationalen Geldstandard einigen – so wie es die Chinesen, die langsam in eine Führungsrolle am Weltmarkt hineinwachsen, ja schon vorgeschlagen haben.

Das Wesentliche an dieser Einigung wird sein, dass Konkurrenz anders ausgetragen werden muss als über die Stabilität des Geldes – eben durch eine internationale Warenkorb-Währung. Ein solcher EURO-DOLLAR-YUAN-YEN als Verrechnungswert könnte die nötige Stabilität des Geldes gewährleisten und dennoch die unterschiedlichen Entwicklungsgeschwindigkeiten berücksichtigen. Natürlich müsste es auch das allseits geforderte Konkursverfahren für große internationale Unternehmen und auch für Länder geben, damit nicht die einen auf Kosten der anderen zu leben versuchen.

Meines Erachtens spricht nichts dagegen, dass die einzelnen Währungen zunächst als Zahlungsmittel für die Bevölkerung erhalten bleiben und auch auf- und abwerten können – gegenüber einem absoluten Maßstab, nämlich der Weltwährung. Auch der Bankrott von Staaten mit schlechter Wirtschaftsführung – wie etwa Zimbabwe 2007– müsste möglich sein. Solche Staaten würden dann eben ihre eigene Währung verlieren und die von ausländischen Staaten einführen – wie Zimbabwe den Rand Südafrikas und den US-Dollar.

Eine interessante Entwicklung scheinen mir auch die verschiedenen regionalen Währungen zu sein, wie z. B. „Rheingold" (1936) oder die Versuche von Institutionen, ein eigenes Geld herauszugeben, wie etwa Fluggesellschaften mit ihren Bonus-Meilen, mit denen man nicht nur Flüge einlösen, sondern auch an bestimmten Orten etwas kaufen kann. Die verschiedenen Zahlungssysteme konkurrieren zwar untereinander, können aber auch kooperieren. Das Wesentliche aller dieser Geldsysteme ist die Hoffnung auf Stabilität, die von Institutionen (wie etwa Fluggesellschaften) anstelle des Staates gewährleistet wird. Das wahrscheinlichste Szenario ist aber eine Art Weltwährung.

Ich halte es nicht für ausgeschlossen, dass sich die unter Konkurrenz stehenden digitalen Unternehmen im Silicon-Valley auf eine gemeinsame digitale Währung einigen. Wenn das nicht gelingt, werden wir uns längere Zeit mit verschiedenen Formaten herumschlagen müssen, wie einst bei den Videobändern. Google und Facebook haben schon begonnen, eigene Zahlfunktionen zu etablieren.

Was spricht eigentlich dagegen, dass hier eine digitale Weltwährung gemacht wird, die dann in jedem Land in die jeweilige Landeswährung getauscht werden kann?

Wenn sich viele Unternehmen dieser Weltwährung anschließen, könnte diese den Dollar als Leitwährung ersetzen. Hier ist dann der schon erwähnte Verstärkereffekt zu erwarten:

Abb. 6.2 Trialektische Balance
des Zukunftsszenarios

Je mehr sich dieser Währung anschließen, desto öfter wird man mit dem globalen Euro-Dollar-Yuan (vielleicht EDY – Bezeichnung ist ja noch unbekannt) bezahlen können. Je mehr man mit „EDY" bezahlt, desto mehr werden sich dem anschließen, usw.

Kann die Politik dagegen etwas unternehmen? Wird sie dies tun? Wird diese neue digitale Währung dann demokratisch kontrolliert werden können? Wird es hierzu einer weltweiten Einigung kommen?

Bis jetzt haben sich die digitalen Unternehmen in Bezug auf Finanzmärkte erstaunlich zurückgehalten. Betrachtet man aber das Zusammentreffen von Globalisierung und Ökonomisierung im Lichte der Digitalisierung, dann liegt hier eigentlich eine digitale Weltwährung in der Luft.

Mittelfristig sieht das Szenario folgendermaßen aus:

Bereich 1: Stabile internationale digitale Referenzwährung als absoluter Maßstab.

Bereich 2: Konkurrierende Unternehmen und auch konkurrierende Währungen – jedenfalls noch eine Zeit lang.

Bereich 3: Eigentum, das irgendwann in der stabilen Einheitswährung berechnet werden wird. So wie beim EURO wird es auch hier eine längere Testphase geben müssen.

Was heißt dies für die „freie Marktwirtschaft"?

Sie ist tatsächlich eine der genialsten Erfindungen der Menschheit. Allerdings, wie bei allen großen Entwicklungen, treten irgendwann damit wieder Probleme auf. Watzlawick formuliert das so: Wenn die Lösung eines Problems zum Problem wird. Vielleicht macht es Sinn, einmal die Geschichte der Menschheit als Lernprozess dieser Watzlawick'schen Erkenntnis zu betrachten (Abb. 6.2).

6.2 Trialektik im privaten und im beruflichen Alltag – einige Beispiele

Die trialektische Denkweise kann auch im Alltag angewendet werden – sie hilft, so manche Disbalance rascher zu analysieren und das Problem „auf den Punkt" zu bringen:

Beispiel Urlaubsplanung

In einer Familie ist die Urlaubsplanung oft kontrovers. Sie möge als einfaches Beispiel für die trialektische Herangehensweise herangezogen werden. Dabei geht es immer darum, dass alle drei Bereiche abgeglichen und miteinander in Beziehung gesetzt werden:

Bereich 3 betrifft die Bedürfnisfrage: Wer will wohin in Urlaub fahren? Schon hier kann es ganz unterschiedliche Bedürfnisse geben. Die Diskussion wäre aber völlig sinnlos, wenn nicht auch Bereich 2 berücksichtigt würde: Was kostet was? Und was wollen und können wir uns leisten? Wenn das ausdiskutiert ist, kommt erst der Bereich 1: Was ist überhaupt logistisch möglich? Was ist erlaubt, technisch durchführbar?

Wahrscheinlich führen Bereich 2 (Konto) und Bereich 1 (Gesetzeslage) zu einer neuerlichen Reflexion auf die Bedürfnisse. Was zu teuer ist, will man vielleicht doch nicht mehr. Und was nicht geht, will man auch nicht mehr – so kann sich eine Familie sicherlich nach längerer Diskussion – eben in der Ausbalancierung der Widersprüche der drei Dimensionen – auf einen gemeinsamen Urlaub einigen: Der Urlaub ist durchführbar, sprengt nicht das Budget und stellt die Wünsche halbwegs zufrieden. Es fühlt sich niemand „ungerecht" behandelt (wie das bei der „Unterordnung" unter einen der Bereiche der Fall sein könnte).

An diesem Beispiel kann man auch sehen, dass im Zuge der Entwicklung einer Familie von der Dominanz der Eltern oder des Vaters oder der Mutter, die ja am Anfang notwendig war, langsam die Kompetenz der Entscheidungsfindung auch auf die jüngeren Familienmitglieder übergeht – so lange, bis diese eben erwachsen werden und alleine in Urlaub fahren. Ähnlich ist es in Hierarchien, bei denen der Chef entscheidet. Normalerweise berücksichtigen die Chefs alle drei Aspekte, um richtig entscheiden zu können.

Beispiel Forschungsgelder

Ich hatte als Student und später als Assistent in den sechziger Jahren des vorigen Jahrhunderts öfter erlebt, dass Universitätsprofessoren bestimmte Projekte, die gesponsert wurden, ablehnten. Mein Hinweis, hier sei aber Geld für eine Forschung vorhanden, wurde folgendermaßen beantwortet: „Wissenschaftler interessieren sich nicht für Geld." Wenn aber Forschungen nicht aus dem laufenden Universi-tätsbudget (das vom Wissenschaftsministerium zur Verfügung gestellt wurde) fi-nanziert werden konnten, dann wurde die Forschung nicht genehmigt und konnte auf der Universität nicht stattfinden.

Hier wurde der zweite Bereich der Trialektik völlig ausgeklammert. Meist wur-de dann auch der dritte Bereich ausgeklammert, nämlich die Frage: Wer interes-siert sich für eine solche Forschung und wem nützt sie? Ich kannte Professoren (heute gibt es so etwas nur mehr sehr selten), die Forschung betrieben um der Forschung willen. Niemand sollte die Ergebnisse nützen, und sie sollten auch von niemandem bezahlt werden. Dies wurde als Kriterium der Wissenschaftlichkeit angesehen. Aus Sicht der Trialektik ist dies ein Out-of-Balance der Wissenschaft (s. u. Bildungstrialektik).

Ich glaube, dass die oft geschmähte Ökonomisierung vieler Bereiche der Ge-sellschaft – hier im Speziellen im Bereich der Wissenschaft – auch ihr Gutes hat.

So ist es für die Politik wichtig herauszufinden, wo Wettbewerb im ökonomi-schen Bereich die trialektische Konfliktbearbeitung fördert oder wo sie hinderlich ist.

Beispiel Spesenverrechnung

Ein Beispiel aus dem zwischenmenschlichen Bereich soll ebenfalls illustrieren, wie sich eine „Disbalance" der drei Bereiche auswirken kann:

Ich hatte einmal einen Auftrag in Deutschland, für den ich einen besonders renommierten Kollegen, einen Universitätsprofessor, einsetzte. Wir vereinbarten Honorar und Spesenvergütung entsprechend den Belegen. Nach Beendigung des Auftrags bekam ich seine Honorarforderung und die Belege für Reisekosten und sonstige Spesen. Letztere überstiegen allerdings mein Budget vollkommen. Der Kollege legte Rechnungen vor für seine Business Class-Flüge, für Übernachtungen und Konsumation in den teuersten Hotels, für zahlreiche Taxifahrten und Bewir-tungen anderer Wissenschaftler. Alles das musste ich bezahlen, was ich verein-barungsgemäß auch tat. Als wir dann für eine weitere Zusammenarbeit die Be-dingungen besprachen, schlug ich eine pauschale Spesenabrechnung (natürlich mit einem geringeren Betrag) vor. Ich staunte nicht schlecht, als der Kollege plötzlich sparsam mit nunmehr seinem eigenen Geld umging. Er fuhr mit der Bahn anstatt mit dem Flugzeug, quartierte sich bei seinem Kollegen ein und nutzte die – ohne-hin schnellere – S- oder U-Bahn. Dabei machte er einen Gewinn – es blieb ihm noch eine schöne Summe seiner Reisekostenpauschale übrig. Ich selbst musste natürlich auch weniger bezahlen.

Aus Sicht der Trialektik war die erste Spesenabrechnung out of Balance geraten – aus mindestens zwei Gründen:

1. Ich hatte den Bereich 1 vernachlässigt, in der Meinung, der Kollege wäre so wie ich für die gesamte Auftragsgestaltung verantwortlich und würde sich dementsprechend verhalten. Ich musste daher eine Regel – die Pauschale – einführen, damit die Leistung mit seinen Bedürfnissen auch ökonomisch im Gleichklang blieb.
2. Der Kollege legte – wider meiner „naiven" Erwartung – das Schwergewicht auf seine Bedürfnisse: Als Universitätsprofessor stehe ihm zu, Business Class zu fliegen, Kollegen einzuladen, teure Hotels zu buchen etc. Da er das alles nicht in seine ökonomische Berechnung einbeziehen musste, weil ja ich das bezahlen musste, konnte er exzessiv Geld ausgeben. Als er selbst die Widersprüche zwischen seinem Komfort-Bedürfnis, seiner Position als Auftragnehmer (Pauschale) und der Wirtschaftlichkeit der ganzen Handlung ausbalancieren musste, konnte er plötzlich für sich – und mich – einen zusätzlichen Gewinn erwirtschaften.

Die Spesenabrechnung ist in vielen Organisationen ebenfalls out of Balance geraten. So habe ich etwa einmal mit Mitarbeitern einer Versicherungsgesellschaft, die mit Banken kooperieren mussten, Ähnliches erlebt. Die Versicherungsmitarbeiter, die ihre Spesen selbst verwalteten, hatten ein kleines, einfaches Büro und weniger Hilfspersonal. Die Banker hingegen hatten große Büros, repräsentative Räume und vergleichsweise viel Personal. Sie mussten für den Aufwand nicht selbst aufkommen. Allerdings muss man den unterschiedlichen Geschäftszugang der beiden Geldinstitute berücksichtigen. Der Versicherungsmitarbeiter geht häufig hinaus zum Kunden – die Geschäftsräume müssen daher nicht so attraktiv sein –, während die Kunden des Bankmitarbeiters normalerweise in die Bank kommen. Dennoch macht es einen Unterschied, ob die Abteilung freien Ressourcenzugang hat oder ob sie selbst verwaltet wird.

Die Trialektik in ein ausgewogenes Verhältnis zu bringen ist nicht einfach:

• Zu welchen Regeln bin ich in meiner Funktion verpflichtet? (Bereich 1)
• Was will ich? Was freut mich? (Bereich 3)
• Was kostet wie viel? (Bereich 2)

Ich sehe hier eine Tendenz – jedenfalls eine Notwendigkeit –, die Balance dieser drei grundsätzlichen Widersprüche von den obersten Gremien immer weiter hinunter zu delegieren. Das Schlagwort „Unternehmertum im Unternehmen" geht bereits in diese Richtung. Mein Kollege und ich – um noch einmal auf das Beispiel von oben zurückzukommen – haben die drei Widersprüche ursprünglich nicht erkannt und daher auch nicht ausbalanciert.

Bei größeren Problemen muss diese Balance der drei Widersprüche organisiert werden, denn der Lernprozess nimmt Zeit und Ressourcen in Anspruch und findet immer in mehreren Etappen statt.

Beispiel Produktinnovation
Wenn ein Unternehmen ein neues Produkt auf den Markt bringen will, so müssen die drei Bereiche jeweils gesondert in verschiedenen Schritten mit ihren Widersprüchen diskutiert werden.

Bedürfnisse der Kunden: Wollen die Kunden das? Wie soll es aussehen (Marktforschung)? (Bereich 3)

Ist es machbar? Bekommt es die Genehmigung? (Bereich 1)

Was kostet die Entwicklung? Wie teuer ist die Produktion? Welche Investitionen sind notwendig? Welche Gewinne sind zu erwarten? (Bereich 2)

Die Widersprüche werden meist ausführlich und auch kontrovers diskutiert. Dabei geraten die verschiedenen Interessengruppen aneinander: Die Qualitätssicherung legt Wert auf hohen Standard, der Verkauf plädiert für niedrige Preise, was sich selbstverständlich widerspricht. Die Produktion steht dazwischen und muss rechtzeitig liefern können. All das muss schließlich genehmigt und im Rahmen des Wettbewerbs eingeordnet werden können.

Das Ausdiskutieren und Abwägen der drei Bereiche, sie schließlich in ein Gleichgewicht zu bringen und sie zueinander in Beziehung zu setzen, all das erfordert einen langwierigen, aber auf jeden Fall sehr lohnenden Lernprozess. Ich habe schon öfter solche Lernprozesse als externer Berater begleitet und dabei festgestellt, dass oft das vorhandene Zeitbudget nicht ausreicht, um eine gute Konsenslösung zu finden.

6.3   Exkurs: Geschichte als Crash-Geschichte

Versuchen wir, die menschliche Geschichte einmal als Geschichte der Irrtümer und ihrer Folgen sowie Lösungen zu betrachten. Seitdem wir die vorgegebenen Rahmen der Natur (instinktgesteuertes Verhalten) verloren haben, könnte man die Geschichte auch nach dem Satz von Watzlawick betrachten: Wenn die Lösung eines Problems zum Problem wird. Hiermit wäre die Geschichte auch als Crash-Geschichte zu interpretieren, denn immer wieder landeten unsere Vorfahren in einer zunächst scheinbar ausweglosen Situation, aus der sie sich wieder befreien mussten.

Goethe hat für die Geschichte der Irrtümer der Menschheit auch das Bild des Zauberlehrlings geprägt. „Die ich rief, die Geister, werd ich nun nicht los." Es scheint dies das Schicksal des Geistes zu sein, wenn er einmal die Natur verlassen hat und sich selbst steuern muss.

Teilt man die Entwicklung der Menschen nach einer Idee von Karl Marx grob in fünf Epochen ein, dann erhält man als Entwicklungsstufen:

- Jäger und Sammler,
- Ackerbau und Viehzucht,
- Feudalsysteme,
- Kapitalismus
- digitale Wissensgesellschaft.

Wie weit sich die gegenwärtige Wissensgesellschaft als Weiterentwicklung des Kapitalismus versteht oder als eine Variante innerhalb des Kapitalismus (so wie etwa die Dienstleistungsgesellschaft), wird kontrovers diskutiert.

Meist hängt das Unvermögen, sich neu zu orientieren, mit den eingespielten Denkstrukturen zusammen. Eine erfolgreiche ökonomische Strategie führt zu einem bestimmten Menschenbild: Z. B. werden in vielen Kulturen die Pflanzen den Frauen (von wegen Sammeln), die Tiere aber (von wegen Jagdtradition) den Männern zugeordnet. Betreibt man nun Ackerbau und Viehzucht, weil die jagdbaren Tiere immer weniger werden, dann kann man den Mist nicht für die Düngung der Pflanzen verwenden, weil die beiden Systeme totemistisch getrennt werden müssen. So gingen Kulturen zugrunde (z. B. die Inkas, aber auch afrikanische Kulturen), weil es ihnen nicht gelang, die Denkmodelle, die aus früheren Zeiten stammten, zu verändern.

Den Menschen, die zu unseren Vorfahren zählen (wir stammen ja alle von Menschen ab, die mindestens das zeugungsfähige Alter erreicht haben müssen), ist es offenbar gelungen, ihre Denkmodelle rechtzeitig an die ökonomischen Notwendigkeiten anzupassen.

Wenn wir nun aus der „Satellitenperspektive" einen kurzen Streifzug durch die Geschichte machen, dann stellen wir fest, dass die ersten menschenähnlichen Wesen (Hominiden) von den Bäumen herabstiegen und entlang der Bäche und Flüsse oder am Ufer von Seen in Afrika lebten. Durch den aufrechten Gang bekamen sie die Hände frei und konnten auf diese Weise Werkzeuge verwenden. Mit dem Werkzeuggebrauch entwickelte sich ein größeres Gehirn, das Kreativität hervorbrachte und die Entwicklung von Werkzeugen verbesserte. Werkzeuge sind als eine Verstärkung der (mangelhaften) körpereigenen Werkzeuge zu betrachten. Dies wird uns noch bei der „digitalen Revolution" beschäftigen, wenn neuerdings versucht wird, die Verstärkung der körpereigenen Organe durch Werkzeuge in den Körper selbst wieder hinein zu verlegen (Ich nenne diese Revolution „Wasserrevolution").

Die nächste große Revolution nenne ich „Feuerrevolution", denn mit der Domestizierung des Feuers („Feuerrevolution") erweiterte der Mensch seinen

Freiheitsspielraum enorm. Das Feuer spendete vor allem in der Nacht nicht nur Licht und Wärme, sondern auch Sicherheit. Mit Feuer war es möglich, auf Nahrungsressourcen zuzugreifen, die durch Kochen, Braten, Rösten etc. erst genießbar wurden. Der Mensch (Homo erectus) hatte mit dem Feuer erstmals die „Freiheit", sein Habitat zu wechseln. Wir finden deshalb auch außerhalb Afrikas – vor allem in Eurasien – Spuren dieser Menschen.

Eine der Haupterrungenschaften dieser Revolution war sicher die Entwicklung der männlichen Jagdgruppe. Mit Hilfe einer kollektiv aktivierbaren Aggressivität wurden aus den ursprünglich Gejagten nun Jäger. Durch die kollektive Jagd konnten auch größere Tiere erlegt werden, wodurch die Überlebenschancen des Homo Sapiens signifikant stiegen. Allerdings wurde dafür eine Einschränkung der individuellen Freiheit notwendig. Denn mit der „Jagd-Gang" entwickelte sich ein Konformitätszwang und bedingte eine einheitliche Emotionalität – zumindest in den männlichen Jagdgruppen („Einer für alle – alle für Einen".)

Die größere Freiheit, die der Homo Sapiens durch seine Überlegenheit gegenüber anderen Tieren gewann (zum Beispiel durch Waffen, Jagdtechnik, Habitatswechsel etc.) wurde zum Bumerang. Die bessere Jagdtechnik und die Hilfe des Feuers führten dazu, dass sich die Zahl der Tiere drastisch verminderte. Mit Hilfe des Feuers vertrieben die Menschen die Raubtiere, die ein Wild erbeutet hatten und optimierten so durch Kleptoparasitismus – also durch Diebstahl – ihre Ressourcen. (Bekanntlich ist diese Form der Ressourcenoptimierung bis heute nicht ausgestorben).

Man nimmt heute an, dass im eiszeitlichen Europa bis zu 60 % der Säugetiere vom Menschen ausgerottet wurden. Hier gerieten unsere Vorfahren vielleicht zum ersten Mal in den „Teufelskreis der Freiheit". Als es immer weniger Tiere gab, verbesserten sie zunächst die Waffentechnologie (was man in jedem Urgeschichtsmuseum feststellen kann). Damit gab es noch weniger Tiere, worauf wieder noch bessere Waffen erfunden wurden. Dieser Prozess beschleunigte sich und führte in eine Sackgasse. Verbesserte Jagdwaffentechnologie verminderte die Tierpopulation so weit, dass Jagd nicht mehr effektiv genug war. Der Schritt zu einem Paradigmenwechsel war überlebensnotwendig geworden. Dies führte zum Übergang von der Jagd zu Viehzucht und Ackerbau („Neolithische Revolution").

Ich vermute, dass dieser Schritt mit der Fähigkeit zusammenhängt, Widerspruch gegen Autoritäten zu erlauben. In allen Religionen wird die Geschichte vom Verlust des Paradieses erzählt, als die Menschen es wagten, gegen ein Gebot der Autorität (Gottes) zu verstoßen.

„Das Essen vom Baum der Erkenntnis" und die damit erreichte „Gottebenbildlichkeit" des Menschen könnten auf die Reflexion dieser Krisensituation zurückzuführen sein. Wir wissen natürlich nicht, wie weit die Menschen diesen Teufelskreis damals reflektierten (es gibt nur mündlich tradierte Mythen, aber noch keine Schrift). Ich vermute aber, dass sich die Geschichte vom Verlust des Paradieses auf diesen „Teufelskreis" bezieht. Der bereits erwähnte notwendige Konformitätsdruck innerhalb der männlichen Jagdgruppe führte dazu, dass Widersprüche verboten wurden und man daher nicht gegen Gebote oder Verbote von Autoritäten handeln durfte. Widerspruch führte zur Elimination aus dem Sozialgebilde: „Ihr müsst des Todes sterben, wenn ihr vom Baum der Erkenntnis esst".

Die Entscheidungen einer Autorität (einer „Alpha-Position") sind aber nur solange richtig und gut, solange sie über alle Informationen verfügt und diese auch in ihre Entscheidungen einfließen. Bei komplexeren Umweltsituationen – wie es etwa ein Habitatswechsel darstellt – haben Gruppenmitglieder notwendigerweise verschiedene Informationen, die mitunter einen Widerspruch zur Meinung der Autorität darstellen. In schweren Krisensituationen sind vielfältige Informationen und damit einhergehende Widersprüche sehr wichtig, um zur Wahrheitsfindung zu gelangen. So steht am Ende der Feuerrevolution vermutlich die Erfindung bzw. Erlaubnis des Widerspruchs. Gruppen, die in sich uneins waren und Widersprüche zuließen, waren anderen Gruppen, die in sich einig waren, überlegen.

Ich vermute, dass erst dieses Prinzip des Widerspruchs gegen das System einen Weg aus der Sackgasse ermöglichte und die Menschen aus der schon erwähnten „Panikschleife" herausholte. Mark Twain: „Als sie das Ziel aus den Augen verloren hatten, verdoppelten sie ihre Anstrengungen".

Erst mit dem „Paradigmenwechsel" Viehzucht wurde das Problem der steinzeitlich-jägerischen Ressourcenverknappung gelöst. Mit Viehzucht und dem späteren Ackerbau gewannen die Menschen viele neue Freiheiten: sie konnten nun ständig auf Nahrungsmittel zugreifen, denn Tierhaltung und Bevorratung von Ackerbauprodukten machten es möglich. Der Preis dafür war allerdings eine Reduktion der Bewegungsfreiheit. Die Menschen wurden sesshaft, und es dauerte nicht lange, bis sie von noch nicht sesshaften Jägern und Sammlern angegriffen wurden. Denn gezüchtete Kühe waren eine leichtere Beute als wilde Büffel oder Antilopen.

So sind die ersten Ansiedlungen immer wieder zugrunde gegangen bzw. zugrunde gerichtet worden. Man findet – zum Beispiel in Jericho – an solchen zentralen Orten bis zu 22 aufeinander folgende Schichten, wobei die Schichten oft nichts miteinander zu tun hatten. Das bedeutet, dass immer wieder Menschen gesiedelt haben und zugrunde gegangen sind. Später haben sich dort wieder andere Menschen angesiedelt, die von ihren Vorgängern oft nichts überliefert bekamen.

Die Lösung dieses Problems war die Erfindung von Verteidigung, von Militär. Durch die Entwicklung von Verteidigungssystemen konnte die „Freiheit" des Überlebens gesichert werden. Doch es kostete den Preis der Arbeitsteilung und damit kam es zur Unterscheidung der Menschen in solche, die verteidigen und solche, die produzieren. Damit gab es die Einteilung der Menschen in Obertanen und Untertanen – oder in Herren und Sklaven. Die größere Freiheit des Gesamtsystems wurde mit der Reduktion der Freiheit des einzelnen, des Untertanen bezahlt. Bis heute etwa verachten und beneiden die „freien" Beduinen in der Wüste die Bauern in den Oasen, die „Fellachen". Umgekehrt beneiden und verachten die Bauern die „freien" Beduinen, die mit dem Überleben kämpfen müssen und Mangel an zivilisatorischem Komfort haben.

Nachdem über einige Jahrtausende hindurch die ersten Ansiedlungen an zentralen Orten immer wieder zugrunde gegangen sind, konnte mit der Erfindung der „heiligen Ordnung der Männer" (griechisch: Hierarchie) das Überleben organisiert werden. Schrift und Zahlensysteme wurden entwickelt, die die Grundlage für eine Zentralisierung bildeten. Überschussprodukte mussten an zentrale Stellen abgeliefert werden, das Überleben des Systems wurde durch männliche Strukturen wie Militär, Polizei, Priester, etc. gesichert. Erst als die Überschüsse eine gewisse Größenordnung erreicht hatten, konnten sie zur weiteren Differenzierung des Systems verwendet werden und es folgte damit die „industrielle Revolution".

Wirtschaftlich gepaart mit dem Kapitalismus gab es zunächst in Europa, später aber weltweit die Möglichkeit, Überschüsse in die Verbesserung der Produktivität zu stecken. Diese generierten wiederum noch mehr Überschüsse, die wiederum die Produktivität erhöhen. Sozusagen ein umgekehrter Teufelskreis, der die Freiheit der Menschen – zunächst der Obertanen – deutlich erhöhte.

Mithilfe von Maschinen (Dampfmaschinen, Elektrizität, aber auch durch Wissenschaft und Geld etc.) machte sich der Mensch die Natur untertan – wie es schon in der Bibel am Beginn der neolithischen Revolution hieß.

Die aus der neolithischen Revolution stammende Hierarchie, die Ordnung als Über- und Unterordnung definiert, wurde in der industriellen Revolution beibehalten. Auch die Denksysteme wurden in diese Richtung entwickelt (vergleiche Schwarz, Die heilige Ordnung der Männer, 6. Auflage, 2016). Auch hier wurde wiederum die höhere Freiheit des Gesamtsystems mit dem Verlust der Freiheit des einzelnen bezahlt. Der Mensch wurde im Zeitalter des Anthropozäns zum Rädchen einer großen Maschine und hatte fast immer einen „Chef" über sich.

Der Kapitalismus löste die chronische Ressourcenknappheit der Feudalsysteme und entwickelte ein neues Menschenbild: Nicht mehr durch Geburt erhält jemand Fähigkeiten und daher Positionen, sondern durch Lernen und Entwicklung. Durch die Französische Revolution und durch die Aufklärung erhält das Christentum seinen ursprünglichen Sinn zumindest teilweise wieder zurück: Letztverantwortlich für Entscheidungen (gut/böse) ist das individuelle Gewissen. Nach christlicher Lehre ist Gott Mensch geworden.

Die Einheit von Gott und Mensch in Jesus von Nazareth geht auf alle über, die an ihn glauben. Sie sind ebenfalls in der Einheit von Gott und Mensch, indem sie selbst Entscheidungen treffen, die nicht mehr durch eine höhere (womöglich) jenseitige Instanz relativiert werden können. Jeder Mensch ist Zweck und nicht Mittel (kategorischer Imperativ). Daher entscheidet der Einzelne in der Marktwirtschaft über seine Bedürfnisse selbst (die im Feudalismus vom Fürsten zentral befriedigt wurden). Jeder Mensch (der Einheit von Gott und Mensch darstellt) hat Menschenrechte, er muss alle Erkenntnisse der Wissenschaft reproduzierbar nachvollziehen können, und er muss bei den wichtigsten Entscheidungen der Gesellschaft mitreden können: Demokratie.

Die schon bei den Griechen erstmals entwickelte Grundidee, dass jede Person bei den wichtigen Entscheidungen mitreden können soll, ist im Kapitalismus auch auf den Bereich der Ökonomie ausgedehnt worden.

Damit entspricht das Menschenbild des Kapitalismus (erstmals auch politisch) dem Menschenbild des Christentums. Es musste ein System gefunden werden, in dem der Nutzen des Einzelnen zugleich Gesamtnutzen darstellt und umgekehrt. Durch die Investitionen in die Verbesserung der Produktivität löste der Kapitalismus mit seiner Entwicklung und Lernfähigkeit zunächst auf spektakuläre Weise die Mangelerscheinungen der vorangegangenen Systeme. In der Ökonomie des Kapitalismus ist der Mensch mit Freiheit ausgestattet, der durch Nutzenmaximierung zugleich die ökonomische Entwicklung der Gesellschaft vorantreibt. Probleme des Kapitalismus sind daher weniger ökonomischer denn z. B. ökologischer oder sozialer Art. Doch Krisen haben sich oft als hilfreich für eine Weiterentwicklung erwiesen. War der Mensch als Ebenbild Gottes nach der französischen Revolution mit Freiheit, Menschenrechten und Demokratie angetreten, um eine gerechte Welt zu schaffen, in der alle sowohl nach ihren Bedürfnissen als auch nach ihrer Leistung ernst genommen werden, so stellte sich bald heraus, dass gerade dort, wo der Kapitalismus besonders erfolgreich war, dieser eine Eigenlogik entwickelte, in der der Mensch nur mehr als Mittel zum Zweck (der Ökonomie) genommen werden konnte. Diese Reduktion des Menschen auf ein Atom der Ökonomie geschieht mithilfe des Geldes. Das Geld wird – wie schon erwähnt – zum neuen Gott des Kapitalismus. Gerade dort, wo der Kapitalismus besonders erfolgreich war, werden die Kommunikationsbeziehungen ökonomisiert. Über Geld als Regulator laufen nicht mehr nur die Kaufentscheidungen des Einzelnen, sondern auch die Bewertung von Kultur, Wissenschaft, Gesellschaft, ja sogar Religion.

(Teile dieses Abschnitts sind in meinem Beitrag in der Festschrift für Leonhard Bauer erschienen: Das Menschenbild in der Ökonomie, hrsg. von A. Grisold/L. Gubitzer/R. Pirker, Verlag Locker, Wien 2007.)

6.4 Problemgeschichte der Menschheit

Die folgenden Tabellen zeigen im Überblick die Elemente des Lernprozesses von der Zeit als Jäger und Sammler bis zur Wissensgesellschaft (Tab. 6.1 und 6.2).

Man kann somit die Weltgeschichte allgemein und die Geschichte des Kapitalismus auch als „Crash-Geschichte" sehen. Dabei stellen wir fest, dass es eigentlich der „Erfolg" ist, der mit seinem „Mehr desselben" irgendwann zum Crash führt. Dieses Muster hat ja dem Homo sapiens seine „Karriere" auf dieser Erde beschert. Der Mensch hat immer das verstärkt weiterentwickelt, womit er erfolgreich war, und das eliminiert, womit er nicht erfolgreich war. Das Wort „das" könnte man auch durch Personen, Gruppen oder Völker ersetzen. Völker mit Sackgassenlösungen wurden ausgemerzt.

Das heißt, dass auch „Erfolg" und „Misserfolg" in eine richtige Balance gebracht werden müssen. Diese Balance wird traditionellerweise durch die Einschränkung des „Individualwohles" angesehen, überall dort, wo es das „Gemeinwohl" gefährdet.

Spezifiziert man das auf die Geschichte des Kapitalismus, dann kann man auch hier viele Beispiele anführen:

Fast jede technische Revolution führte im Bereich der Ökonomie relativ rasch zu einer Blase und dann zu einem Crash:

- Tulpenblase 1634–1637,
- 1793 investierten immer mehr Menschen in England in Aktien für Kanäle und Wassertransport – bis die Blase platzte,
- 1847 dasselbe mit Eisenbahnaktien,
- 1890 Telegraphencrash,
- um 1900 Dampfschiffblase, Hafenblase, Rohstoffblasen etc.

Die Crashs im 20. Jahrhundert waren größer als die im 19. Jahrhundert und betrafen fast immer schon die ganze Welt:

- 1929 Weltwirtschaftskrise,
- 1987 wurde der Verstärkereffekt sogar programmiert, durch Computerprogramme, die immer dann – automatisch – verkaufen sollten, wenn der Wert einer Aktie unter ein bestimmtes Limit sank, gab es sozusagen aus heiterem Himmel einen Crash, nachdem einige Banken einen größeren Einbruch hatten,
- 1990 die Japan-Immobilienblase,
- 1992 die Asienkrise der Tigerstaaten,
- 2000 die Internet-Blase,
- 2008 Weltwirtschaftskrise – ausgelöst durch den Zusammenbruch einer Bank, die weltweit schlechte Kredite vermarktet hatte.

Tab. 6.1 Jäger und Sammler, Ackerbau und Viehzucht

	Jäger und Sammler	Problem Lösung	Ackerbau u. Viehzucht	Problem Lösung
Welt- u. Menschenbild, Werte u. Ordnungsprinzipien	Stammesriten u. Jagdzauber Individuum im Stamm Mensch als Teil der Natur Tier- und Pflanzengottheiten	Götter bringen keine Tiere mehr Tötung der Alten und Mädchen	Generativität Frauendominanz Naturgewalten als Gottheiten Mensch beherrscht Natur Mensch aus Natur heraus	Stammeszentriertes Weltbild Friedliche Gottheiten helfen nicht
Organisationsformen	Jagdgruppe Arbeitsteilung Mann/Frau Exogamie	Selektiv, aggressiv Exogamie nicht zu halten Geiseln in anderen Stämmen	sesshaft werden Vernetzung durch Repräsentanten und Händler	Zugrundegehen der Siedlungen durch Jäger und Nomaden Mangelnde Verteidigungsfähigkeit
Politische Systeme	Häuptling Medizinmann	Überall Feinde Risikoerhöhung Nahrungskonkurrenz	Arbeitsteilung	Mutterrechtlich Kleinräumig Nahrungskonkurrenten
Wirtschaftssysteme	Jagen und Sammeln	Hunger Von der Hand in den Mund Krisenanfällig	Landwirtschaft Viehzucht Vorratswirtschaft	Tauschwirtschaft Unsicherer Handel Seeräuber Räuber
Wohn- u. Siedlungsformen	Mobil	Beim Weiterziehen auch keine Tiere mehr	Dörfer und große Ansiedlungen	Angreifbar … Je größer die Siedlungen, desto gefährdeter durch Räuber
Eigentum	Alles gemeinsam Tötungsakt eigentumsstiftend	Land und Vieh gehören schon anderen	Landbesitz und Tierbesitz	Raub und Krieg … Der Stärkere besitzt
Rohstoffe und Technologieprodukte	Tiere, Pflanzen Waffen	Teufelskreis: je besser die Waffen, umso weniger Tiere	Rohstoffe Wasser Erstes Handwerkszeug	Erste Erosionszeichen Erschöpfung der Böden Abholzen der Wälder

Tab. 6.2 Feudalismus, Kapitalismus, digitale Wissensgesellschaft

	Feudalismus	Problem Lösung	Kapitalismus	Problem Lösung	Internet-Gesellschaft
Welt- u. Menschenbild, Werte u. Ordnungsprinzipien	GottKönig, Patriarchat Erste Entwicklungen von Schriften- u. Zahlensystemen Beginn des Handelns gegen die Natur	Kirche als Unterdrückungs- macht Probleme durch diffuse Maßeinheiten und Zahlensysteme Einteilung der Menschen in Ober- und Untertanen	Universelle Geltung eines Maß- u. Zahlensystems für alle Einzelner wichtig mit seiner Kaufkraft Kategorischer Imperativ	Geld als Gottd. Kapitalismus Universalisierung v. Teilaspekten Individuelle Bereiche bleiben unberücksichtigt Ein Modell wird dominant unter Verlust der umfassenden Perspektive	Betonung des Gesamtzusammen- hanges Wissenschaft wirkt durch Rückkopplung auf das Geschehen ein Information als Gott der Wissensgesellschaft
Organisationsformen	Hierarchie Vier Prinzipien Zentralismus	Hungersnöte Viele Länder	Große Systeme Internationale Arbeitsteilung Hierarchie als Herr- schaftsform verliert Anerkennung	Verlust des Besonderen Patriarchat wird problematisch Chaos. Über- blick fehlt Männerdominanz	Globalisierung Kleinere Einheiten in Selbstbestimmung Hilfe zur Selbsthilfe Emanzipation Redimensionierung
Politische Systeme	Kleine Königreiche Monarchien Absolutistische Tyrannen	Bauern- und Sklaven- aufstände Missbrauch durch Adel und Stände	Klassenkampf Frz. Revolution Demokratie Menschenrechte Bildung von sozialen Netzen	Hierarchie als Herr- schaftsform verliert Anerkennung Systemkritik Recht des Stärkeren in Frage gestellt	Transparenz Mitbestimmung Konsensbildung Neue Systeme der internationalen Kooperation

Tab. 6.2 (Fortsetzung)

	Feudalismus	Problem Lösung	Kapitalismus	Problem Lösung	Internet-Gesellschaft
Wirtschaftssysteme	Kausal Handel lind Land-wirtschaft gesichert (Militär)	Zu wenig Schutz Zu viele Grenzen Zu hohe Kosten	Investitionen und Rückkopplung Reichtum Kauf statt Zuteilung	Dominanz des Produktionsprinzips Arbeitslosigkeit Ökonomisierung aller Beziehungen Wirtschaftskrisen	Umweltziele Kreislaufentwicklungen (kein Müll) Subsidiäre Eigententwicklung in Land-wirtschaft, Kunst u. Wissenschaft Verbindung von Produktion und Kommunikation
Wohn- u. Siedlungsformen	Gesicherte Städte und Grenzen	Kriege zerstören den Aufbau	Große Zentren Verkehrssysteme: Eisenbahn, Dampf-schiff, Auto – all-gemeine Mobilität	Zersiedelung Verkehrskollaps Techno- morphes Denken	Bio- u. soziomorphe Wohnsysteme Trennung von Arbeit u. Freizeit hebt sich auf
Eigentum	Leibeigenschaft Stände, Adel, Lehen, Werkstätten	Kleinräumig Akkumulation nur durch Krieg möglich	Aufhebung der Leibeigenschaft Vom Handel zum Industriekapital	Kapitalstruktur anonym Immer weniger Menschen besitzen immer mehr	Verfügungsrecht statt Besitz Öffentliche Kontrolle

Aus Sicht der Theorie der Trialektik sind alle angeführten Crashs als Out-of-Balance der drei Dimensionen des Geldes zu verstehen. Wenn zu viele Investoren auf die Entwicklung eines Produktes setzen, dann werden aufgrund der Erwartungen Kurse über den realistischen Möglichkeiten der Entwicklung eines Produktes entstehen. Dann entsteht ein Verstärkereffekt: Je höher die Kurse steigen, desto mehr „muss man dabei sein", weil desto höhere Gewinne kann man machen. Wenn das alle glauben, geht die Entwicklung ins Unendliche oder jedenfalls bis zum Crash. Die Blase platzt zu einem Zeitpunkt und bei einem Höhepunkt, der schon jenseits jeder Realisierung liegt. Das Ungleichgewicht entsteht im Bereich 2 des Geldes als eines Produktes (bei Finanzprodukten) oder eines anderen Produktes, das nicht mehr im Verhältnis zu seinem realen Wert steht. Legt man einen Maßstab an, dann sind bestimmte Produkte „überhöht".

Wird diese Überhöhung aber bekannt, dann steigen viele Investoren wieder aus, durch die fallenden Kurse bekommen andere Angst und verkaufen ebenfalls. Damit wird die Spirale nach unten eingeleitet.

In der letzten Zeit sind solche Meldungen öfter zu registrieren. Manchmal nützt es dennoch nichts, und die Investoren treiben durch weitere Aktionen die Kurse in unrealistische Höhen und Tiefen. Wenn es hier nicht seitens der „Gesetzesgerechtigkeit" zu Einschränkungen kommen kann, dann müssten zumindest bestimmte Produkte aus diesen Spekulationsprozessen herausgenommen werden: z. B. Rohstoffe wie Erdöl, aber auch alle Nahrungsmittel, da ja durch solche Blasen etwa der Hunger oder die Armut von Millionen Menschen beeinflusst werden.

Wir stehen heute wiederum an einem Punkt, an dem ein Lernprozess gemacht werden muss. Wie kann die freie Marktwirtschaft frei bleiben und dennoch nicht immer wieder zum Zusammenbruch oder „Beinahe-Zusammenbruch" führen?

Wieder kann man einen „Teufelskreis" als Aporie formulieren:

- Es ist das freie Spiel der Kräfte, das den Erfolg gebracht hat.
- Es ist das freie Spiel der Kräfte, das zum Misserfolg (Crash) geführt hat.

Dies geht, wie schon mehrere Autoren (z. B. Kondratieff) erkannt haben, naturgemäß immer in Wellenbewegungen: Zunächst tritt eine Euphorie über die neuen Möglichkeiten auf. Die Produkte oder Methoden werden ausprobiert, und sie sind meist erfolgreich. Irgendwann treten die ersten Schäden auf, es folgt eine Phase der Ernüchterung und dann der immer größeren Ablehnung. Viele neigen dann dazu, das Kind mit dem Bade auszugießen und die Produkte oder Methoden überhaupt zu eliminieren. Erst in einer dritten Phase entwickelt sich so etwas wie ein Realitätsbezug. Man lernt mithilfe von Spielregeln, die Vorteile zu nutzen und die Nachteile zu vermeiden. Die Palette erstreckt sich von der Domestikation des Feuers bis zur Domestikation der Finanzmärkte.

Wie könnte nun eine Weiterentwicklung des Bereiches 2, der Ökonomie, aussehen? Die Krisen des Kapitalismus, die Marx analysierte, waren im Bereich 3 – im Bereich des Eigentums. Eine immer geringere Zahl von Menschen verfügte über immer größere Mittel, was auch als Macht einer Gruppe von „Kapitalisten" angesehen werden kann. Doch dazu später.

Die Weltwirtschaftskrise 1929 und die von 2008 waren hingegen im Bereich 2– Geld als Kapital – angesiedelt. Es trat die schon von Aristoteles vorausgesagte Entwicklung der Spekulation ins Unendliche ein. Immer größere Beträge wurden in immer kürzeren Abständen auf den Finanzmärkten um den Erdball gejagt und führten schließlich zum Kollaps des Systems. Aristoteles hatte vermutlich recht, dass der Hintergrund dieser Problematik die immer größeren Schulden sind, die durch die steigenden Zinsbelastungen irgendwann das System beenden.

Ich habe ein Sparbuch meiner Großmutter zu Hause, die bei der Geburt meiner Mutter im Jahr 1900 bei der Ersten Österreichischen Sparcasse 100 Kronen angelegt hatte. Mit Zinseszins wäre das heute eine beachtliche Summe. Eine Nachfrage bei der Ersten Österreichischen Sparcasse ergab, dass mehrere Währungsreformen das Sparbuch wertlos gemacht hatten. Ohne diese Währungsreformen würden sich durch Zins und Zinseszins heute „astronomische" Vermögen angesammelt haben, die kein „normales" Wirtschaften mehr zuließen. Kein Mensch müsste mehr arbeiten, alle könnten von Kapitalerträgen leben.

Dies zeigt, dass dieses System als solches einen Zusammenbruch in sich notwendig macht. Hier hat sich eine Gestalt des Geistes – in Form des Geldes – von der Natur abgekoppelt, denn nichts auf der Welt kann auf Dauer wachsen, ob Grundstücke, Häuser, verschiedene Produkte wie Autos etc. – außer Geld und Schulden.

Natürlich hätte man 2008 sowie 1929 das System auch zugrunde gehen lassen können. Damit wäre die These von der „Selbstregulation" verifiziert worden. Allerdings um einen hohen Preis. Denn die Selbstregulation beinhaltet ein weitgehendes Chaos in den wirtschaftlichen Strukturen mit den entsprechenden politischen Folgen.

Man hätte aber auch Lehman Brothers retten können. Dann hätte das System zunächst weiter wie bisher funktioniert, und der Crash wäre später und anderswo aufgetreten. Die Immobilienblase in den USA wäre sicher irgendwann geplatzt, ebenso die diversen Pyramidenspiele im Finanzbereich.

Madoff war der erste, der aufgeflogen ist. Seither sind eine Reihe weiterer Pyramidenspiele aufgedeckt worden – und einige werden vermutlich noch folgen. Im Prinzip beruhen diese Schneeballsysteme darauf, dass für eingesetztes Kapital hohe Zinsen bezahlt werden, die aus der Neu-Akquisition von Anlegern stammen. Unter Wettbewerbsbedingungen eines „freien Marktes" geht das Anlegerkapital natürlich dorthin, wo es die höchsten Zinsen gibt. Dadurch wird dem Schneeballsystem immer wieder neues Kapital zugeführt, das zum Teil für die Bezahlung der Zinsen für die bisherigen Anleger verwendet wird. Dies ist übrigens ein weiteres schönes Beispiel dafür, dass sich die Marktwirtschaft ohne Kontrolle nicht selbst regulieren kann, denn wenige Anlage-Institutionen können es sich leisten, Kunden nur fünf Prozent Rendite anzubieten, wenn die Konkurrenz vom Pyramidenspiel zehn Prozent bietet.

Das Pyramidenspiel muss platzen, wenn sich nicht mehr genügend neue Anleger finden, die es weitertreiben. Eine Wirtschaftskrise bringt diese Art von Blase natürlich zum Platzen. Die übergeordnete Instanz – die Gesetzesgerechtigkeit – muss also diesem Treiben Einhalt gebieten, was sie ja mit der Strafverfolgung von Pyramidenspielen auch tut.

Die allgemeine Problematik besteht allerdings darin, dass diejenigen, die die Macht haben, gleichzeitig die Nutznießer des Systems sind und daher am wenigsten Interesse daran haben, es zu ändern, da sie so viele „Boni" daraus beziehen. Diejenigen, die unter dem System leiden, haben jedoch keine Macht.

Nun hat sich in den letzten Jahren gezeigt, dass es neben der Ökonomisierung aller Lebensbereiche auch noch eine Digitalisierung gibt. Still, heimlich und leise kommt die digitale Revolution daher – diesmal über die Bedürfnisgerechtigkeit. Welche Rolle spielt hier das Geld? Und welche Rolle spielen die „Geldhäuser", die Banken und Sparkassen?

Anwendung der Trialektik auf Banken 7

Ich habe schon in den siebziger Jahren bei der Analyse einer Versicherungsgesellschaft entdeckt, dass sich Produktwidersprüche (Aporien) in der Organisation des Unternehmens als Konflikte zeigen, die nicht beseitigt werden können, sondern deren „Lösung" darin besteht, dass sie organisiert werden. Seit damals schlage ich vor, Konflikte einzuteilen in „Pannen" und „notwendige Konflikte".

Pannen sollen beseitigt und in Zukunft vermieden werden. Damit sind sie gelöst. Die Lösung von notwendigen Konflikten – die fast immer auf Aporien zurückgehen – besteht aber nicht in deren Beseitigung, sondern in einer Organisationsform, die die Konflikte auf Dauer stellt. Es lassen sich auch keine allgemeinen Regeln aufstellen, nach denen eine Entscheidung getroffen werden soll, wie z. B. eine Regel, die nur einer Seite recht gibt und von der anderen Seite (der Aporie) verlangt, dass sie sich unterordnet (siehe dazu Schwarz, Konfliktmanagement, 2008).

Bei Konfliktinterventionen in verschiedenen Banken habe ich die Erfahrung gemacht, dass Konflikte, die immer wieder auftreten, sich von Aporien ableiten lassen. Diese Aporien entsprechen denen des Geldes.

Im Prinzip muss eine Bank oder ein Geldinstitut ja alle Dimensionen des Geldes in sich repräsentieren. Ist das nicht der Fall, dann müssen Kooperationen mit Instituten, die diese Dimension des Geldes repräsentieren, gesondert eingegangen werden. So hat man in den USA, wo es mehr reine Investmentbanken gab als in Europa, von diesen Banken im Zuge der Finanzkrise 2008 verlangt, dass sie auch wieder Realgeschäfte machen und diese finanzieren müssen.

Da die Dimensionen des Geldes einander widersprechen, müssen Banken mit diesen Widersprüchen umgehen können. In unserem von der Logik dominierten Weltbild liegt es aber nahe, Widersprüche durch Entscheidung für eine Seite zu eliminieren, wie das etwa Dirk Baecker (Womit handeln Banken?, 1991, S. 24) berichtet:

© Springer Fachmedien Wiesbaden 2016
G. Schwarz, *Die Religion des Geldes,* DOI 10.1007/978-3-658-10508-2_7

Abb. 7.1 Trialektik der
Bank, Bereich 1: Bank ist
Institution

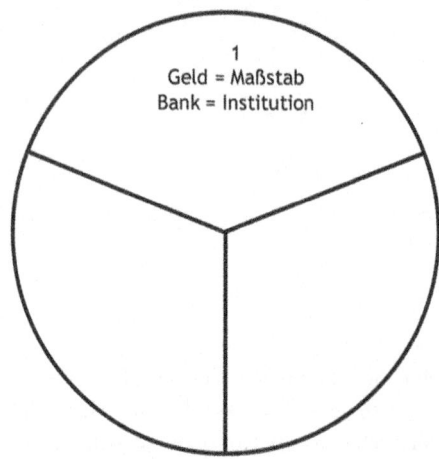

Karl Weick diagnostiziert den Sitz der Paradoxie in den Bankorganisationen selbst,
die zur ‚Heuchelei' gezwungen sind, weil sie ihre Kunden simultan zum Sparen und
zum Kreditaufnehmen auffordern müssen. Die Banken können diese Paradoxie laut
Weick nur auflösen und invisibilisieren, indem sie entweder die eine oder die andere
Geschäftsbasis zum Ausgangspunkt der Selbstdefinition und -beschreibung nehmen
und die jeweils andere Aktivität diskreditieren, also trotzdem, trotz einer gegenläufi-
gen Selbstbeschreibung, betreiben.

Ich glaube, dass es nicht notwendig ist, bei Aporien „entweder die eine oder die
andere Seite" für exklusiv wahr oder richtig zu halten und zu „diskreditieren",
sondern dass beide Seiten jeweils in ihrer Widersprüchlichkeit akzeptiert und organisiert werden können. Allerdings ist dafür auch ein neues „Weltbild" notwendig,
nämlich nicht mehr ein logisches = hierarchisches, sondern ein trialektisches.

Die These lautet: Entsprechend den drei einander ergänzenden und widersprechenden Dimensionen des Geldes haben auch Banken drei einander ergänzende
und widersprechende Dimensionen in sich. Die Aporien treten als Konflikte auf,
deren bessere oder schlechtere „Lösung" zu besserem oder schlechterem Ge-
schäftserfolg der Banken führt. Es lohnt sich also, die drei Dimensionen genauer
anzusehen und Überlegungen für die Organisation der Widersprüche anzustellen
(Abb. 7.1).

7.1   Geld als Maßstab – die Bank als Institution

Wenn Geld ein vorausgesetzter Maßstab für den Tausch von Waren darstellt, dann muss die Bank jene Organisation sein, die diesen Maßstab verwaltet und seine Funktionsfähigkeit gewährleistet. Sie ist eine Institution zur Organisation des Geldverkehrs. Als Zentral-, National- oder Bundesbank wird sie Geld herstellen und emittieren. Als private Bank wird sie die Geldorganisation verwalten oder aber auch selbst Geld „erzeugen" (z. B. eingenommenes Geld wieder mehrfach ausleihen).

Eine sehr große Erschütterung der notwendigen Vertrauensbasis weltweit war die globale Finanzkrise von 2008 und der folgenden Jahre. Hier hat man ähnlich wie in den dreißiger Jahren in der Weltwirtschaftskrise zum Teil das Vertrauen in die Seriosität der Banken verloren. Dies zeigte sich unter anderem dadurch, dass auch die verschiedenen Bankinstitute einander nicht mehr trauten. Anders als in den 1930er Jahren kam es aber nicht zu einer großen Welle des Geldabhebens seitens der Konsumenten, weil diesmal die Politik schneller reagierte und für die Einlagen der Sparer garantierte.

Damit zeigt sich auch, dass die „Hoheit" der Verwaltung des Geldes bei den einzelnen Banken nur eine geliehene war. Die „Gesetzesgerechtigkeit" – also der Staat – delegiert diese Funktion an die Nationalbank, und diese delegiert sie weiter an die einzelnen Banken. In Krisenzeiten kann – muss – der Staat diese Funktion wieder an sich nehmen, um das System zu retten.

Die Banken untereinander müssen ein vernetztes Kooperationssystem bilden. Geld etwa, das man bei einer Bank einzahlt, muss man auch – etwa bei einer anderen Bank – wieder herausbekommen können. Die Bank als Institution garantiert jene qualitative und quantitative Invarianz des Geldes, die vorausgesetzt werden muss, um die ökonomische, anonyme Kommunikation aufrechtzuerhalten. Diese Fähigkeit des Geldes, sich selbst gleich zu bleiben und damit als Tauschäquivalent für den Warenaustausch zur Verfügung zu stehen, wird durch die Bank als Institution garantiert.

Dieser Institutionscharakter ist schon sehr früh in der Geschichte auch im äußeren Erscheinungsbild zum Ausdruck gekommen. Die ersten Tempelanlagen waren Steinhäuser, also aus dauerhaftem Material gebaut, und sie waren auch immer die größten Häuser am Platz. Bis heute wetteifern hauptsächlich Banken um den besten Standort.

Aus Stein waren früher auch die „Wohnungen" der Toten, während die der Lebenden oft aus Holz gebaut wurden. Stein erfüllt den Wunsch der Menschen nach Unsterblichkeit besser als Holz. Wirklich unsterblich waren ja immer nur die Toten (alles Lebende muss sterben), und – so könnte man sagen – Institutionen sind ebenfalls unsterblich und haben daher im Laufe der Zeit auch diese Unsterblichkeit durch ihre Handlungen dokumentiert.

So ist etwa die Erfindung der Schrift und des Zahlensystems aus der Tempelwirtschaft heraus zu verstehen. Die Schrift macht zwar das lebendige Wort tot, indem man es aufschreibt, dafür erhält sie aber Totes lebendig. Ähnlich ist es mit dem Zahlensystem. Hier wird der Geist in seiner Unendlichkeit eingefangen.

Die Funktion der Tempelwirtschaft seinerzeit und die der Banken und Versicherungen heute bestand und besteht darin, Unsicherheit in Sicherheit zu verwandeln. Der Mensch braucht für sein Handeln Sicherheit. Geld bleibt dank der Institution der Banken in seinem Wert erhalten und ermöglicht somit ökonomisches Handeln, das ohne stabiles Geld nicht möglich wäre.

Geld ist somit eine der ersten großen Synthesen von Freiheit und Sicherheit. Denn mit dem Eigentum an Geld hat man alle Freiheit – was immer man will, kann man damit kaufen oder anfangen. Bewahrt man hingegen den Geldbesitz auf, dann hat man die Sicherheit, sich in späterer Zeit etwas dafür kaufen zu können. Es ist Vorsorge für die Zukunft, die ja immer mit Unsicherheit behaftet ist. Voraussetzung für diese Sicherheit ist allerdings die Stabilität des Geldes, die das Vertrauen in die Institution Bank erst begründet.

Man hat in der Geschichte deshalb auch immer wieder versucht, zuletzt mit der Gründung einer Europäischen Zentralbank, die eine Art von Gegengewicht zur Politik mit ihren Veränderungen darstellt, um so das Geld aus den Veränderungen der Politik herauszuhalten. Der Begriff „Stabilität" meint dabei aber m. E. natürlich mehr als die linearen Maastricht-Kriterien zunächst vermuten lassen. Die Banken als Institutionen nehmen nämlich eine Reihe wichtiger ordnungspolitischer Funktionen wahr:

- Sie sind kompetent in allen Fragen, die das Geld betreffen.
- Sie beschäftigen sich mit öffentlicher Finanzierung.
- Sie geben Aktien, Optionsscheine, Anleihen etc. aus.
- Sie stellen nationale und internationale Geschäftsverbindungen her.
- Sie schließen den Einzelnen an das gesellschaftliche Geldnetz an. Mit dem eigenen Konto wird man erwachsen. Als Privatmann nimmt man mithilfe einer Bank teil an der öffentlichen, ökonomisierten Kommunikation der Gesellschaft im Austausch von Leistungen und Werten.
- Usw.

Der Bankmitarbeiter als Bankbeamter

Ich habe im Laufe der Jahre immer wieder in verschiedenen Ländern und für verschiedene Banken Interviews mit Kunden und mit Bankmitarbeitern durchgeführt,

bei denen jeweils auch die Funktion der Banken zur Sprache kam. Diese eben ent-
wickelte Funktion ist dabei als die wichtigste beschrieben worden. Die Bank ist das
Haus, in dem das Geld aufbewahrt wird, wenn man es nicht zu Hause haben will.
Man trägt das Geld heute – so rasch man kann – auf die Bank oder überweist es.
Dort ist es sicher. Die am häufigsten genannten Eigenschaften der Bank sind daher:
seriös, beständig, sicher.

Die Mitarbeiter der Banken, mit denen die Kunden zu tun haben, werden in
dieser Funktion als „Bankbeamte" bezeichnet. Innerhalb der Banken wird diese
Bezeichnung nicht mehr so gerne gehört, aber das gehört zum Kapitel „Diskredi-
tierung" der anderen Seite der Aporie.

Die Bank und ihre Mitarbeiter, die Bankbeamten, haben als Verwalter des Geldes Teil an seinem Absolutheitscharakter.

Banken stehen ja auch historisch in der Nachfolge der alten Tempel, in denen
erstmals Geld erfunden wurde, um Vorräte zu organisieren und einen Risikoausgleich (wenn z. B. jemand das Saatgut aufgegessen hatte) zustande zu bringen. Die
Bankbeamten heute entsprechen den alten Tempelpriestern, die den „Standard",
das Normensystem verwalten. Sie wachen auch über Recht und Unrecht.

Die Mitarbeiter der Banken sind in diesen Belangen eigentlich öffentliche
Funktionäre und werden daher zu Recht als Beamte bezeichnet. Viele von ihnen
nehmen als Aufsichtsräte, als Direktoren, als Zweigstellenleiter in ihrem Umkreis
viele Führungsfunktionen wahr (vom Aufsichtsratsvorsitz bis zum Kassierer im
Sportverein). Im Zuge der fortschreitenden Ökonomisierung aller Lebensbereiche
im gegenwärtigen Stadium des Kapitalismus kommt daher den Banken eine immer
wichtigere Führungsrolle in der Gesellschaft zu.

In allen diesen Funktionen vermitteln Banken zwischen dem Einzelnen und
seinem Eigentum auf der einen Seite und dem Geld als Ware auf der anderen Seite.
Erst durch die Verwaltung des Maßstabes kann man Geld besitzen und mit ihm
handeln. Dies gilt für Einzelne wie für Unternehmen oder andere öffentliche Institutionen. Wer sich selbst auf den Markt bringen will oder am Markt teilhaben will,
braucht dazu eine Bank.

Interessant in diesem Zusammenhang ist der Vorschlag einer „Bad Bank", die
im Auftrag des Staates alle faulen Kredite der einzelnen Banken übernehmen und
abwickeln soll. Damit würden die anderen Banken von diesem „Übel" befreit werden und können so wieder das notwendige Vertrauen der Öffentlichkeit erlangen,
das man von einer Institution erwartet. Abbildung 7.2: Trialektik der Bank, Bereich
2: Bank ist Unternehmen

Abb. 7.2 Trialektik der
Bank, Bereich 2: Bank ist
Unternehmen

7.2 Geld als Ware, Produkt – Die Bank als gewinnorientiertes Unternehmen

Geld ist in der zweiten Dimension Ware, ein Produkt, mit dem man handeln kann. Als solches hat es einen Preis wie alle anderen Waren, nämlich den Zins und die verschiedenen Geld-Produkte der Banken. Die Banken müssen, um dieser Dimension des Geldes gerecht zu werden, gewinnorientierte Einzelunternehmen sein. Hier zeigt sich schon ein wichtiger Widerspruch zur ersten Dimension: Als öffentliche Institution zur Organisation des Geldverkehrs müssen die Banken miteinander kooperieren. Als gewinnorientierte Einzelunternehmen stehen sie zueinander in Konkurrenz.

Banken sind für die praktische Vermittlung der beiden widersprüchlichen Dimensionen des Geldes verantwortlich – nämlich Geld als Maßstab und Geld als Ware. Indem Banken mit Geld handeln und damit Geld zur Ware machen, vermitteln und zentralisieren sie die sonst unvereinbaren Dimensionen. (Zur Erinnerung: Einen Maßstab kann man nicht besitzen und Geld kann man nicht essen.) Die Bank ist hier die materialisierte Synthese der beiden Widersprüche. Dies macht sie, indem sie den „Wucherern" das Geschäft wegnimmt und für das Geld allerdings einen Preis verlangt: die Zinsen.

Die nähere Analyse der Emotionen gegen den „Wucherer" zeigt die psychohygienische Funktion der Bank in dieser Aporie sehr schön. Die Banken treten als Zwischeninstanz auf zwischen dem, der Geld spart bzw. anlegt, und dem, der Geld leiht bzw. einen Kredit aufnimmt. Durch diese Zwischeninstanz wird das feindliche, in der Geschichte oft sogar kriegerische Verhältnis zwischen dem, der etwas (weg-)nimmt, und dem, dem etwas weggenommen wird bzw. der es hergibt, zu einem friedlichen Geschäft.

Wenn man – wie das ja in früheren Zeiten und mancherorts heute noch üblich ist, Werte, Schätze, Eigentum raubt (und sei es auch „nur" auf dem Wege des Wuchers), dann hat der Beraubte einen Verlust. Er wird sein Eigentum nicht freiwillig hergeben, selbst wenn er davon Überschüsse besitzt. Hat er aber Aussicht, sein Eigentum wiederzubekommen, und hat er es sogar vermehrt, nämlich mittels Zinsen, dann wird er es gerne hergeben. Dieses Geschäft muss aber von einer dritten Instanz – eben der Bank – gesichert werden. Die Bank macht sowohl für den Kreditgeber als auch für den Kreditnehmer aus einem Verlust ein Geschäft mit Gewinn. Denn auch ein Räuber freut sich meist nur kurz über den Raub. Meist kann er ihn nicht richtig genießen, da die Beraubten auf Rache sinnen und so beide Parteien in endlose Streitigkeiten und Kriege verwickelt werden. Aus Eigentumstransfer-Kriegen (Raubzügen) ein friedliches Geschäft zu machen, ist die synthetische Leistung der Bank in der zweiten Dimension des Geldes, indem sie den aporetischen Widerspruch organisiert.

Die Mitarbeiter sind in dieser Funktion nicht Bankbeamte, sondern Bankkaufleute. Der Bankbeamte sieht zu, dass alles richtig ist, der Bankkaufmann sieht zu, dass der Tausch ein Geschäft wird, das beiden Seiten Gewinn verspricht.

Zwei Bankräuber rennen mit ihrer Beute schwitzend durch die Stadt, hinter ihnen die Polizei. Sagt der eine zum anderen: „Was hab ich dir gesagt: Kaum hast du Geld, hast du auch Sorgen!"

7.2.1 Exkurs: Kriminalität

Raub, Betrug, Übervorteilung, Raubmord und Kriege nehmen immer dann überhand, wenn das Ordnungssystem versagt. Es kann sein, dass es überhaupt zusammenbricht oder aber dass die Dialektik out of Balance geraten ist. Dies ist immer dann bzw. für all jene der Fall, die nicht am beschriebenen Gewinnsystem teilhaben.

Dieses System, in dem alle gewinnen, ist von der Natur nicht vorgesehen, sondern ist eine geniale Konstruktion des Menschen. Versagt es, dann fallen alle, die hier nicht miteinbezogen werden, auf die „natürliche" Ordnung der Auslese zurück. In der Natur nimmt der Stärkere dem Schwächeren das Fressen weg, in der (evolutiven) Hoffnung, dass dieser verhungert. Dadurch hat er keine Gelegenheit, seine schwächeren Gene an Nachkommen weiterzugeben. Alle heute lebenden Menschen stammen von Menschen ab, die solche Auslesesituationen mindestens bis zum zeugungsfähigen Alter überstanden haben. Wir stammen also alle von den Siegern in Konflikten ab.

Unter Prähistorikern wird die Theorie diskutiert, dass unsere Vorfahren lange Zeit – vielleicht sogar einige Millionen Jahre – ihren Unterhalt als „Kleptoparasiten" gefunden haben. Der Übergang vom Gejagten zum Jäger ist nicht plötzlich erfolgt. Wahrscheinlich haben unsere Vorfahren mithilfe des Feuers Raubtiere von ihrer Beute vertrieben. Erst später konnten die Menschen selbst jagen.

Vom „Abstauber" – wie man das in Österreich nennt – leben aber heute immer noch einige Menschen. Manchmal wird das sogar organisiert betrieben, wie etwa von der Mafia. Aber auch Piraten und Seeräuber sind heute nicht ausgestorben – sowie sich alle Arten von größeren und kleineren Eigentumsdelikten in gewisser Häufigkeit feststellen lassen, obwohl die Menschen sozusagen „entgegen die Natur" Regeln festgelegt haben, wie etwa: „Du sollst nicht stehlen".

Der Rückfall auf den Naturzustand ist seitdem gegen das Gesetz, und entsprechende Handlungen gelten als kriminell. Die Kriminalität lässt sich natürlich nicht allein durch strenge Handhabung des Gesetzes beseitigen, sondern nur durch ein besseres Ausbalancieren der Aporien. Dies geschieht z. B. dadurch, dass alle Akteure am Gewinn oder Erfolg teilhaben können. Eine der großen Schwierigkeiten auf den Finanzmärkten der Gegenwart besteht allerdings darin, dass es noch kein allgemeingültiges internationales Recht gibt. Erst dann wird man kriminelle (= Rechtsbrecher) von „normalen" Wirtschaftstreibenden unterscheiden können. Die heutigen Finanzmärkte agieren z. T. noch in einem rechtsfreien Raum.

Deswegen gibt es auch wilde Spekulationen in den Medien, welche Finanzprodukte, die man für die Krise zumindest mitverantwortlich macht, im eigentlichen Sinne kriminell sind und daher verboten werden müssen. Natürlich neigen viele dann dazu, „Spekulation" überhaupt zu kriminalisieren. Damit würde wiederum das Kind mit dem Bade ausgegossen werden, denn ohne jede Art von Spekulation (also Vorwegnahme einer möglichen Entwicklung in Handlungen der Gegenwart) kommt niemand

Gerade weil die Finanzmärkte sich nicht selbst steuern können und daher nicht sich selbst überlassen werden dürfen, bedarf es der Regeln. Da die Finanzmärkte aber global agieren, müssen auch die Regulierungen global sein. Bis jetzt sind alle Regeln aber nur national. Die EU bemüht sich, wenigstens innerhalb ihres Geltungsbereiches internationale Regeln zu finden, die EU-weit gelten sollen. Noch aber gibt es keine Abkommen mit den USA oder den asiatischen Ländern.

In einigen Bereichen dürfte die Entwicklung sogar in die umgekehrte Richtung gehen: Manche Regierungen sind vor allem mit dem Finanzsystem ihres eigenen Landes befasst und versuchen, ihre Konjunktur zu stützen. Dies führt naturgemäß zu einer Art finanziellem Protektionismus, der wieder einen Teil des Erfolgs der Globalisierung zunichtemacht.

Vermutlich wird man, wenn das Finanzsystem stabil sein soll, nicht um differenzierte internationale Gesetze herumkommen, so wie man wahrscheinlich auch eine Weltwährung braucht, damit die Krisen verhindert werden können. Kriminalität findet heute auch dadurch statt, dass man sich jeweils an die Gesetze der einzelnen Länder hält, aber aus ihren Unterschieden Vorteile zieht, z. B. Schwarzgeld, das aufgrund der unterschiedlichen Regelungen des Bankgeheimnisses in bestimmten Ländern straffrei auf Konten gelagert werden kann bzw. konnte. Oder aber auch die Hochkonjunktur der Markenfälschungen in Asien z. B. etc. Internationale Gesetze für den Bereich 2 sind hier dringend nötig (s. Kap. 12).

7.2.2   Der Bankmitarbeiter als Bankkaufmann

Wirksam wird der Widerspruch zwischen Bankbeamten und Bankkaufmann immer dann, wenn entweder ein Geschäft zwar von öffentlichem Interesse, aber nicht rentabel ist, oder wenn es zwar rentabel ist, aber nicht ganz im Rahmen des Erlaubten oder des öffentlichen Interesses liegt. Ein Beispiel für den ersten Fall etwa sind die in allen Banken ständigen Konflikte um die „unrentablen" Konten. Müssen wir alle Konten führen (Dimension 1 – Bank als Ordnungssystem) oder nur die rentablen (Dimension 2 – Bank als gewinnorientiertes Unternehmen)?

Als Beispiel für den zweiten Fall können die ebenfalls in fast allen Banken auftretenden Konflikte mit den Devisenhändlern erwähnt werden: Ab einem bestimmten Betrag muss der Devisenhändler die Zustimmung seines Chefs einholen, und wenn der Betrag noch höher ist, dann muss auch dessen Chef gegenzeichnen oder sogar der Vorstand. Bei dieser Bürokratie, so meinen manche Devisenhändler, sei das Geschäft längst weg. Ich erlebte anlässlich einer Konfliktintervention einmal, dass ein von seinem Chef wegen Überschreitung seines Dispositionsrahmens gerügter Devisenhändler fragte: „Soll ich jetzt Geschäfte machen oder mich an die Regeln halten?"

Die Aporie lautet: Als Bankkaufmann muss er Geschäfte machen, als Bankbeamter muss er sich natürlich an die Regeln halten (Abb. 7.3).

Die Schnittstelle zwischen Bereich 1 und Bereich 2 enthält also unvermeidliche Konflikte, obwohl natürlich (hoffentlich) der Großteil der Geschäfte erlaubt (= öffentlich nötig) *und* rentabel ist.

Der aporetische Widerspruch zwischen den beiden Bereichen tritt übrigens nicht nur innerhalb der Bank auf, sondern natürlich auch außerhalb. Hat man in der Öffentlichkeit – oder in den Medien – den Eindruck, dass im Bereich 1 die Banken eine zu große Dominanz an den Tag legen, dann wird immer wieder über die „Macht der Banken" diskutiert. Auch wird der Bereich 2 aufmerksam beobachtet,

Abb. 7.3 Bankbeamter
oder Bankkaufmann?

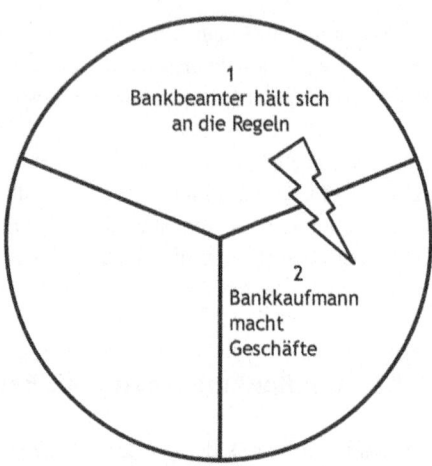

denn die Grenze zwischen Zuviel und Zuwenig ist nur ein schmaler Grat. Machen
Banken zu viel Gewinn, dann gehören sie zum „Kartell der Kassierer", machen sie
zu wenig Gewinn, sind ihre Mitarbeiter „Nieten im Nadelstreif".

Als einige Banken 2008 vom amerikanischen Staat gerettet wurden, sank das
Image der Bankenmanager dramatisch. Als dann 2009 einige Banken wieder Gewinne machten und die erhaltenen Mittel wieder zurückzahlten, stand in der Zeitung: „Jetzt zocken sie wieder". Wie macht man es als Bankmanager richtig? Mit
dem Denkmodell der Trialektik lässt sich diese Frage leicht beantworten.

Im Zuge der Finanzkrise stand die Politik ebenfalls im Banne dieser Aporie,
denn wenn man große Beträge an Steuergeldern aufwenden muss, um Banken zu
retten (deren Zusammenbruch noch größere Schäden anrichten würde), dann „belohnt" man eigentlich die Banker für ihr Fehlverhalten, anstatt sie zu bestrafen. So
hat etwa die Idee einiger Banken, die Steuergelder, die für ihre Rettung gedacht
waren, zu einem Teil wieder als Bonuszahlungen an ihre Mitarbeiter (die ja den
Crash verursacht haben) auszugeben, böses Blut in der Öffentlichkeit gemacht.

Die Bonuszahlungen sind übrigens ein schönes Beispiel für die noch nicht ge-
regelte Ausbalancierung von Kooperation und Konkurrenz. Die Banken wollen
natürlich die staatliche Aufsicht möglichst bald wieder loswerden, weil sie ihrer
Meinung nach den Wettbewerb behindert. Dies geschieht dadurch, dass sie die
vom Staat aufgewendeten Rettungsgelder rasch wieder zurückzahlen. Damit dies
möglich ist, müssen möglichst rasch große Gewinne her. Die großen Gewinne aber
bekommt man nur mit Mitarbeitern, die man gut bezahlt. Hier stehen die Banken
untereinander im Wettbewerb um die besten Spezialisten.

Deswegen können die Banken auch nicht „untereinander ausmachen", wie das System am besten stabilisiert wird. Hier zeigt sich, dass die Schnittstelle Bereich 1/Bereich 2 noch nicht optimal organisiert ist. Die Lösung müsste sozusagen von außen verordnet werden – etwa durch ein für alle Banken verbindliches und transparentes Entlohnungssystem.

Der Crash bedeutet unter anderem, dass dieser Widerspruch völlig außer Kontrolle geraten ist. Hier hat sich der Bankkaufmann, der sich verspekuliert hat (z. B. mit crashanfälligen Investmentprodukten), gegen den Bankbeamten, der es hätte besser wissen müssen, durchgesetzt. Hier hat die interne Konfliktaustragung innerhalb der Bank versagt und damit der gesamten Bank eine Out-of-Balance-Situation verschafft. Prominentes Beispiel dafür ist der Zusammenbruch der Lehman Brothers. Wieso, könnte man fragen, hat innerhalb der Bank nicht irgendjemand aus dem Bereich 1 (Bankbeamter, Revision, Vorstand etc.) bemerkt, dass im Bereich 2 Kredite vergeben werden, die vermutlich nicht mehr zurückgezahlt werden können? Wieso hat niemand aus dem Bereich 1 innerhalb der Bank bemerkt, dass Kredite an „Häuslebauer" eigentlich im Kapitalismus sinnlos sind und nur bei ständig steigendem Einkommen und ständig steigenden Grundstückspreisen, also nur kurz- bis mittelfristig, sinnvoll und möglich sind?

Im *SPIEGEL* Nr. 52 vom 19. 12. 2009 wird ein Interview mit Stephen Green, einem Aufsichtsrat und ehemaligem Vertreter der HSBC, wiedergegeben. Diese Bank gab über ihre Tochter in den USA die „berühmten" (berüchtigten) Kredite an „Häuslebauer" und war damit zum Teil für den Start der Finanzkatastrophe verantwortlich. Stephen Green rechtfertigt dies folgendermaßen:

Spiegel: „Sie gaben Hauskredite an Menschen, die sich diese Finanzierungen gar nicht leisten konnten. Für einen Moralisten wie Sie muss das ein enormer Widerspruch gewesen sein."

Green: „Ganz und gar nicht. Wie anständig eine Firma ist, merken Sie an zweierlei. Erstens: Übernimmt sie ehrlich die Verantwortung und auch die Kosten, wenn etwas schiefgeht? Da standen wir ein."

Spiegel: „Danach haben wir nicht gefragt."

Green: „Zweitens: Wie unehrenhaft war das Geschäft? Und da sage ich ganz klar, dass die Subprime-Kredite völlig in Ordnung waren."

Spiegel: „Sie mussten wissen, dass viele Ihrer Kreditnehmer die Raten nicht würden zahlen können."

Green: „80 % dieser Kunden zahlen sehr wohl. Und es ist eine recht arrogante Betrachtungsweise, wenn Wohlhabende den Ärmeren erklären, sie hätten kein Recht auf eine Immobilie."

Spiegel: „Es geht hier nicht um Recht, sondern um Risiken – und Ihre Profite damit."

Green: „Wir haben ärmeren Menschen Hausbesitz ermöglicht…"

Spiegel: „… und Sie mussten wissen, dass ein Arbeitsloser nicht noch ein Haus abzahlen kann. Für uns ist das unmoralisch."

Green: „Ich lasse das nicht gelten, weil wir mit Subprimes sorgfältig umgegangen sind. Ohne uns wären diese Menschen Kredithaien in die Hände gefallen."

Spiegel: „Mit Verlaub – Ihre Bank ist nicht ins Subprime-Geschäft eingestiegen, weil sie armen Amerikanern etwas Gutes tun wollte, sondern weil große Gewinne warteten."

Green: „Das schließt sich doch nicht aus, dass man Gewinne macht mit einer sozialen Idee. Eigentlich war es perfekt. Die späteren Probleme waren 2002 noch nicht vorherzusehen."

Spiegel: „Das moralische Problem steckt noch woanders Die Risiken dieser Hauskredite wurden tausendfach verbrieft und damit versteckt. Die Verantwortung wurde einfach weiterverkauft."

Green: „Sie haben völlig recht. Aber diese Strategie hat HBSC auch kaum verfolgt. Wir haben fast nichts verbrieft. Eben weil wir das für fragwürdig halten."

Hier wird argumentiert, dass es eigentlich zwischen dem Bereich 1 (voraussehbare Zahlungsunfähigkeit vieler Kunden, Arbeitslose) und dem Bereich 2 (Gewinn mit Krediten) keinen Widerspruch gäbe. Dies ist eine sehr kurzsichtige Argumentation: Denn wenn die Kredite nicht zurückgezahlt werden können, ist auch der Gewinn weg. Deshalb haben viele ja auch diese Kredite in Produkte verpackt und weltweit weiterverkauft. Wenn es stimmt, was öfter zu lesen ist, dass dies „alle gewusst haben", dann ist es ein „Out-of-Balance" des Bereiches 1 gegenüber Bereich 2. In der sozialen Argumentation (die ich für Heuchelei halte) wird dagegen gesagt, dass der Bereich 3 – nämlich die Bedürfnisgerechtigkeit – über die anderen beiden Dimensionen gesiegt hat (Bereich 1: korrekte Kreditvergabe – Bereich 2: gewinnbringende Kreditvergabe).

Hier sieht man auch, wie wichtig die „Pflege" der Konflikte innerhalb der Bank an den Schnittstellen – und natürlich auch eine funktionsfähige Bankenaufsicht ist.

Aporetisch heißt daher: Es darf keiner der drei Bereiche einem oder den beiden anderen untergeordnet werden. Der Grat zwischen einem Zuviel an Krediten (wenn viele wertberichtigt werden müssen) und einem Zuwenig an Krediten (weil damit die Wirtschaftsentwicklung behindert wird) ist ein sehr schmaler.

Immer wieder taucht daher der Verdacht auf, dass es die Banken mit ihrer öffentlichen Ordnungsfunktion nicht so genau nehmen, wenn dafür ein ökonomischer Vorteil herausschaut. Besonders im Bereich von Krediten für kleinere und mittlere Unternehmen, so wird behauptet, gelte das „Regenschirmprinzip". Die Bank verleiht Regenschirme, die aber in dem Augenblick, wo es zu regnen anfängt, sofort zurückgegeben werden müssen. Dies heißt: Kredit bekommt nur der, der ihn

Abb. 7.4 Trialektik der Bank, Bereich 3: Bank ist Treuhänder

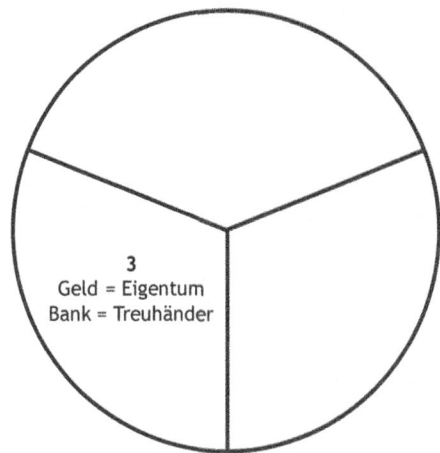

eigentlich nicht braucht, und nur dann sei er für die Bank rentabel. Wer den Kredit wirklich braucht, der läuft Gefahr, entweder den Kredit oder die Zinsen irgendwann nicht mehr zahlen zu können. Aus Gründen der Rentabilität müsste man ein solches Unternehmen möglichst früh aufgeben (bevor noch mehr Geld verloren ist). Ein Kreditsachbearbeiter im Firmenkundenbereich sagte einmal zu mir: „Wir weigern uns natürlich, eine Leiche auch noch unter der Erde weiter zu beatmen."

Sowohl im Interesse der Kunden als auch im öffentlichen Interesse muss man aber gerade bei Schwierigkeiten einen langen Atem besitzen. Und viele Unternehmen, die in Zeiten der Umstrukturierung einen großen Kreditbedarf haben, könnten diesen nach einigen Jahren, wenn sie wieder in der Gewinnzone sind, locker zurückzahlen. Das gilt für Länder am Rande des Staatsbankrotts. So hat etwa der Präsident Mexikos bei einer Rede in Österreich gemeint, dass es sinnvoll war, Mexiko mit großen Krediten geholfen zu haben, denn zwei Jahre später habe Mexiko alle Kredite schon wieder zurückgezahlt. Dies sind Beispiele für Konflikte an der Schnittstelle zwischen Bereich 1 und Bereich 2 (Abb. 7.4).

7.3 Geld als Eigentum – die Bank als Treuhänder

Im dritten Bereich, in dem Geld Eigentum und Voraussetzung für den Konsum darstellt, muss die Bank eine Organisation für die persönliche Dienstleistung sein. Viele Menschen betrachten das als den eigentlichen Sinn des Geldes, dass man sich damit das kaufen kann, was man zum Überleben braucht. Um diesen Sinn zu erreichen, ist aber, wie gezeigt wurde, eine komplexe Organisation der Ausbalancierung von Widersprüchen notwendig. Nur ein stabiles Gleichgewicht im Rahmen eines funktionsfähigen Staates und Bankwesens gewährleistet diese Funktion des Geldes dauerhaft.

Der dritte Bereich ist sozusagen das dem Kunden zugewandte Gesicht der Bank. Geld als Eigentum ist für den Menschen nicht primär Maßstab und damit anonym, auch nicht Ware oder Kapital (für Investitionen), sondern persönlicher Besitz.

In einer immer komplexer werdenden Welt steigt daher der Beratungsbedarf in Gelddingen rasant an. Kaum jemand, der nicht vom Fach ist, blickt heute noch durch alle Bankprodukte überhaupt durch (oft sogar nicht einmal mehr die Fachleute). Beratung ist daher notwendig, um herauszufinden, welche der vielerlei Möglichkeiten, die das Geld bietet, für die Befriedigung meiner Bedürfnisse am besten geeignet ist und vor allem, wie die individuelle Ausbalancierung zu einem bestimmten Lebenszeitraum optimal bewältigt werden kann.

7.3.1   Der Bankmitarbeiter als Bankberater

In Interviews mit Bankkunden konnte ich feststellen, dass viele Menschen Kontostand, Sparbücher, Anlagen etc. sogar im engsten Familienkreis geheim hielten. Über Geld spricht man weniger gern als über Sexualität. Die Intimität des Geldes wurde übrigens in diesen Interviews gelegentlich mit der Intimität der Sexualität in Zusammenhang gebracht. „Vor meinem Bankbetreuer muss ich die Hosen runterlassen", sagte einer. Ein anderer sagte: „Ich muss mich nackt ausziehen." Bankmitarbeiter sind daher für den Kunden und seine intime Beziehung zu Geld weder nur Beamte noch nur Kaufleute, sondern Betreuer oder Berater. Als solche können sie alle möglichen Rollen einnehmen. Vom Psychotherapeuten über den Eheberater bis zum Testamentsvollstrecker reicht eine große Palette von Rollen und Funktionen, die zu den Dienstleistungsangeboten der Banken gehören.

Als Dienstleister steht der Bankmitarbeiter aber nicht ausschließlich für das Interesse des Kunden zur Verfügung. Gleichzeitig ist er Bankbeamter und hat als solcher einen öffentlichen Ordnungsauftrag, und gleichzeitig ist er Bankkaufmann. Als solcher hat er für die Bank Gewinne zu erwirtschaften.

7.3.2   Bankkonflikte anhand der Schnittstellen der Aporien

An den Schnittstellen der Aporien gibt es nun zahlreiche Konflikte (Abb. 7.5):

Abb. 7.5 Trialektik von
Geld, Bank, Mitarbeiter

Die größten Kontroversen gibt es sicher an der Schnittstelle zwischen Bereich 2 und Bereich 3: Die Banken als gewinnorientierte Unternehmen und die Banken als Dienstleister. Die Konflikte gibt es auf mehreren Ebenen.

7.3.3   Industrielle Produktionsweise versus persönliche Kommunikation

Diesen Konflikt gibt es zwischen den Bereichen 2 und 3 und zwischen den Bereichen 1 und 3. Sowohl im Bereich 1 der Geldorganisation (z. B. im Zahlungsverkehr) als auch im Bereich des Geldhandels (2) müssen die Banken heute ihre Abläufe rationalisieren und automatisieren. Dabei fallen natürlich alle jene Kommunikationsleistungen weg, die persönliche Kontakte beinhalten.

Eine Kundin klagte: „Früher hat der Kassierer mit mir ein Schwätzchen gehalten, heute schaut er abwesend ins Terminal."

Die Entwicklung des Electronic Banking verstärkt diese Tendenz noch einmal. Dagegen gibt es den Beratungsbedarf und die Notwendigkeit, viele Produkte der Banken auf die jeweilige Situation und Bedürfnislage der Kunden abzustimmen.

Die Aporie könnte man überspitzt so formulieren:

- Zu viel Kommunikation schadet dem Geschäft.
- Zu wenig Kommunikation schadet dem Geschäft.

Beides stimmt: Denn wer sich nur um die Bedürfnisse des Kunden kümmert statt Geschäfte zu machen, wird seinem Job nicht gerecht. Wer sich aber nicht um den Kunden kümmert, wird ihn verlieren und damit auch dem Geschäft schaden. Diese Aporie ist ein viel diskutiertes Thema innerhalb der Banken. Es tritt auch als Frage des Führungsstils auf. Setzt man die Mitarbeiter möglichst unter Druck: mit Vorgaben, Rennlisten, Zeitkontrolle, Ergebniskontrolle, Monitoring etc. oder lässt man ihnen Spielraum, damit sie ihre Geschäfte „locker" machen können? Macht man die Geschäfte eher bei einem netten (längeren) Essen oder in (kurzen) harten Verhandlungen, womöglich am Telefon?

Die interne Aporie lautet:

• Druck steigert die Leistung.
• Druck verringert die Leistung.

Welche der Seiten in welcher Situation bei welchem Mitarbeiter wie zu präferieren ist, und wie das ausbalanciert werden kann, ist die eigentliche Leistung des Bankmanagers.

Eine klassische Konfliktsituation zwischen Bereich 1 und Bereich 2 einerseits und Bereich 3 andererseits ist in allen Banken, die Filialen haben, anzutreffen. Filialen sind sozusagen die räumliche Trennung der Aporie in eine Zentrale, die Bereich 1 (öffentlicher Auftrag) und Bereich 2 (Gewinnorientierung) repräsentiert, und in Filialen, die den Bereich 3 (Kundenorientierung) vor Ort zu realisieren versuchen.

Dabei hat jede Bank wieder die Aporie zu lösen, inwieweit die Filialen selbst als Profitcenter auftreten: Dann müssen sie ebenfalls alle drei Dimensionen in sich vereinigen. So ist etwa der Filialleiter auch der Präsident im Sportverein des Ortes („Bankrepräsentant, Bankbeamter"). Er wird gemessen an seiner Performance („Unternehmer, Bankkaufmann"), hat aber auch die Kompetenz, jene Produkte zu forcieren, die gerade bei den Kunden seines Bereiches sinnvoll sind („Bankberater, Dienstleister").

Oder die Filialen sind nur mehr Exekutivorgane einer Zentrale, in denen Zahlungsverkehr abgewickelt wird oder allenfalls Standardprodukte von der Stange verkauft werden, komplexer Beratungsbedarf (z. B. Baufinanzierung oder Geldanlage) jedoch nicht abgedeckt werden kann.

Um die Bedürfnisse der Kunden zufriedenzustellen, muss alles Wissen möglichst vor Ort sein. Um Gewinn zu erzielen, muss das Wissen möglichst zentral verwaltet werden. Eine der Lösungen dieser Aporie etwa findet sich in den leistungsfähigen Informationstechnologien. Eine andere Lösung stellt die Teamarbeit dar, im Backoffice und in der Zusammenarbeit mit der Zentrale. Wieder eine an-

dere Lösung kann die Anbindung von spezialisierten Mitarbeitern (z. B. Anlage-
beratern, Firmenkundenbetreuern etc.) an zentrale Stellen usw. leisten. Sich hier
„richtig aufzustellen" entscheidet über Erfolg oder Misserfolg des Institutes.

Diese Probleme ergeben sich alle an der Schnittstelle: Bank als gewinnorientiertes versus Bank als bedürfnisorientiertes Unternehmen.

7.3.4   Gewinn der Banken versus Gewinn des Kunden

In allen Fällen, in denen der Gewinn bei einem Geschäft ein Nullsummenspiel
darstellt, ist diese Schnittstelle natürlich kontrovers. Z. B.: Je höher die Gebühren,
desto besser für die Bank, aber desto schlechter für den Kunden – und umgekehrt.
Dies ist ja auch der Grund, warum man versucht, durch Automatisierung der Abläufe die Kosten (und damit die Gebühren für den Kunden) zu senken.

Das eigentliche Problem an dieser Schnittstelle entsteht aber im Verkauf: Be-
dürfnisverkauf versus Produktverkauf.

Wenn eine Bank, die ja im Wettbewerb zu anderen Banken steht, der Meinung
ist, dass sie das beste Produkt hat (z. B. ein Fonds), dann muss dies auch für den
Kunden stimmen. Hier wird sich daher kein Gegensatz einstellen. Wenn aber mit
Hochdruck dann alle Produkte, die vorhanden sind, dem Kunden vom Berater
„verkauft" werden, ergeben sich doch erhebliche Irritationen. Insbesondere muss
man sich den Stellenwert – und die Kosten – der Beratung überlegen. Beim Verkauf zählt die Anzahl der verkauften Bausparverträge, bei der Beratung zählen die
zufriedenen – weil gut beratenen – Kunden. Nicht immer geht die Rechnung auf:
Wer gut beraten kann, hat nicht auch messbaren Erfolg.

Einige Banken reagieren auf die Trialektik mit einer Hierarchisierung, d. h. mit
einer Über- und Unterordnung eines Bereiches unter einen oder unter die beiden
anderen. Dies führt natürlich früher oder später dazu, dass die Ordnung des Widerspruchs in Form von Über- und Unterordnung out of Balance gerät. Man ru-
dert dann zurück und versucht es umgekehrt – nämlich nicht den Bereich 2 unter
Bereich 3 zu stellen, sondern Bereich 3 unter Bereich 2. Also z. B., indem man
etwa von der strikten Kundenorientierung „Kunde ist König" weggeht und zum
Rentabilitätsprinzip als übergeordnetem Prinzip zurückgeht – indem z. B. die nicht
rentablen Konten eliminiert werden.

Ein klassisches Beispiel dafür ist auch das Verhältnis von Zentrale und Filialen. Die „Zentralisten" wollen möglichst einheitliche Produkte über die Filialen
verkaufen und nehmen diesen dadurch oft die unternehmerische Kompetenz ab.
Unternehmerische Kompetenz wäre die Ausbalancierung der drei Dimensionen
vor Ort innerhalb einer Filiale. Damit kann sich die Bankfiliale an ihr Umfeld

anpassen. Die Zentralisierung vieler Kompetenzen in der Zentrale führt zu einem Rückgang vieler Geschäfte – also gibt man wieder mehr Kompetenzen an die Filialen. Dort wächst damit der Beratungsaufwand, und irgendwann wird es ebenfalls unrentabel, speziell in Zeiten des Internet, wo man sich zwar vom Berater beraten lässt, dann das „richtige" Produkt aber online kauft.

Ich habe die Erfahrung gemacht, dass die Ausbalancierung dieser Widersprüche umso besser gelingt, je positiver sich die Mitarbeiter einer Bank gegenüber Konflikten verhalten. In früheren Zeiten – und in manchen Bereichen auch heute noch – galten Konflikte als Führungsfehler, die man tunlichst vermeiden sollte. Eine solche Vermeidung ist natürlich durch die Hierarchie jederzeit möglich. Der Chef entscheidet, wer Recht hat. Vermieden werden mit den Konflikten aber dadurch auch Lernprozesse und Konsenslösungen. Lösungen durch Über- und Unterordnung gehen selten mit Lernprozessen einher. Der erste Schritt bei Seminaren, die ich seit vielen Jahren für Banken mache, ist meist, den Seminarteilnehmern den Sinn von Konflikten überhaupt als etwas Positives und nicht nur als etwas zu Vermeidendes zu vermitteln. Erst mit der Anerkennung der positiven und notwendigen Seiten von Konflikten kann man sich mit der Analyse und der Lösung dieser Konflikte beschäftigen (siehe auch Schwarz, Konfliktmanagement, 2008).

Meine These lautet: Je weiter „hinunter" in der Hierarchie es gelingt, die Trialektik zu installieren, desto flexibler und wettbewerbsfähiger wird dieses Unternehmen auf dem Markt agieren.

Wenn also Filialen einer Bank oder einer Versicherungsgesellschaft als „Profitcenter" geführt werden, dann müssen sie vor Ort die Widersprüche ausbalancieren. Erst wenn das nicht gelingt, müsste die (jeweilige) Zentrale Kompetenzen mit großer Vorsicht wieder zurückholen.

Eine wichtige Rolle spielen dabei die Rückkoppelungsschleifen. Eine davon ist das Ergebnismonitoring. Wenn Filialen Profitcenter sind und sie die Ausbalancierung der drei Dimensionen in sich selbst vornehmen können, dann kann man sie mit anderen Filialen vergleichen und unter Umständen in Wettbewerb zueinander bringen. Die Frage, welche Filiale besser oder welche Filiale im Ranking eines Unternehmens aufsteigt, kann kreative Ressourcen mobilisieren und die Motivation der Mitarbeiter erhöhen. Außerdem fördert es den Teamgeist, denn es betrifft die ganze Gruppe, ob sie besser oder schlechter wird. Mit der Ausschüttung von Erfolgsprämien erhält man noch einen zusätzlichen Motivationsschub.

Ich habe innerhalb weniger Tage einmal zwei ganz unterschiedliche Reaktionen auf dieses Monitoring erlebt. Die erste – die positive Bewertung – ereignete sich in der Wiener Innenstadt, als eine Reihe von Gewerbebetrieben die Wirtschaftskammer um die Einrichtung eines Monitoringsystems bat. Sie wollten wissen, wie gut sie im Vergleich zur Konkurrenz liegen und welche Informationen über die

Qualität von Dispositionen und Verkauf gegeben werden können. Es wollten die Fleischer z. B. wissen, wann sie wie viele Sorten Fleisch und Wurst disponieren sollten, welche Diversifikationsmöglichkeiten (Mittagsmenü, Hauslieferung, Partydienste etc.) welche Erfolgschancen hätten, und wer wie viel verkaufen konnte. Sie waren sogar bereit, sich an den Kosten eines solchen von der Kammer organisierten Monitoringsystems zu beteiligen, weil sie den Eindruck hatten, dies würde ihre Wettbewerbsfähigkeit verbessern und unter Umständen sogar das Überleben sichern.

Das Monitoring war eine große Hilfe beim richtigen Ausbalancieren der drei Dimensionen. Was alles darf ein Gewerbebetrieb verkaufen und was nicht (Dimension 1) – was alles ist rentabel (Dimension 2), und was wollen die Kunden (Dimension 3).

Einen Tag später war ich zu einem Konfliktmanagement in einem großen Unternehmen eingeladen. Der Konfliktgegenstand: das Monitoringsystem.

Die Filialen und hier wieder die Mitarbeiter fühlten sich vom System eingeschränkt, kontrolliert und bei ihrer Arbeit behindert. Ich wurde gerufen, weil dieses System seit einiger Zeit auf „kreative" Weise immer wieder unterlaufen wurde. Die Mitarbeiter wetteiferten untereinander, wie man es überlisten könne.

Es diente nicht mehr der besseren Ausbalancierung der drei Bereiche, sondern war eine Feindattrappe, die kollektive Aggressionen auslöste. Hier war etwas out of Balance geraten.

Die Lösung ist relativ einfach: Nur wenn das Monitoring-System auf freiwilliger Basis als Hilfsinstrument angefordert wird, kann es besserer Ausbalancierung dienen. Als Repressionsinstrument taugt es nicht, sondern zeigt nur die Grenzen der Hierarchie

Für eine Gruppe (Filiale, Abteilung etc.), die in Eigenverantwortung die Widersprüche der Trialektik ausbalancieren muss – inklusive der ökonomischen Parameter -, ist das Monitoring eine Hilfe. Für eine Gruppe oder für Einzelpersonen, die „von oben" gesteuert werden, ist das Monitoring eine Last.

Es scheint daher in jedem Unternehmen eine wichtige strategische Entscheidung zu sein: Wo können die trialektischen Widersprüche in Eigenverantwortung ausbalanciert werden, und wo bleibt man bei der Top-down-Befehlsgewalt?

Ausbalancierungskonflikte sind nicht grundsätzlich überall gut und notwendig. Es kann auch ein Zuviel geben. Auch dann leidet die Performance eines Unternehmens, wenn nur mehr „diskutiert" und nicht mehr „gearbeitet" wird.

Die meisten mir bekannten Unternehmen haben aber die umgekehrte Schwierigkeit. Konsensfindung wird nicht als Arbeit gesehen, und daher werden notwendige Konflikte nicht bearbeitet und dialektisch/trialektisch ausgetragen, sondern linear per Hierarchie entschieden.

7.3.5 Banken und Digitalisierung

Geldinstitute gehören vermutlich zu den am meisten von der Digitalisierung betroffenen Institutionen. Das Geld ist ja aufgrund seines formalen Charakters auch
sehr leicht zu digitalisieren. Sowie unzählig viele Aktionen werden auch die Geldgeschäfte immer mehr über das Internet abgehandelt. Die traditionelle Bank (als
Tempel des Geldes) tritt mit vielen ihrer Funktionen in den Hintergrund: Wie das
Beispiel M-Pesa in Kenia zeigt, gilt dies für den Zahlungsverkehr, aber auch für
die verschiedenen Formen von Transaktionen, Geldanlagen und Kreditvergaben.
Trotzdem stimme ich dem Ausspruch Bill Gates' nicht zu, der einmal sagte: „banking is necessary – banks not". Meiner Meinung nach haben die Banken mehr denn
je Bedeutung in der Gesellschaft.

Dies hängt mit dem Zusammentreffen der drei Trends zusammen: Globalisierung, Digitalisierung und Ökonomisierung.

Gerade durch die nunmehr in digitalisierter Form erfolgende Ökonomisierung
brauchen immer mehr Menschen und Organisationen eine Hilfestellung bei der
Umstellung Ihres privaten Geldverhaltens bzw. ihrer Geschäftsmodelle. Wer sollte
das besser können als die Banken und Sparkassen? Je komplexer die Systeme werden, desto wichtiger wird die fachliche Beratung. Sie wird sicher nicht immer mehr
in der traditionellen Form einer Filiale stattfinden können, aber sie wird stattfinden
müssen. Sollten die Banken dazu nicht – oder zu spät – dazu in der Lage sein,
werden andere Anbieter diese notwendigen gesellschaftspolitischen Funktionen
wahrnehmen. Wer auch immer bei dieser Umstellung in der digitalen Revolution
hilfreich sein wird – jedenfalls wird auch hier die Trialektik eine Rolle spielen.

Bei der Gesetzesgerechtigkeit gibt es einen großen Nachholbedarf, denn die
Projekte der digitalen Geldorganisation laufen zurzeit noch weitgehend außerhalb der gesetzlichen Regelung ab. Während die Geldinstitute noch vielen Regeln
unterworfen sind, können sich alternative digitale Anbieter noch weitgehend in
einem gesetzesfreien Raum bewegen. Dies wird sich in Zukunft ändern, weshalb
die neuen Anbieter mit den etablierten Institutionen kooperieren müssen, da nur
diese über die nötigen Berechtigungen verfügen.

Anhand der Bedürfnisgerechtigkeit wird deutlich, dass die Geldinstitutionen
bisher an mehreren Bedürfnissen ihrer Kunden vorbei gearbeitet haben. Es zeigen
sich neue Trends etwa mit diversen „Freundschaften" (Facebook), die es in dieser
Form nicht bzw. nur als latentes Bedürfnis gegeben hat. Offenbar hat die neuzeit-
liche Gesellschaft unter der Isolierung der einzelnen Individuen gelitten – anders
wäre der Erfolg der sozialen Medien wie Google, Facebook, Twitter, etc. und die
Etablierung von „Freunden" nicht denkbar. Diese „Freunde" können als Referenz-
gruppen natürlich auch in Geldangelegenheiten hilfreich sein. Irgendjemand aus

dem Freundeskreis hat sicher eine gute Beziehung zu dem richtigen Fachmann oder Bankmitarbeiter, wodurch sich bedürfnisgerechte Beratungssituationen ergeben. Die Banken müssen in diese Systeme besser und tiefer eindringen. In Bezug auf die Leistungsgerechtigkeit – also dem Geld als Kapital – haben die Banken hingegen immer noch die Nase vorn. Sie werden diesen Vorsprung vermutlich auch beibehalten. Allerdings halte ich es für möglich, dass auch hier das digitale Wissen über die Algorithmen die Bankszene sehr verändern wird.

Es müssen die Grenzen der drei Megatrends erkannt werden – vor allem wird die Ökonomisierung an ihre Grenzen überall dort stoßen, wo etwas für Geld nicht gekauft werden kann. (Siehe letztes Kapitel)

Zunächst einmal aber sollten die Banken ihre Kunden, die sich im Schnittpunkt der drei Megatrends befinden, bei deren Umstellung auf die besten Geschäftsmodelle unterstützen.

s. Matrix dig Rev. Banken Seite 224

Wie jede Revolution wird auch die digitale Revolution einen großen Selektionseffekt haben. Nach verschiedenen Schätzungen werden bis zu 50 % der Geschäftsmodelle – und damit der Unternehmen – in 10–20 Jahren nicht mehr existieren. Dagegen wird es neue Geschäftsmodelle geben. Einige der großen heutigen Unternehmen im Bereich der digitalen Szene wie etwa Google, Facebook etc. hat es vor zehn Jahren noch nicht gegeben.

Das Prinzip der Selektion ist auch an obigem Schema erkenntlich. Es werden vermutlich nur jene Organisationen, die den drei Megatrends entsprechend ausbalanciert sind, überleben. Dementsprechend werden sich die verschiedenen Systeme im Rahmen der Trialektik weiterentwickeln müssen.

Der jeweilige Nachholbedarf wird dabei ganz unterschiedlich ausfallen. In einigen Fällen, wie z. B. im Bildungs- und Gesundheitsbereich, wird der Nachholbedarf vielleicht eher in der Ökonomisierung liegen, in anderen Fällen, wie z. B. ebenfalls im Bildungsbereich wieder vielleicht im Bereich der Digitalisierung liegen. In wieder anderen – dazu gehören z. B. die Digis selber-wird der Nachholbedarf im Bereich der Gesetzesgerechtigkeit liegen, also im Bereich der Globalisierung. Denn es gibt schon heute und sicher noch mehr in der Zukunft in großen Ländern Widerstände gegen die mit der Digitalisierung mitgelieferten amerikanischen und europäischen Normensysteme.

Auf der anderen Seite aber werden gerade durch das Internet viele Staaten und Gruppierungen gezwungen sein, ihr Normensystem zu ändern, um den Fortschritt für die Mitglieder ihrer Gemeinschaft nicht zu gefährden.

Die Banken werden die Umstellung auf die neuen Organisationsformen wegen des Zusammentreffens der drei Revolutionen wohl unterstützen müssen.

Anwendung der Trialektik auf die Börse

8.1 Die Börse ist der Markt der Märkte

Dem öffentlichen Institutionscharakter des Geldes als transzendentale Voraussetzung entspricht erstens die Definition der Börse als Markt der Märkte. Es werden dort nicht Gegenstände gehandelt, sondern die Börse ist jene transzendentale Voraussetzung, die erstmals von einem Mann namens van der Burse geschaffen wurde, bei der die Werte der Unternehmungen gehandelt werden. Es handelt sich hier um die dritte Abstraktionsstufe des Tausches. Die erste Stufe wäre die Erzeugung von Gütern und ihr direkter Tausch und ihr Verbrauch. Die zweite Stufe wäre der Handel von Gütern auf einem Markt. Die dritte Stufe handelt mit dem Wert von einzelnen Unternehmungen, die diese Güter erzeugen, auf einer übergeordneten Art von Markt, nämlich der Börse.

Dieser Markt der Märkte beinhaltet wieder selbst eine Reihe von Aporien. Dies ist auch der Grund, warum es keine naturwissenschaftlichen Berechnungen geben kann wie etwa in der Astronomie. Dort kann man eine Sonnenfinsternis vorhersagen, indem man die vergangenen bekannten Umläufe der Gestirne in eine Formel bringt. Das astronomische Geschehen wird so berechenbar. Die Entwicklung der Börse ist aber nicht in gleichem Maße berechenbar, sondern nur in Teilen.

Der Bereich 1 ist noch am ehesten berechenbar. Denn der Wert eines Unternehmens kann berechnet werden. Wenn allerdings zu diesem Wert Elemente gehören wie etwa der Besitz von Aktien anderer Unternehmen, dann gibt es schon wieder einen Unsicherheitsfaktor. Dazu kommt, dass die Marktposition, das Produkt, die Produktions- und Vertriebswege etc. für eine Wertberechnung eine Reihe von Unsicherheitsfaktoren implizieren.

Die Grundaporien der Börse im Bereich 1 sind etwa:

© Springer Fachmedien Wiesbaden 2016
G. Schwarz, *Die Religion des Geldes,* DOI 10.1007/978-3-658-10508-2_8

- Der Wert eines Unternehmens kann nicht (exakt) festgestellt werden. – Der Wert eines Unternehmens muss festgestellt werden, um damit handeln zu können.
- Ein Unternehmen erzeugt Produkte und kann daher nicht selbst ein Produkt sein. – Ein Unternehmen muss Produkt sein, damit es gehandelt werden kann.

Die Börse als Markt (der Märkte) impliziert natürlich eine Balance von Angebot und Nachfrage, denn das ein Produkt erzeugende Unternehmen wird hier selbst wieder zu einem Produkt. Die Aporien des Geldes als Maßstab treten somit auch hier auf. Deshalb sprechen die Analysten auch immer wieder von Unter- oder Überbewertung einer Aktie.

8.2   Die Börse ist Spiegelbild der Weltkonjunktur

Die Börse repräsentiert aber nicht nur diesen öffentlichen Wert der Unternehmungen, sondern unabhängig davon werden die Kurse der einzelnen Aktien nach der jeweiligen Konjunkturlage geregelt. Dabei hat sich gezeigt, dass sich diese Kurse verselbst- ständigen können. Nach bestimmten Gesetzmäßigkeiten werden fiktive Werte gehandelt, die es noch gar nicht gibt oder die es überhaupt nie geben wird, und der Handel wird zum Selbstzweck. Dieser Handel als Selbstzweck genügt den Gesetzen des Kapitalismus nach einem öffentlichen Forum, in dem sich die floatende Geldmenge als Kapital konkretisieren kann.

Anlässlich einer Teamsitzung erfanden wir folgendes Gesellschaftsspiel: A borgt sich von B 1000 € und stellt B einen Schuldschein aus, auf dem steht, dass B das Recht habe, von A 1000 € zu fordern. Desgleichen borgt sich B von A 1000 € und stellt ebenfalls einen Schuldschein aus. Der Schuldschein im Besitz von A wird an C weiterverkauft, der dafür 2000 € zahlt, weil er B als Kollegen mit guter Bonität schätzt und D zuvorkommen will, der bereit ist, für den Schuldschein 2500 € zu zahlen.

Der erste Schuldschein wechselt nach einiger Zeit für 2500 € seinen Besitzer, und nachdem E, F und G ebenfalls Papiere ausgestellt haben, wird ein schwungvoller Handel mit Scheinen betrieben, wobei sich die Preise nach Angebot und Nachfrage gestalten. Nachdem einige von dieser lukrativen Anlageform gehört haben – der Wert steigt ständig –, steigen sie ebenfalls ein.

Im Prinzip können hier einige Hunderttausend Euro oder Millionen „angelegt" werden, ohne dass überhaupt irgendjemand dafür einen echten Wert mitbringt. Geld in Form von Erwartungen ist hier selbst zur Ware geworden, die einen bestimmten Preis hat.

Der tiefere Grund dafür wurde schon oben erwähnt, dass nämlich wegen der Geistbestimmung des Menschen (=die Unendlichkeit der Zahlenreihe) grundsätzlich auch ein Handel mit ‚Möglichkeiten' möglich ist.

An der Schnittstelle von Bereich 1 und Bereich 2 befinden sich auch jene Unternehmen, die z. B. in der New Economy erst vor einigen Jahren gegründet wurden, noch nie Gewinne machten, aber dennoch steigende Aktienkurse verbuchen. Hier zahlt man offensichtlich solange für Erwartungen, bis die Blase platzt und der echte Realwert eines Unternehmens deutlich wird. Auf diesen Realwert (oder darunter) fallen dann auch die Aktienkurse.

Der Gegensatz zwischen Bereich 1 und Bereich 2 zeigt sich auch im Gegensatz von Dividende und Aktienwert. Im Bereich 1 zahlen die Unternehmungen je nach ihrer Gewinnsituation an die Aktionäre eine Dividende. Die wenigsten kaufen aber Aktien wegen der Dividende, sozusagen wegen des normalen Geldes, das hier arbeitet, sondern viele kaufen die Aktien wegen des Kurses oder des zu erwartenden Kursgewinnes, der oft ein Vielfaches der Dividende ausmachen kann.

Dieser Handel mit „Möglichkeiten" ist nicht grundsätzlich problematisch, denn wenn ein bestimmtes Unternehmen ein gutes Produkt mit einer guten Strategie hat, dann darf man wohl für die Zukunft (mögliche) Gewinne erwarten, die den Wert des Unternehmens steigern werden und für die dann auch heute schon höhere Preise bezahlt werden können. Nach der Analyse von Aristoteles (s. o.) kann ein solcher Handel mit Möglichkeiten aber auch exzessieren und dann in eine Blase münden.

Die große Frage ist, ob man solche Blasen vermeiden kann. Nach meiner Einschätzung kann man es nicht, denn nur ein Verbot des Handels mit „Möglichkeitsprodukten" würde Blasenbildung verhindern. Damit wäre aber das Kind mit dem Bade ausgegossen, denn die Kreativität für die Entwicklung neuer (Finanz-)Produkte ist ein wichtiges Element der wirtschaftlichen Entwicklung.

Was man aber machen könnte bzw. machen muss, ist das rechtzeitige Erkennen von Börsenblasen und das Gegensteuern. Dies müsste auf jeden Fall von der „Gesetzesgerechtigkeit" kommen (Börsenaufsicht) oder von einem Konsortium von verantwortlichen Börsenmanagern. Vielleicht sind Blasen in bestimmtem Rahmen auch gar nicht so schlecht für die Entwicklung eines Auf und Ab der Konjunktur, was einer biomorphen Hypothese entspricht, wo die Wirtschaft auch als Organismus gesehen wird. So gibt es beispielsweise nach einem Waldbrand, wenn das alte und dürre Holz verbrannt ist, neues Leben.

Die „Blasenaporie" lautet jedenfalls:

- „Blasen" muss es geben, weil sonst kein Handel mit Aktien möglich wäre.
- „Blasen" müssen verhindert werden, weil sonst kein Handel mit Aktien zustande käme.

Die Synthese dieser Aporie setzt einen Lernprozess voraus, der offenbar noch nicht gemacht wurde. Ich vermute, dass er in der Selbstbegrenzung der Börse liegen wird. Die Politik kann hier nur den Rahmen vorgeben.

8.3 Die Börse ist Weltcasino und befriedigt Spielthrill durch Gewinn und Verlust

Das Casino befriedigt das Bedürfnis nach Thrill. Es ist ein Spiel mit berechenbaren und unberechenbaren Faktoren, und insofern ist immer auch der Zufall, „das Schicksal", daran beteiligt, ob man Glück oder Pech hat, ob man Gewinn oder Verlust macht. Die Börse als „Weltcasino" entspricht diesem Thrill im großen Stil.

Der dritte Bereich des Geldes, sein Intimitätscharakter, könnte mit „Lebensrisiko" umschrieben werden. Lebensrisiko bedeutet, dass das Ersparte der Spekulation dieses Angebot-Nachfrage-Systems anheimgegeben werden kann. Dabei gibt es das Risiko, etwas zu gewinnen oder zu verlieren. Dieses Risiko verschafft dem Menschen mithilfe des Geldes mehr oder weniger Befriedigung in seiner individuellen Identitätsfindung. Hier spielen Status und soziales Ranking eine große Rolle.

Wenn man nicht nur die Börse, sondern allgemein Anlageformen betrachtet, dann kann man die Widersprüche zwischen diesen drei Bereichen ebenfalls konkretisieren:

Zwischen dem ersten Bereich, dem öffentlichen Wert, und dem zweiten Bereich, dem Spekulationsmarkt, liegt also etwa der Widerspruch „um Geld spielt man nicht" – andererseits aber ist jede Anlage Spekulation, das heißt, „um Geld muss gespielt werden". Entsprechend daher auch der Widerspruch zwischen Bereich 1 und Bereich 3, zwischen den mehr oder weniger sicheren Anlageformen. Eine hundertprozentig sichere Anlageform gibt es nicht, denn sogar das Sparbuch unterliegt natürlich einer Inflation. Hierher gehört auch jene Aporie, dass derjenige, der Geld gewinnen will, auch Geld verlieren will oder jedenfalls riskiert, Geld auch zu verlieren.

An der Schnittstelle zwischen Bereich 3 und Bereich 2 kann die allen bekannte Aporie Sicherheit versus Gewinn formuliert werden. Alle Anlageberater sind heute verpflichtet, die Kunden über Risiko und Gewinnchancen aufzuklären und sie wählen zu lassen, ob sie in eine eher sichere Anlageform – dann aber mit weniger Gewinn (z. B. Festverzinsliche oder Fonds) – oder in eine eher gewinnträchtige – dann aber wieder riskantere Anlageform (z. B. Aktien) – investieren wollen.

Abb. 8.1 Trialektik der Börse

Der Bereich 2 ist der spekulative, mit Risiko verbundene. Der Bereich 3 ist die bloße Wertaufbewahrung durch die Bank, heute schon (fast) ohne Zinsen. Anlageberatungserfolg haben jene Berater, die die Widersprüche und Aporien ihrer Kunden gut ausbalancieren. Damit hat auch die Bank Erfolg, weil ihr der Kunde treu bleibt.

An der Grenze zwischen Bereich 2 und Bereich 3 findet sich auch der Widerspruch: „über Geld muss man sprechen" und „über Geld spricht man nicht". Im Intimitätsbereich spricht man nicht darüber, im Anlagenbereich des Aktienmarktes muss man natürlich darüber sprechen. Dieser Intimitätscharakter einer Anlage, einer Aktie, kommt in folgendem Zitat eines Anlagekunden, den wir interviewten, zum Ausdruck:

> Eine Aktie muss sexy sein. Sie kaufen an ihr immer die Aussichten.
> Was haben Sie gesagt? Sexy muss sie sein?
> Ja, sexy muss sie sein! Sie kaufen die Aussichten. Sie kaufen niemals eine entkleidete Dame, immer nur eine angezogene Dame, aber Sie kaufen das, was Sie sich denken, wie sie ausgezogen aussehen könnte.

Hier wird wieder der Intimitätscharakter des Geldes mit dem Intimitätscharakter der Sexualität in einen Assoziationszusammenhang gebracht. Der Ausdruck, die Börse muss sexy sein oder Pfiff haben, wird gerne gebraucht. Meines Erachtens ist diese dritte Bedeutung der Börse, nämlich die Rolle als Weltcasino, noch viel zu wenig untersucht worden. Ich vermute, dass es hier auch eine „Karriere" eines Menschen als Geld-Spieler geben kann: Als Kind spielt man Karten, vom einfachen Kartenspiel findet man zum Poker. Man lernt, mit Gewinn und Verlust nach den irrationalen Gesetzen des Schicksals umzugehen. Wenn man größer wird, kann man dann auf Geldautomaten kommen oder auf Lotto, Toto etc. Noch höher hinauf steigt man auf der Karriereleiter eines Spielers, wenn man ins Casino geht, und die oberste Sprosse ist vielleicht die Börse. Mit „Identitätsfindung durch Gewinn und Verlust" könnte dieser Konflikt umschrieben werden. Die Börse ist in diesem Fall eine Art Weltcasino (Abb. 8.1).

8.4   Berechnung von Kursentwicklungen

Die Trialektik der Börse erklärt auch, warum sich die Kursentwicklung nicht nach linearen mathematischen Modellen berechnen und voraussagen lässt. Für die Kurs-bildung einer Aktie kommen alle drei Bereiche des Geldes – allerdings in jeweils unterschiedlichem Ausmaß – zum Tragen.

Der Bereich 1 gibt den Wert eines Unternehmens an.

Im Bereich 2 ist der Aktienkurs insgesamt ein Spiegel der Weltkonjunktur. An der Börse werden auch großräumige und großzeitliche Prozesse reflektiert. Z. B. hatte die Asienkrise auch Börsenwerte von asiatischen Unternehmen betroffen, die eine sehr gute Performance hatten. Umgekehrt steigen in einer Hausse-Phase auch Werte von Unternehmen, die ihrem Realwert nicht entsprechen und dadurch „über-bewertet" werden.

In den großen Krisen (1929, 2008 ff.) können die Aktienkurse auch unter ihren Realwert fallen. Wobei „Realwert" natürlich nicht exakt beschreibbar ist, da die einzelnen Posten, aus denen sich der Realwert zusammensetzt, ebenfalls Aktien- oder Immobilienwerte oder sonstige Verbindlichkeiten enthalten, die ebenfalls von der Krise betroffen sind. Dies ergibt eine Abwärtsspirale, die irgendwann wieder in eine Aufwärtsspirale verwandelt werden muss.

Im Bereich 3 schließlich können „Spieler", die die Börse als großes Casino ver-wenden, die Kurse in die Höhe treiben oder fallen lassen, z. T. sogar unabhängig von den Bereichen 1 und 2. Erst alle drei Bereiche zusammen ergeben den Aktien-kurs. Da ihr Verhältnis zueinander widersprüchlich ist, können die Kurse natürlich grundsätzlich nicht einem widerspruchsfreien mathematischen Modell folgen.

Es gibt aber noch einen zweiten Grund, warum mathematische Modelle – bes-ser: die bisherigen mathematischen Modelle – zu kurz greifen, nämlich den Rück-koppelungseffekt. Nachdem bei Aktien oder bei allen börsennotierten Werten auch die Erwartungen (die „Aussicht", wie ein Interviewpartner sagte) gekauft werden, lebt die Börse von Gerüchten. Sogar die Vergangenheit kann je nach Phantasie, Re-cherchen und Interessenlage „gefälscht" werden. Niemand weiß mehr genau, „wie es eigentlich gewesen ist". (Nietzsche: „So war es, sagt mein Gedächtnis. So kann es nicht gewesen sein, sagt mein Stolz. Schließlich gibt mein Gedächtnis nach.") Die Vergangenheit kann gefälscht werden, die Zukunft muss „gefälscht" werden. Alle Zukunftsbeschreibungen entspringen dem Wunschdenken. Je nachdem, welche Seite einer Aporie man wie betont oder „hochrechnet", kommen andere Perspektiven heraus. Deshalb streiten ja optimistische Prognostiker immer mit Crash-Propheten. Manchmal bekommen die einen Recht, dann wieder die anderen.

Man könnte das, was ich anlässlich eines Symposiums von einem Meteorologen hörte, auch auf die Börse anwenden. Der Meteorologe sagte: „Wenn mir jemand sagt, es wird auf der Erde wärmer, sage ich ‚ja'. Und wenn jemand sagt: ‚Es wird kälter', sage ich auch ‚ja'. Denn jede der Aussagen stimmt, je nachdem, welche Zeitspanne Sie berücksichtigen. Nehmen Sie die letzten 10 Jahre, wird es wärmer, nehmen Sie die letzten 50 Jahre, wird es kälter. Nehmen Sie die letzten 200 Jahre, wird es wärmer, nehmen Sie die letzten 1000 Jahre, wird es kälter (im Mittelalter war es bekanntlich viel wärmer als heute) usw."

Jeder, der irgendeine lineare Aussage macht, hat recht, da er einen Teil der Aporie herausgreift. Er hat aber auch unrecht, wenn man andere Teile (Bereiche, Zeiten, Orte etc.) heranzieht.

So ähnlich könnte man auch die Börsentheorien beschreiben. Sie greifen meist irgendeinen abstrahierbaren Teilaspekt heraus und versuchen, diesen auf das gesamte Börsengeschehen anzuwenden.

Was heißt das für die Praxis? Kurse können bekanntlich „gemacht" werden – werden sie nicht „gemacht" (in dem Sinn, dass bei kleinen Börsen mit kleinen Volumina dominante Anleger durch ihr Verhalten den Markt in ihrem Sinne beeinflussen können, was eigentlich „Insider-Geschäfte" wären), dann bleibt in der Börsenentwicklung eine größere oder kleinere irrationale Komponente, die sich als „Restrisiko" der rationalen Erfassung durch verschiedene Denkmodelle entzieht.

Die irrationalen Komponenten sind den Personen mit dem gewissen „Feeling" am besten zugänglich – das „Feeling" ist unersetzlich. Diese Personen erkennt man an dem Erfolg, den sie bisher auch schon hatten, nach dem alten Bibelspruch: „Wer hat, dem wird gegeben werden, wer aber nicht hat, dem wird auch das noch genommen werden, was er hat." Allerdings kann sich Jahre später so mancher große Erfolg auch als reiner Betrug herausstellen (Madoff).

Die Widersprüche der drei Dimensionen der Börse sind zwar immer wieder Thema in diversen Publikationen, so richtig erforscht sind sie aber nicht.

Trialektik der Arbeit

9

Arbeit hat sich zunehmend verlagert und verlagert sich weiter von der traditionellen Erzeugung von Produkten zur „Arbeit" im Sinne von Dienstleistung und Kommunikationsleistung, im Sinne der Konsensfindung für Konflikte, die z. B. an den Schnittstellen der drei Dimensionen notwendigerweise auftreten.

Damit soll übrigens auch gesagt werden, dass wir uns auf schwierige Zeiten einstellen müssen, weil wir uns von vielen Illusionen verabschieden werden. Popper hat gesagt, alle Wege, die bisher den Himmel auf Erden verhießen, haben in die Hölle geführt. Versprochen hat Marx die klassenlose Gesellschaft, gekommen ist eine Funktionärsaristokratie. Versprochen hat Jesus das Reich Gottes, gekommen ist die Kirche.

Arbeit gilt in unserem Wirtschaftssystem als Ordnungsprinzip, das genauso wie Geld einem allgemeinen Maßstab unterliegt. Dieser Maßstab ist jedoch ein doppelter: Er ist erstens national mit einem Recht und der Pflicht des Einzelnen auf Arbeit verbunden. (Grundeinkommen, Arbeitslosenversicherung), und zweitens wird die einzelne Arbeitsstunde nicht für alle Menschen gleich hoch bewertet – sondern es gibt mehr oder weniger qualifizierte und dementsprechend mehr oder weniger hoch bezahlte Arbeitsstunden.

Indem Arbeit dem menschlichen Zusammenleben als Ordnungssystem zugrunde liegt, muss diese bewertet werden. So wie der Tauschwert des Geldes von seinem materiellen Tauschgut abstrahiert wird und so zur Ware Geld wird, so wird auch Arbeit zur Ware, indem man Leistung vom Leistungserbringer trennt. Dadurch wird der Arbeit ihr spezieller Eigenwert genommen. Sie wird dadurch ebenfalls handelbar und verhandelbar. Erst durch diese Abstraktion kann Arbeit als Maßstab einer Wirtschaftsleistung genommen werden. Der jeweilige Wert einer Arbeit entspricht einer kollektiven Übereinkunft und ist jeweils am Arbeitsmarkt zu einem bestimmten Preis zu erhalten (Bereich 2).

© Springer Fachmedien Wiesbaden 2016
G. Schwarz, *Die Religion des Geldes*, DOI 10.1007/978-3-658-10508-2_9

Abb. 9.1 Trialektik der
Arbeit

Dort wird unter Konkurrenz der Arbeitnehmer und auch Arbeitgeber Arbeit „vermarktet". Der Mensch wird in dieser Dimension (2) zum Instrument der Wertschöpfung. Der Ausdruck, der Arbeiter „verdingt" sich, weist ganz deutlich auf diese Instrumentalisierung hin.

Die „Gesetzesgerechtigkeit" der allgemeinen Währung „Arbeit" garantiert dem Leistungserbringer, an der Wertschöpfung teilzuhaben. Das ermöglicht der kollektive „Vertrag", der Arbeit bewertet und der den Zugang zu den jeweils persönlichen Entscheidungsmöglichkeiten eröffnet. Indem sich der Einzelne als Instrument, als „Mittel" zur Verfügung stellt, um zu produzieren oder bestimmte Dienste zu leisten, verdient er sich den Tauschwert für seine Arbeit. Arbeit ist damit Wertschöpfung und dient der Aneignung von persönlichem Wert – man erwirbt mit dem Einkommen Geldbesitz und materielle Güter als Eigentum (Abb. 9.1).

Arbeit hat im Kapitalismus eine dreifache Funktion:

Bereich 1: Gesetzesgerechtigkeit

Arbeit stabilisiert das Herr-Knecht-Verhältnis über die Hierarchie und gibt den Obertanen mehr Macht über die Untertanen. Handwerker und Bauern kamen mit der Industrialisierung unter die Befehlsgewalt der Unternehmer. Hier wird die Arbeit in Raum und Zeit fremdbestimmt, von außen strukturiert. Der jeweilige Vorgesetzte oder das System bestimmt, wer wann und wo was zu machen hat. Dies geht bis zur Einführung von Stechuhren als totale Kontrolle. Arbeit wird damit ein universales Ordnungsinstrument des Lebens. Bismarck hat 1848 im Reichstag das „Recht auf Arbeit" proklamiert. In der Gegenwart – z. B. in Deutschland – wird in der Hartz-IV-Diskussion sogar von einer „Pflicht zur Arbeit" gesprochen.

In der Übertreibung dieser Dimension bestimmt Arbeit das ganze Leben – es kann alles unter dem Aspekt der Arbeit betrachtet werden. Es gibt dann nichts, was nicht auch als bezahlbare Arbeit gewertet oder jemandem zugeteilt werden kann. (Jeder Handgriff oder jede Zuwendung ist Arbeit und damit Geld wert – es gibt keine Freiwilligkeit.)

In der gegenteiligen Position, der Vernachlässigung der Gesetzesgerechtigkeit, bleibt Arbeit auf der Strecke – sie wird verrichtet oder auch nicht –, es gibt kein Ordnungsprinzip – und damit auch kein über Arbeit definiertes Einkommen. Entweder ist das ganze Leben ein ständiges Ruhen und Sich-Treibenlassen oder man macht eben das, was einen freut, ohne Auftrag und ohne auf gesellschaftliche Bewertung ausgerichtet zu sein. Dies würde auf künstlerische Tätigkeiten zutreffen, die sich entwickeln oder auch nicht und die sich einer Anordnung von außen widersetzen. Dementsprechend ist auch der „Marktwert" von künstlerischen Leistungen nicht festlegbar und schwer systematisierbar – und sprichwörtlich „brotlos".

Bereich 2: Leistungsgerechtigkeit

Arbeit wird in unserem derzeitigen kapitalistischen System als ein begrenztes Gut angesehen, das jeweils zu einem bestimmten materiellen Wert zur Verfügung gestellt werden kann. Da das Gut „Arbeit" organisiert und zugeteilt werden muss, stehen die arbeitenden Menschen miteinander in Konkurrenz. So können die Unternehmer bei Arbeiterüberschuss (also bei Arbeitslosigkeit) die Preise der Ware „Arbeit" drücken und so sehr günstig produzieren. Dies müssen sie auch, weil sie selbst in Konkurrenz mit anderen Unternehmen stehen, die ebenfalls versuchen müssen, möglichst günstig zu produzieren. Diese Entwicklung wurde ja von Marx ausführlich analysiert, mit den entsprechenden Empfehlungen für Kampfmaßnahmen der Arbeiter gegen die unternehmerische „Ausbeutung".

In der Übertreibung dieser Dimension ist Arbeit hier mit Frondienst gleichzusetzen. Der arbeitende Mensch ist Mittel zum Zweck einer Wertschöpfung, die von außen angeordnet oder gesteuert wird. Man ist ein Rädchen im großen System des Kapitalismus – ob Unternehmer oder Mitarbeiter –, ein „Sklave" des Systems, das Wachstum mit der Methode der Konkurrenz vorsieht.

Die Vernachlässigung dieser Dimension hätte Stillstand zur Folge – Streik, Arbeitsverweigerung, Ausschalten von Wettbewerb würden eine Leistungserbringung unmöglich machen.

Bereich 3: Bedürfnisgerechtigkeit

Arbeit bedeutet auch die Möglichkeit, eine befriedigende Tätigkeit auszuüben und damit Eigentum zu schaffen. Oder anders ausgedrückt bedeutet es, dass der Mensch mithilfe von Arbeit die Bedürfnisse seiner Existenz befriedigen kann.

Auch hier sei der Gedanke der Übertreibung ausgeführt: Arbeit nur aus dieser Dimension heraus würde dem Einzelnen zwar „Spaß" machen – entbehrte aber einer gesellschaftlichen Sinnhaftigkeit, wäre letztlich „asozial".

Und das Gegenteil – diese Dimension ganz zu vernachlässigen – würde bedeuten, dass man auf seine Bedürfnisse nicht Wert legt, sie vielleicht gar nicht entwickeln möchte – daher findet man wenig Sinn an einer Arbeit, die den eigenen Bedürfnissen entsprechen würde. Man hat dann bestenfalls Besitz, aber kein Gefühl des Eigentums. Denn nur angeordnete Arbeit wird als „Arbeit" gewertet.

An den Schnittstellen dieser drei Dimensionen ergeben sich Konflikte.

An der Schnittstelle zwischen Dimension 2 und Dimension 3 – also Arbeit als Ware, die an Unternehmen verkauft werden muss, und Arbeit als sinnstiftender Eigentumserwerb – gibt es die erwähnten Kampfmaßnahmen zwischen Arbeitgebern und Arbeitnehmern.

Die „Gesetzesgerechtigkeit" in Dimension 1 hat wiederum die entsprechenden regulativen Maßnahmen zu ergreifen, um diesen Konflikt immer richtig und zeitgemäß zu organisieren. Es handelt sich dabei um den bekannten Balanceakt, bei dem die Krisen durch ein Out-of-Balance beschrieben werden können.

Werden die Unternehmen zu stark, machen sie auf Kosten der Arbeiter zu viel Gewinne, die sie nicht mehr in die Verbesserung der Produktivität stecken, sondern anderswohin (wie im Feudalismus), muss die Politik eingreifen und durch Steuern oder durch gesetzliche Maßnahmen (Mindestlohn etc.) wieder Ausgleich schaffen.

Machen die Unternehmen aber zu wenig Gewinn, sodass sie insolvent werden oder nicht mehr konkurrenzfähig, müssen sie unter Umständen gestützt werden bis hin zur Verstaatlichung, sofern sie „systemrelevant" sind.

Diese Konflikte werden einmal zwischen Dimension 1 und Dimension 3 ausgetragen, dann wieder zwischen Dimension 1 und Dimension 2. Auch die politischen Zielsetzungen der jeweils demokratisch gewählten Regierungen wechseln. So werden die sogenannten konservativen Parteien, wenn sie Regierungsverantwortung übernehmen, eher die Unternehmerseite begünstigen und z. B. Arbeit mehr besteuern, wogegen die eher sozialdemokratischen Parteien in Regierungsverantwortung eher die Unternehmen mehr besteuern und die Arbeit entlasten.

9.1   Arbeit und Kapital

An die Stelle der Arbeit – so meint man landläufig – tritt die Arbeit des Geldes. „Man lässt Geld arbeiten", so man Kapital besitzt.

Hauptkennzeichen dieser Entwicklung war ja das Ausufern der Kapitalerträge. Geld wird nicht mehr nur durch Handel und Arbeit erworben, sondern auch durch Kapitalerträge. Diese Kapitalerträge sind nicht mehr nur Mittel zum Zweck der Entwicklung der Wirtschaft – über Kredite und Schulden -, sondern zunehmend Selbstzweck und treten an die Stelle der Arbeit. Vom „arbeitslosen Einkommen" ist dabei die Rede. Es ist dies ein Pendant zu dem Einkommen der Arbeitslosen durch den Staat.

Der Vorschlag, hier die „Gesetzesgerechtigkeit" zu mobilisieren und die Arbeit steuerlich zu entlasten, dafür aber Kapitalerträge höher zu besteuern, liegt auf der Hand und ist auch schon oft gemacht worden. Dazu sind allerdings internationale Vereinbarungen notwendig. Der amerikanische Präsident Obama hat zur Zeit der Abfassung dieses Buches gerade vorgeschlagen, die Banken, die besonders viel Gewinn mit Kapitalerträgen machen, gesondert und höher zu besteuern. Dies wäre aus Sicht der Trialektik der Versuch einer besseren Ausbalancierung von Bereich 1 und Bereich 2. Das Geld, das so hereinkommt, will er in das Gesundheitssystem investieren – also in den Bereich 3 -, in die Bedürfnislandschaft der Amerikaner.

Über die Kontrolle von Finanzprodukten allgemein wurde schon oben referiert.

Arbeit bedeutet nicht mehr in erster Linie die Mitwirkung an der Erzeugung von Produkten, da die Produktion immer mehr automatisiert wird. Auch im Bereich der Dienstleistung wird Arbeit durch technische Hilfsmittel immer mehr entlastet bzw. ganz ersetzt.

Zu überlegen wird hier sein, wie gesellschaftlich notwendige Arbeit, die außerhalb des Produktionszyklus der ökonomisierten Tätigkeiten der Wirtschaft stattfindet, in den Arbeitsbegriff und damit in die „Erwerbstätigkeit" mit einbezogen werden kann.

Dazu gehören z. B.:

- die Haushalts- und Kindererziehungstätigkeit; hier könnte auch der Bezahlungsunterschied von Männern und Frauen rasch angeglichen werden,
- der gesamte Pflegebereich,
- die freiwillige (ehrenamtliche) Mitarbeit an diversen Aktivitäten zugunsten der Allgemeinheit,
- die Tätigkeiten bei NGOs (Amnesty international, Ärzte ohne Grenzen, Rotes Kreuz etc.)
- usw.

Wahrscheinlich lässt sich diese Veränderung des Arbeitsbegriffes leichter über das sogenannte „Grundeinkommen" steuern. Das Grundeinkommen versucht den Konflikt zwischen Bereich 2 und Bereich 3 – also Arbeit als Ware und Erwerbsarbeit – zu entschärfen. Das „Malochen" in einem hierarchischen System wird gekennzeichnet durch den Unterschied zwischen Arbeit und Freizeit, Arbeit und Sinnerfüllung. Die Entwicklung geht in die Richtung, diesen Unterschied zu minimieren.

Künstler, Wissenschaftler, freiwillige Mitarbeiter bei Organisationen haben ja immer schon gemeint, dass ihre „Arbeit" eigentlich keine Arbeit in diesem entfremdeten Sinn ist, sondern Freude macht und Erfüllung und Selbstbestätigung ist im Gegensatz zu Frust und Knechtschaft.

Soziologische Untersuchungen haben ergeben, dass der Mensch, der von der „Knechtschaft" der Arbeit befreit ist und freiwillig das arbeitet, was er kann und was ihm Spaß macht, deutlich effizienter und auch bereit ist, mehr Zeit dafür aufzuwenden, als wenn er zu einer Tätigkeit gezwungen wird.

Damit geht eine Reihe von Veränderungen einher, wodurch sich auch der Begriff der Arbeit wandeln wird.

Es wird die Faszination hierarchischer Positionen abnehmen. Die „Hierarchen" kommen zunehmend unter Druck. Es gibt Tätigkeiten, die an und für sich und für die Gesellschaft wertvoll sind – ohne hierarchisch übergeordnete Führungsleistungen zu sein. Selbstständige gewinnen an Boden, obwohl ich nicht glaube, dass wir deswegen in eine Gesellschaft der Selbstständigen gehen werden. Das wäre wieder eine Übertreibung, so wie überhaupt immer neue Systeme auch die alten Verhaltensweisen bewahren, später dann meist in luxurierter Form. Es gibt immer noch Leute, die auf Pferden reiten. Es gibt immer noch Menschen, die jagen usw.

Das heißt, Liebe oder Anerkennung oder Konsens kann es nicht zwischen Obertanen und Untertanen, zwischen Herren und Knechten geben. Dies ist ja heute das große Handicap der Hierarchie, dass sie ein Verhältnis zwischen Menschen darstellt, in dem die einen über die anderen entscheiden, ohne ihre Zustimmung einzuholen. In der Konkurrenz der Hierarchien untereinander spielt die Motivation der Mitarbeiter heute eine wichtige Rolle. Ein Unternehmen, das weniger Demotivierte hat, ist „besser dran" (schneller, billiger, effizienter etc.) als eines, das viele Demotivierte hat. Je höher der Zustimmungsgrad der Mitarbeiter zum System, in dem sie arbeiten und leben, desto besser wird das Ergebnis sein.

Das bedeutet, dass der Konflikt zwischen Dimension 1 und Dimension 3 besser ausbalanciert werden muss. In der Dimension 1 ist Arbeit hierarchisch geordnet (also fremdbestimmt). In der Dimension 3 hat sie einen Sinn in sich und kann sogar Spaß machen.

Die Aporie sieht folgendermaßen aus:

• Arbeit muss fremdbestimmt werden, sonst kann sie nicht organisiert werden.
• Arbeit muss selbstbestimmt sein, sonst hat sie keinen Wert in sich.

Die Synthese dieser Arbeitsaporie liegt in der Arbeit, an der man Freude hat und mit der man auch Geld verdient. Damit ist dieser Gegensatz von Selbst- und Fremdbestimmung (Bereich 3 und 1) im Bereich 2 „aufgehoben".

Wir können diesen Lernprozess, der in den fünf Phasen zur Synthese führt, sehr oft beobachten. So zeigt sich etwa die Extremierung (Phase 2) einer dominanten Hierarchieposition darin, dass sie die Frustration der Mitarbeiter mit Druck beantwortet, was wieder zu mehr Frustration führt usw. Schließlich kommt es zum Zusammenbruch des Systems.

In der entgegengesetzten Position wird die Phase 2 z. B. dadurch erreicht, dass die Menschen nichts mehr arbeiten (Bereich 3, Bedürfnisse), sondern wie die berühmten Maden im Speck als Erben oder Sozialstaatsparasiten das System ausnützen ohne etwas beizutragen. So wird etwa (siehe Focus 8/2010 vom 22.02.2010, S. 20) davon gesprochen, dass es „immer weniger Einzahler" und „immer mehr Empfänger" des Sozialstaates gibt. Dies geht aber nur dann auf das Konto der sogenannten „Sozialschmarotzer", solange es genug Arbeit gibt. Sobald es zu wenige Möglichkeiten für ausreichenden Gelderwerb gibt, kippt das Sozialsystem und wird mehr oder weniger ausgehöhlt.

Daraus folgt eine Reihe von Entwicklungen, die zu einer Synthese von Leistung und Bedürfnis führen müssten: Insbesondere der vernachlässigte und unterbewertete Bereich 3 der Arbeit (Bedürfnis) müsste mehr gewinnen. So z. B. sollten Eigenräumlichkeit und Eigenzeitlichkeit höher bewertet werden.

In der Gegenwart werden Raum und Zeit gelegentlich immer noch als Disziplinierungsinstrument verwendet. Man bekommt die Zeit- und Raumeinteilung genau vorgeschrieben. Manche müssen sogar sehr weit zur Arbeit fahren und haben einen fixen Zeitplan. Alle Untersuchungen zeigen, dass da unheimlich viel Zeit vergeudet wird, weil hier nicht gearbeitet wird. In dem Maße, in dem man sich gegen die Disziplinierung durch die Zeit wehrt, wird Zeit verloren. Man investiert lieber Energie, um der Disziplinierung ein Schnippchen zu schlagen, als sich dem Problem wirklich zu widmen. Das Lösen von Problemen muss befreit werden von hinderlichen Sekundärmotivationen, die für den Menschen emotional Vorrang haben (Status verteidigen, sich gegen ein System auflehnen, Loyalitäten verteidigen, sich Traditionen verpflichtet fühlen, formale Gesichtspunkte berücksichtigen müssen usw.).

Wenn man untersucht, wie viel „Arbeit" getan wird, weil man – für die Sache völlig unnötig – einer Hierarchie oder einem Regelsystem gerecht werden will oder muss (Dimension 1), ist man über das Ausmaß immer überrascht.

Ich halte die fremdbestimmte Raum- und Zeitstrukturierung auch für die eigentliche Ursache der exzessiven Mobilität. Meines Erachtens wird das Problem durch die Umschichtung vom sogenannten Individualverkehr (Auto) auf den öffentlichen Verkehr nicht gelöst werden können. Ob die Menschen mit Auto oder Bahn, Bus, Taxi oder Flugzeug unterwegs sind, ist völlig gleichgültig. Das Problem ist, dass alle – oft gleichzeig – unterwegs sind (Arbeitsschluss, Ferien, schönes Wetter etc.).

Im Augenblick kommt man oft zusätzlich noch in die Schere von notwendiger Effizienzsteigerung und Verschärfung der Raum- und Zeitdisziplinierung: Mit weniger Pausen, mehr Kontrollen, weniger Personal usw. soll mehr geleistet werden. Dies wird von vielen auch als Versuch der Quadratur des Kreises empfunden, d. h., wir stehen erst in der Phase 2 der fünf Phasen einer aporetischen Konsensfindung. So stehen sich die aporetischen Gegenpositionen, also Arbeit ist Mühe, ist Entfremdung, ist Unterordnung etc. (Bereich 1) – Arbeit macht Spaß, wird freiwillig geleistet, ist Herausforderung, ist Bestätigung etc. (Bereich 3), weitgehend unversöhnt gegenüber.

Hier zeigt sich ebenfalls die bereits oben referierte Panikschleife (oder „Teufelskreis"). Ich wurde in den letzten Jahren öfter als Konfliktmanager geholt, weil sich im Bereich einer Abteilung oder Hauptabteilung Widerstand gebildet hat. Auf eine aufgetretene Schwäche (z. B. Verringerung der Effizienz in einem Bereich) reagierte das Management mit Härte und führte stärkere Kontrollen ein. Es wurden Pausen gekürzt, Monitoringsysteme entwickelt usw. Die Mitarbeiter reagierten darauf meist mit passivem Widerstand. Sie investierten mehr Kreativität in die Umgehung der Kontrollsysteme als in zusätzliche Arbeit. Das „Arbeiten" gegen das verhasste System machte mit der Zeit Spaß und wurde zum „Sport". Die einzelnen „Tricks" wurden im Untergrund des Unternehmens auf einer Gerüchtebörse weitergehandelt – bis sich das Management einer breiten Ablehnungsfront gegenüber sah.

Hier konnte ich ein Out-of-Balance zwischen Bereich 1 (= Autorität) und Bereich 3 (= Selbstbestimmung) der Arbeit diagnostizieren, das auf Kosten des Bereichs 2 (Wettbewerb, Effizienz und Leistung) ging. Ich konnte dies jeweils auf die Phase 2 (Extremierung) beziehen und so den Lernprozess einleiten.

Die erwähnte Phase 2 (Extremierung) zeigte sich aufseiten der Organisation dadurch, dass immer mehr Druck auf die Mitarbeiter ausgeübt wurde – bis manche sogar kündigten, am Burn-out-Syndrom erkrankten oder „Dienst nach Vorschrift" machten. Aufseiten der Mitarbeiter eskalierte der Widerstand, bis die Effizienz so stark litt, dass die Abteilung oder das Unternehmen nicht mehr konkurrenzfähig war und vom „Markt" verschwand.

Laut Untersuchungen (NZZ, vom 23./24.4.2011, „Innere Kündigungen kosten Geld") geht einem solchen Abstieg ein schleichender Prozess der „inneren Kündigung" von Mitarbeitern voraus. Dieser ist für Führungskräfte gar nicht so leicht wahrnehmbar, da die Zurücknahme des Arbeitseinsatzes seitens der Mitarbeiter möglichst geheim gehalten wird. Es soll ja der Arbeitsplatz nicht verloren gehen. Die Gründe für die innere Kündigung können dabei recht unterschiedlich sein. Es können dies Leistungsüberforderung, mangelnde Wertschätzung, geringe Entscheidungsspielräume oder auch fehlender Respekt seitens der Vorgesetzten oder

Kollegen sein. Man hat festgestellt, dass Angestellte der öffentlichen Verwaltung oder Mitarbeiter von Unternehmen in Veränderungsprozessen für innere Kündigung besonders anfällig sind. Interessant ist dabei, „dass die innere Kündigung ‚ansteckend' wirkt – Mitarbeiter, die innerlich gekündigt haben, ziehen oft ihre Kolleginnen und Kollegen mit".

Mitunter ist diese Problematik sehr einfach lösbar: Durch Abschaffen eines Disziplinierungsinstruments wie der aufgezwungenen Raum- und Zeitstruktur wird bereits Druck weggenommen und das Eintreten in die dritte Phase der Konfliktlösung (sogenannte „Dissidentenphase") ermöglicht – in der nun auch Mitarbeiter die Position der Effizienzsteigerung einnehmen. Wenn der Mitarbeiter Ort und Zeit für die Ausführung seiner Aufgaben weitgehend selbst bestimmen kann, dann entfallen teure und ineffiziente Leerzeiten. Es steigt die Motivation und damit auch die Effizienz der Arbeit.

Damit verdienen die Mitarbeiter „mehr" für „weniger Arbeit". Die Arbeit als Gelderwerbsleistung macht mehr Spaß und zeigt sich als Synthese der Arbeit als Organisationsinstrument und der Arbeit als sinngebende, bedürfnisbefriedigende Betätigung.

Mehr Selbstbestimmung in Bezug auf Zeit und Ort der Arbeitsleistung könnte auch positive Nebenwirkungen ergeben: Es würde sich die Zwangsmobilität reduzieren. Vermutlich würde auch ein Teil der Luxusmobilität (Tourismus) zurückgehen, der weitgehend auf der Flucht aus dem unerträglichen System beruht. An die Stelle der (passiven) Mobilität (Gefahren-werden) könnte dann eine aktive körperliche Mobilität im Nahraum treten (Radfahren, Wandern) sowie eine geistige Mobilität von der flexiblen Konsensfindung bis hin zum virtuellen Tourismus und zu Videokonferenzen.

Die Regionalisierung gehört ebenfalls hierher. Mit zunehmender Kostenwahrheit der Transportsysteme wird es wieder billiger werden, dort zu erzeugen, wo etwas gebraucht wird. Auch die Mobilität von Produkten wird sich dann reduzieren.

Ebenfalls out of Balance ist beim derzeitigen Arbeitsbegriff das Verhältnis der Geschlechter. Die traditionelle Schaltung: Arbeit ist Lohnerwerb und männlich – weiblich ist Reproduktionsarbeit, die nicht bezahlt wird –, ist ein Reduktionismus auf lineare Denkmodelle. Natürlich müssen Frauen und Männer hier gleichberechtigt sein. Dies schließt nicht aus, dass sie arbeitsteilig arbeiten. Die – meist freiwillig geleistete – Hausarbeit (wegen Kindererziehung) muss gesellschaftlich genauso bewertet werden wie die anderen bezahlten Arbeiten. Dies geschieht auch dadurch, dass die Frauen immer mehr am Wirtschaftsleben teilnehmen. Geld kommt nicht mehr nur über den Mann in die Familie, sondern genauso über die Frau. Die Hausarbeit gewinnt immer mehr an öffentlicher Bedeutung. Frauen in Führungspositionen bewirken einen Umbau der Hierarchie. Frauen führen anders, Frauen haben im Grunde dieses System der technomorphen Produktion nie wirklich akzeptiert. Hier tut sich in Zukunft einiges. Es wird dies ein neues Denk- und Ordnungssystem erfordern, das auch in die private Sphäre eingreift. Die beiden Welten – Beruf und Privates – sind nicht mehr den Geschlechtern so eindeutig zuordenbar wie das noch Mitte des vorigen Jahrhunderts der Fall war (vgl. dazu Schwarz, Die Heilige Ordnung der Männer, 2006, Neue Rolle der Frauen).

Auch hier gibt es übrigens eine Möglichkeit, die Arbeitslosigkeit zu beseitigen, denn das Verhältnis von bisheriger „Erwerbsarbeit" und notwendiger gesellschaftlicher Arbeit – z. B. in Form von Erziehung und Altenpflege – muss neu geregelt werden.

Damit wird der Wohlfahrtsstaat umgebaut. Der Kapitalismus räumt jetzt – und das ist wieder einer der Vorteile des Reduktionismus – mit den Domestikationsphänomenen auf, das heißt mit dem Fettansatz. Eigenverantwortung und Risiko gehen auf viele über. Das würde wieder der alten Idee des Aristoteles Auftrieb verleihen, dass man nicht die Oberen abschafft – sozusagen aufteilt, was die Adeligen besitzen –, sondern die Unteren abschafft und alle zu Herren macht: Alle werden zu Göttern. Heute würde ja jeder unserer Vorderen staunen darüber, dass der „Adel" mehr arbeitet als andere.

Das Politische bekommt mehr Bedeutung, wobei ich nicht das Parteipolitische meine, sondern politisch im Sinne des Aristoteles: Zeit und Energie werden in Konsensfindung investiert. Es gibt so viele Punkte, die in der Hierarchie von oben nach unten entschieden werden, dass wir dringend die Zeit benötigen, die hier verloren geht. Das muss sich im Arbeitsbegriff entsprechend niederschlagen – und natürlich auch in den Möglichkeiten der Entlohnung etc.

Konsensfindung ist schwere Arbeit. Ich verstehe viele, die lieber irgendwo „hackeln" (im Sinne von Befehle empfangen) als an der Konsensfindung mitarbeiten.

Konsensfindung heißt, dass die Widersprüche (meist zwischen Bereich 1 = Hierarchie und Bereich 3 = Bedürfnis und Selbstbestimmung der Mitarbeiter) ausdiskutiert werden müssen.

Aber auch zum Bereich 2 (Ökonomie) gibt es eine Reihe von neu auszubalancierenden Widersprüchen. So werden Erwerbsarbeit (Bereich 2) und Eigenarbeit (Bereich 3), die jetzt durch den abwertenden Begriff der „Schwarzarbeit" getrennt sind, wieder näher zusammenrücken. Wenn das Motiv der Steuerhinterziehung wegfällt (da ja nicht mehr primär Arbeit besteuert wird), kann die erweiterte Nachbarschaftshilfe wieder an Bedeutung gewinnen. Viele sogenannte Pfuscher sind eigentlich Wochenendunternehmer, die dann alle jene unternehmerischen Fähigkeiten entwickeln, die ihnen ihr Chef während der Woche abspricht. Außerdem wird die Erweiterung des „Kopfarbeiters" zum Heimwerker auch noch viele Probleme lösen, die heute über Sport oder Thrillkonsum sublimiert werden müssen.

Sollte solcherart die strenge Hierarchisierung der Arbeit in gute = höhere (= Kopfarbeit) und schlechte = niedere (= Handarbeit) wieder aufgeweicht werden, könnte die Zahl der Fremd- und Gastarbeiter auch wieder etwas zurückgehen. Viele Arbeiten müssen auf ihren gesellschaftlichen Wert hin überprüft und neu bewertet werden (z. B. sind soziale Arbeiten, Krankenpflege, Schule etc. vielleicht unterbewertet).

9.2 Problem der Arbeitslosigkeit

Das Phänomen Arbeitslosigkeit lässt sich erst richtig verstehen, nachdem man den Begriff der Arbeit im Sinn der Trialektik durchleuchtet hat. Arbeitslosigkeit ist ein klassisches Kennzeichen des Kapitalismus. Es gab sie – außer in Übergangszeiten – vorher nicht und sollte sie auch im neuen System nicht mehr geben.

Wie oben dargestellt, liegt es im kapitalistischen System an der Gesetzesgerechtigkeit, Arbeit zu ordnen und als ein begrenztes Gut zu verwalten. Dieses begrenzte Gut wird aufgeteilt und leistungsgerecht entlohnt. Daher werden die Leistungsstärkeren besser mit Arbeit versorgt als die weniger Tüchtigen. Irgendwann sind zu viele Menschen zu tüchtig – und es fehlt auch den Tüchtigen an Arbeit. (Dies ist heute sehr oft der Fall. Ein zum Facharzt ausgebildeter Tunesier fährt z. B. Taxi.) Arbeit, die zugeteilt werden kann, ist grundsätzlich begrenzt. Der Arbeitsbegriff, der eben auch den Bereich 3 – die Bedürfnisbefriedigung – einbezieht, öffnet unbegrenzte Möglichkeiten, sinnvolle Arbeit zu leisten. Aber dazu ist es notwendig, seine eigenen Bedürfnisse mit gesellschaftlichen Anforderungen in Beziehung zu setzen. Es ist ein Diskurs mit der „Gesetzesgerechtigkeit" (Politik) und der „Leistungsgerechtigkeit" (Wirtschaft) zu führen. Dies wird bereits vielfach ausgeübt und läuft oft unter dem Stichwort Projektarbeit. Projekte zu erfinden und sie zu organisieren sind das eine – sie müssen aber auch Geld bringen. Projekte funktionieren nur dann, wenn alle drei Bereiche der Arbeit berücksichtigt werden. Sie stellen einen neuen Arbeitsbegriff dar.

Arbeitslosigkeit ist eine notwendige Begleiterscheinung eines Entwicklungsprozesses. Die bisherige Arbeit geht verloren, neue Arbeit ist noch nicht ausreichend definiert und vorhanden. Daher gibt es bei Übergängen immer eine bestimmte Anzahl von Personen, die den Übergang nicht schafft.

Die gegenwärtige Krise ist verglichen mit früheren Krisen allerdings eine Minikrise, was die begleitende Arbeitslosigkeit betrifft. Denn es sind nicht 80 % aller bisherigen Arbeiten obsolet geworden (wie etwa beim Übergang von der Jagd zur Tierzucht oder beim Übergang vom Handwerk zu Fabrikarbeit), sondern wesentlich weniger.

Wie immer liegt aber auch heute die Schwierigkeit in der Änderung des Normensystems und daher des Arbeitsbegriffes. Erst wenn die neuen Werte akzeptiert sind, wird auch die Arbeitslosigkeit zurückgehen.

Zu erinnern ist in diesem Zusammenhang aber auch daran, dass die Menschen bei größeren Richtungsänderungen dazu neigen, entweder eine Panikschleife zu ziehen und das bisherige Verhalten zu intensivieren oder die neuen, Angst machenden Phänomene zu Gesetzmäßigkeiten zu erheben. Nach zwei oder drei harten Wintern vermuten viele eine „Rückkehr der Eiszeit", oder bei Arbeitslosigkeit vermutet man eben: „Arbeitslosigkeit gehört in Zukunft zum Wirtschaftssystem". Dies stimmt nur, wenn man als Arbeit das definiert, was die Gesellschaft bisher als Arbeit verstand.

Es könnte sein, dass die „Gesetzesgerechtigkeit" Tätigkeiten als wertschöpfende Arbeit definieren muss, um damit neue Arbeitsfelder zu eröffnen. Es könnte auch sein, dass die heutige Norm, jeder müsse ein bestimmtes Arbeitspensum leisten, einem Verständnis weicht, das den Menschen eine Existenzberechtigung und eine Lebensqualität zubilligt, ohne bestimmte Arbeitsleistungen erbringen zu müssen. Es würde dann die Lebensleistung des Einzelnen zählen – und nicht sein Beitrag an bewerteter Arbeit. Von dieser derzeit nicht bewerteten und noch nicht definierten „neuen" Arbeit gibt es nicht zu wenig, sondern zu viel. Doch nur wenige Menschen können es sich heute leisten, Leistungen zu erbringen, die von der Gesellschaft nicht als Arbeit bewertet werden und die daher auch „nichts wert" sind – wie dies teilweise dennoch Künstler, Schriftsteller, „Lebenskünstler" praktizieren. Gesellschaftliche und persönliche „Wertschätzung" mancher heute erbrachter, aber unbezahlter Leistung sind zwar der erste Schritt in die Richtung einer Neubewertung von Arbeit, dennoch wird hier noch ein Weg zu beschreiten sein, bis „neue" Arbeitsfelder gesellschaftlich so attraktiv sind, dass sie auch mit Geld bezahlt werden. Ein Schlüssel für diese Weiterentwicklung liegt sicher auch in der Weiterentwicklung des Bildungssystems, (s. u.)

9.3 Exkurs: Geschichte des Arbeitsbegriffs

Wie schon beim Geld lassen sich die Arbeitstheorien wieder den drei Bereichen der Trialektik zuordnen.

Ich vermute, dass das erste Auseinandertreten von Arbeit als Mühe und Arbeit als interessanter Tätigkeit, wie es bei den Jägern und Sammlern und zum Teil auch noch bei den Nomaden und Viehzüchtern gewesen ist, erst mit der Neolithischen Revolution – also mit dem Ackerbau – entstanden ist. Bis dahin lebten die Menschen im „Paradies" und reflektierten ihre „Arbeit" nicht als Arbeit. Erst mit dem

Abb. 9.2 Trialektik des
Arbeitsbegriffs

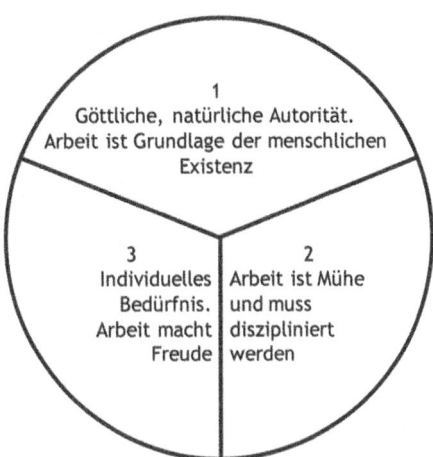

Sündenfall in der jüdisch-christlichen Tradition wird die notwendige Tätigkeit der Überlebenssicherung als Arbeit empfunden, was durch die erste „Arbeitsteilung" initiiert wurde (Abb. 9.2).

Die erste Beschreibung, die überall auftritt – bei den Griechen und im Christentum oder bei den Juden – lautet: Arbeit ist Mühe. Der Mensch isst vom Baum der Erkenntnis, verliert das Paradies und muss im Schweiße seines Angesichts sein Brot verdienen. Im Paradies musste man offensichtlich nichts arbeiten – so könnte man jetzt rückschließen –, und im Volksmund heißt das Paradies ja Schlaraffenland, da fliegen einem die gebratenen Tauben in den Mund, woraus hervorgeht, dass Hausarbeit – nämlich das Braten von Tauben – Arbeit ist, die im Schlaraffenland offenbar nicht geleistet werden muss.

Die Geschichte vom Sündenfall ist für den Begriff der Arbeit noch aus einem anderen Grund interessant: Der Mensch erreicht die Gottebenbildlichkeit erst, als er gegen ein Gebot Gottes verstößt. Da sich dieser Grundgedanke in fast allen Mythen der Menschheit findet (z. B. Prometheus raubt den Göttern das Licht und bringt es den Menschen), dürfte es sich hier um eine grundlegende Gesetzmäßigkeit für das Phänomen des Findens von Identität oder Selbstständigkeit handeln. Es wiederholt sich diese Geschichte bei der Entwicklung jedes Menschen in den diversen Ablösungsphasen von der ersten Trotzperiode bis zur Pubertät. Immer verstößt der Abhängige gegen ein Gebot der Autorität, um Identität zu gewinnen. Anders kann er nicht sicher sein, dass seine Entscheidung wirklich seine eigene Entscheidung ist (und nicht noch immer die der Autorität).

Die ursprüngliche „Autorität" könnte auch die Natur gewesen sein. Der Mensch „zähmte" die Natur, indem er sich zunächst mithilfe des Feuers von ihr emanzipierte und später mithilfe höherer Technik die Natur an seine Bedürfnisse anpasste. Jeder dieser Schritte war auch ein Verstoß gegen die „göttlichen" Gebote der Natur. Später traten dann (in der Hierarchie) an die Stelle der „natürlichen Autorität" (Mutter Natur) die menschlichen „Funktionäre" der Gesellschaft in Form von Führungspersönlichkeiten.

Die Frage, ob eine Entscheidung von einem Menschen aus sich selbst heraus getroffen wurde (ens a se ist eine mittelalterliche Bezeichnung für Gott als Schöpfer) oder ob andere Menschen sie getroffen haben und sie jemand anderem aufgezwungen wurde (ens ab alio ist das fremdbestimmte Geschöpf), spielt natürlich bei der Arbeit eine große Rolle. Hier liegt der Unterschied, ob Arbeit Mühe ist (fremdbestimmt) oder ob sie Freude macht (selbstbestimmt). Arbeiten wir, um zu leben, oder leben wir, um zu arbeiten? Hier treten also der Bereich 1 = göttliche Autorität und der Bereich 3 = individuelles Bedürfnis auseinander.

Die Sprichwörter diesbezüglich sind geteilt: Die eine Hälfte geht von fremdbestimmter und daher mühevoller Arbeit aus. Da heißt es: „Nach getaner Arbeit ist gut ruh'n", „Stöhnen ist die halbe Arbeit" oder: „Der Kerl, der die Arbeit erfunden hat, der muss nichts zu tun gehabt haben". Dieses Sprichwort ist ausnahmsweise nicht von Nestroy, sondern es ist ein Berliner Spruch.

Die zweite Bedeutung der Arbeit edelt und belohnt den Menschen. Er arbeitet, und daher erreicht er sein (selbstbestimmtes) Ziel (sich die Erde untertan zu machen): „Ohne Fleiß kein Preis", „Wer rastet der rostet", „Morgenstund hat Gold im Mund", „Wer nie sein Brot mit Tränen aß …". Arbeit ist sozusagen der Preis, der für die Freiheit gezahlt werden muss. Emanzipation von der Natur geht nur durch Arbeit. Aristoteles sagt, dies gelinge nur durch eine Einteilung der Menschen in Obertanen und Untertanen, in Herren und Knechte (Sklaven).

Die Hierarchie ist durch die Notwendigkeit der Arbeitsteilung entstanden. Man musste sich gegen Feinde verteidigen. Aristoteles sagt, einige haben Muße und können sich dem Denken, dem Erfinden etc. widmen. Originalton: „Fortschritt in eine angenehmere Lebensführung ist erreicht worden, weil Menschen sich der Weisheit, der Wissenschaft, ‚episteme' widmen konnten, zuerst in Gegenden, wo man Muße hatte – ‚hedoné' heißt das im Griechischen – und sich mit der ‚arché', mit den Ursachen und Prinzipien beschäftigen konnte."

Hier führt er ein interessantes Beispiel an, das vielleicht nicht ganz unaktuell ist. Es gab damals wie heute das Problem des „Beherrschens der Welt", der „techné". Einer, der Bauwerke aufrichtet, war ein „tektonos", ein Baumeister.

Diese Baumeister verbauten jedoch die Gegend ziemlich wild und planlos. Das Land wurde zersiedelt, man baute Häuser, die in sich zusammenfielen und dann wieder woanders neu aufgebaut wurden. Dort aber war bereits eine Straße geplant – kurz und gut, es gab ein ziemliches Chaos. Da machte Aristoteles den Vorschlag, einige dieser „tektonoi" in der „arché" zu unterrichten. Er stellte dafür sozusagen sein erstes Managementtrainings-Zentrum, die Akademie und später die peripatetische Schule zur Verfügung.

Einige Baumeister haben dort „arché" studiert, also die Lehre von den Grundprinzipien. Aristoteles hat dann den Vorschlag gemacht, diese „tektonoi", die die „arché" studiert haben, mit einem eigenen Namen zu belegen – er hat sie „archetektonoi" genannt, also mit der „arché" beschäftigte „tektonoi", und er hat vorgeschlagen, dass diese „archetektonoi" in Zukunft gefragt werden müssen, wenn die „tektonoi" ein Bauwerk errichten wollen. Allein durften sie das nicht mehr. Dass Aristoteles mit diesem Vorschlag durchgekommen ist, wissen wir hinlänglich. Doch damit ist auch diese Zweiteilung erreicht worden zwischen denen, die anschaffen – „denken", sagt er –, die Zusammenhänge erkennen und daher Entscheidungen treffen dürfen, und denen, die diese Entscheidungen durchführen, die „arbeiten". Die Denker „arbeiten" somit auch nicht.

Über diese Einteilung der Menschen in Ober- und Untertanen, also in solche, die befehlen, und solche, die die Befehle ausführen und arbeiten, findet sich bei Aristoteles in der Entwicklungsgeschichte der Menschheit ein Dreischritt des Arbeitsprozesses.

Erstens hat der Mensch händisch gearbeitet – er hat sich durch seinen aufrechten Gang die Hände freigemacht.

In weiterer Folge hat er zweitens das Werkzeug erfunden. Werkzeuge haben dem aufrecht gehenden Menschen den ersten Freiheitsschub gebracht. Er kann mehr, als ihm die Ausstattung seiner Natur unmittelbar ermöglicht – er kann mithilfe von Werkzeug Feinarbeit aber auch Schwerarbeit leisten.

Drittens hat der Mensch festgestellt, dass das beste Werkzeug der Mensch selbst ist – der Mensch als universales „Werkzeug". Aristoteles spricht von zwei Arten der Werkzeuge: leblose und lebendige. Er sagt z. B., dass „für den Steuermann das Steuerruder ein lebloses, der Untersteuermann aber ein lebendiges Werkzeug" ist, „jeder Diener ist gewissermaßen ein Werkzeug, das viele andere Werkzeuge vertritt".

Damit ist dieser grundlegende Zusammenhang von selbst- und fremdbestimmter Arbeit deutlich geworden. Der Mensch kann dem Menschen Werkzeug sein. Die einen sind nach Aristoteles die Sklaven, die anderen die Herren. Die Sklaven sind Werkzeug für die „Herren", sie sind Mittel zu einem ihnen aufgezwungenen Zweck. Die Obertanen- und Untertanenrelation machte aus bisher „gleichwertigen" Menschen eine Herr-Knecht-Gesellschaft. Noch heute lebende Hirtennomaden, wie etwa die Beduinen in der Wüste oder die Massai in der ostafrikanischen

Steppe, sind stärker auf ihre „Freiheit" bedacht und verachten die „Fellachen", die Ackerbauer und Sklaven sind. Auch der Konflikt zwischen Kain und Abel war einer zwischen Hirten und Ackerbauern. Der Gott des Alten Testaments Jahwe war damals am Anfang seiner „Karriere" übrigens ein Hirtengott: Er bevorzugte Abel gegenüber Kain.

Ob die Einteilung der Menschen in Herren und Sklaven eine notwendige ist oder ob sie eine historische Übergangslösung der arbeitsteiligen Neolithischen Gesellschaft darstellt, beschäftigte die Philosophen immer schon, denn mit der Entwicklung der Hierarchie (Bereich 1) wird eklatant gegen die Bedürfnisse der Untertanen (Bereich 3) verstoßen.

So entwirft Aristoteles eine interessante Utopie. Er stellt in seinem Buch „Politik" die Frage: Wieso haben die Götter keine Sklaven? Und er antwortet: Die Götter haben keine Sklaven, weil es ihnen gelingt, Werkzeuge zu erzeugen, die sich selbst bewegen. Er nennt solche Werkzeuge „autómatoi".

Dabei wirft er einen Blick in die Zukunft und sagt: „Dann freilich, wenn jedes dieser Werkzeuge, sei es auf erhaltenen, sei es auf erratenen Befehl hin" – die haben also nicht nur Befehle erhalten, sondern auch erraten, die waren also schon intelligent – „seine Aufgabe zu erfüllen vermöchte, wie es von den Bildsäulen des Dädalus oder den Dreifüßen des Hephaistos heißt, (…) wenn so die Weberschiffe selber webten und die Zitherschläge von selbst die Zither schlügen, dann freilich bedürfte es für den Meister nicht der Gehilfen und für den Herren nicht der Sklaven."

Das ist eine interessante Utopie, dass der Computer („autómatos") den Menschen die Arbeit abnimmt – sowohl die Arbeit des Planens („sie erraten die Dinge") als auch die des Ausführens. Dann, meint Aristoteles, hätten die Menschen so Muße wie die Götter, sie müssen sich nicht mehr mit händischer Arbeit beschäftigen (weil das mache die „Automation"), sondern sie beschäftigen sich mit den Ordnungsprinzipien, das heißt mit „Politik". Dazu gehört nach seiner Aufzählung das Bearbeiten von Konflikten, von Intrigen wie die Fragen des Zusammenlebens der Menschen.

Zu den sicher schwierigsten Aufgaben wird das jeweilige Ausbalancieren der drei Dimensionen der Trialektik gehören. Je schwächer das hierarchische System, das Herr-/Sklavensystem, also die Einteilung der Menschen in Obertanen und Untertanen als Ordnungssystem, wird, desto weniger kann diese „Arbeit" an die jeweiligen Vorgesetzten (Zentralpersonen) delegiert werden. Vielleicht ist heute der Zeitpunkt gekommen, den Aristoteles schon visionär vorausgesehen hatte: Die „Automation" – also die Übernahme vieler „Sklavenarbeiten" durch Maschinen und Computer – zwingt uns, die Frage nach der Einteilung der Menschen in Ober- und Untertanen neu zu stellen.

Akut wird diese Frage durch die digitale Revolution. Wie schon oben erwähnt tritt die Digitalisierung sehr stark über die Bedürfnisschiene in den Vordergrund. Die Bedürfnisse sind aber ziemlich unhierarchisch. Das wird zumindest heute so verkauft und installiert. Das Verhalten der Menschen wird nicht mehr durch Hierarchien (Eltern, Lehrer, Chefs, et cetera.) bestimmt, sondern die Menschen können selbst bestimmen, was sie wollen – zumindest glauben sie das. (Wie lange noch?) Einige dieser Punkte der Digitalisierung sind:

- freie Wahl der Freunde,
- freier Zugang zu den Daten der digitalen Welt.
- Über Kauf oder Konsum bestimmt jeder selbst.
- Damit wird jeder auch Unternehmer seiner selbst.
- Niemand ist mehr von Autoritäten abhängig, wenn er nicht will.
- Die Kommunikation scheint offen und gleichrangig zu sein.
- Jeder ist sich selbst und allenfalls einer Gruppe verantwortlich, aber nicht einem Chef.
- Daher bewirken Google, Facebook und Co. mehr Selbstvertrauen für ihre Benützer, wie Untersuchungen gezeigt haben.

Es wird versucht, eine Welt zu schaffen, in der das Bedürfnisprinzip Vorrang hat, ohne dass es zu einem Aufstand oder zu einer Revolte gegen die etablierten Autoritäten kommt. Diese werden sozusagen still und heimlich abgewählt bzw. sind eben nicht mehr konkurrenzfähig.

Durch das Zusammenkommen von Ökonomisierung und Digitalisierung im neuen digitalen Kommunikationssystem punkten die neuen Organisationsformen gegenüber dem klassischen hierarchischen System. Auch Innovationen können besser schneller und auch billiger organisiert werden als mit dem klassischen Über- und Unterordnungsprinzip.

Viele „Freunde" arbeiten oft ohne Honorar und mit großer Begeisterung in neuen innovativen Projekten mit. Die Arbeit ist effizient, weil die Mitglieder der Gruppen einander anspornen und auch niemand vorher schon weiß, wer jeweils die dazu passende Idee hat. Im kleinen Bereich ist diese Entwicklung bereits von der Gruppendynamik gezeigt worden. Aber das Prinzip der partizipativen Plattformen führt zu optimierten Prozessen, die schneller, billiger und auch effizienter sind als die herkömmlichen Systeme in Projektgruppen, Arbeitsgruppen oder gar in der Hierarchie.

Auch Karriere kann hier auf eine neue Form gemacht werden. Man muss sich nicht mehr durch eine Hierarchie nach oben dienen. Wenn man gute Ideen in der digitalen Welt entwickelt, kann ein Student zur Weltspitze aufsteigen (Bill Gates, Marc Zuckerberg, etc.).

Digitale Revolution bringt im Bereich der Arbeit zunächst also einen neuen Freiheitsschub oder – mit Aristoteles gesprochen – die Abschaffung der Sklaverei. Mit dem Internet fällt auch das Informationsmonopol zentraler Positionen. Der Philosoph Laplace hatte schon vor 200 Jahren das Internet vorausgesagt – als eine „Maschine, die alles weiß und daher als neuer Weltgeist anstelle Gottes anzusehen ist".

Die gleichwertige Kommunikation bringt auch eine verbesserte Widerspruchskultur. In der Hierarchie gibt es das Problem, dass jeder der einer Autorität widerspricht sich dieser gleichwertig setzt. (Gottebenbildlichkeit: „Siehe Adam ist worden wie unsereiner") damit vermuten die Hierarchien (übrigens zurecht) eine Art Autoritätsverlust. Alpha-Positionen haben aber nicht immer nur den Sinn, alles besser zu wissen und zu entscheiden sondern auch den Untertanen Sicherheit zu geben. Diese geht durch einen Widerspruch verloren. Daher pflegen heute Chefs immer abzuwägen, ob sie Kritik zulassen oder nicht. Die meisten entscheiden sich heute für „Kritik unter vier Augen", lassen Kritik aber nicht öffentlich zu. Dies gestattet aber nicht das Nutzen von Gruppen- oder Schwarmintelligenz. Daher sind die neuen Formen einer autoritätsfreien oder gleichwertigen Kommunikation immer besser als die alten Hierarchien.

Allerdings steigt mit diesem System auch der Druck einer Gruppe auf die Einzelpersonen. Schon werden die ersten Stimmen laut, dass mit diesem neuen System die Privatsphäre nicht wirklich mehr gesichert ist. Auch könnte es gut sein, dass an die Stelle der Ausbeutung durch einen Chef eine Art Selbstausbeutung stattfindet. (Siehe auch letztes Kapitel: die Grenzen der Digitalisierung)

Anatol France hat gesagt, die Arbeit sei etwas Unnatürliches, Faulheit allein sei göttlich. Hier wird die moralische Bewertung von Arbeit über Bord geworfen. Die Faulheit entspreche der Göttlichkeit, das Unnatürliche der Arbeit. Es ist ein Versuch, das Gegenteil von Arbeit zu finden – nämlich Faulheit -, und dabei landen wir bei den Göttern.

Das Christentum hat an die Tradition des Aristoteles insofern angeschlossen, als es den Menschen als Ebenbild Gottes versteht, wodurch die Unterscheidung in Herren und Sklaven wegfällt. Im Mittelalter hat man gesagt, alle werden zu Herren – sind also Ebenbild Gottes. Die Menschen werden zu „Göttern", wenn sie frei entscheiden und sich selbst bestimmen – ens a se. Insofern sie sich von jemand anderem bestimmen lassen – ens ab alio -, sind sie ihrer Bestimmung nach entfremdet – und das ist die Definition von Sünde. Der christliche Auftrag heißt daher, es sollten nicht die oberen Schichten einer Gesellschaft abgeschafft werden, sondern die unteren. Alle werden zu Herren, alle werden zu Göttern in irgendeiner Form.

Die Abschaffung der Sklaverei gelingt allerdings nicht innerhalb des hierarchischen Prinzips. Das ist ein sehr wichtiger Punkt. Indem man statt Sklaven Mitarbeiter sagt, ist die Entfremdung des Menschen und damit die Sklaverei noch nicht abgeschafft. Es wird nur ein anderes Wort dafür eingesetzt.

Anhand eines aktuellen Geschehens des damaligen Athens geht Aristoteles auf die Frage der Entstehung von Abhängigkeit ein. Dieses Geschehen ist leider auch heute noch aktuell.

Einige Personen aus der Athenischen Polis hatten sehr viele Sklaven. Wenn diese ihnen zu einer zu großen Belastung wurden, weil sie sie nicht mehr ernähren oder transportieren wollten, ließen sie diese einfach umbringen. Daraufhin hat es in Athen so etwas wie eine Bürgerinitiative gegeben.

Aristoteles beschreibt das folgendermaßen: „Nun erheben einige unserer Rechtstheoretiker, die so oft gegen die Staatsredner anhängig gemachte Anklage auf Gesetzwidrigkeit" – also sozusagen eine Lobby von Amnesty International -, „indem es doch arg sei, dass, wenn einer nur die Macht dazu habe, einen anderen zu überwältigen, und keinen anderen Vorzug vor ihm als den dieser größeren Macht besitze, dennoch der Überwältigte ihm gehorchen und als Sklave dienen solle."

Aristoteles hätte sich heute sicher gegen Gaddafi gewehrt, der die Königsmacht gegen ein Volk einsetzte. Aischa, die Tochter Gaddafis, sagte noch im Jahr 2011: „Wer Gaddafi nicht liebt, hat kein Recht zu leben."

Das bringt uns zur zentralen Frage, nämlich wieso Machtlosigkeit dazu führt, dass jemand in Abhängigkeit kommt. Wobei es gleichgültig ist, wodurch die Macht entsteht. Bei Aristoteles ist es noch primär die Kriegsmacht, bei uns ist dies eher die Wirtschaftsmacht, doch Kriegsmacht ist ebenfalls noch nicht ganz aus der Welt geschafft.

Wie es zwei Gründe gibt, Sklave zu werden, so gibt es auch zwei Gründe, abhängig zu werden. Erstens, weil man eine Autorität braucht – man kann und will sich nicht selbst bestimmen –, und zweitens, weil man von einer Autorität in eine Dienerrolle gezwungen wird.

Dies führt nun in der gesamten Tradition zur Idee, diese Differenz wieder abzuschaffen. Insbesondere wird die Differenz am Beispiel von Arbeit und Nichtarbeit reflektiert. Arbeit ist sozusagen die Mühsal, die Fron. Hier schwitzt man, man ist Untertan. Arbeit ist Sklavenarbeit, und zwar sowohl in der Antike als auch im Christentum. Diese Arbeit sollte abgeschafft werden.

9.4 Bedeutung der Arbeit im Christentum

Das Christentum wendet sich gegen den Begriff der Arbeit als reine Fron. Deswegen kann Aristoteles als vorchristlicher „Kirchenvater" betrachtet werden. Jesus und alle in seiner Nachfolge sind vollkommen der Gottheit und vollkommen der Menschheit gleich. Sie haben die Freiheit der Kinder Gottes. „Ich bin niemandes Knecht", sagt Paulus.

Der Grundanspruch des Christentums ist, von der Fremdbestimmung – durch wen auch immer – wegzukommen. Der ärgste Tadel, den Jesus von Nazareth aussprach, war die Besessenheit eines Menschen. Wenn er zu jemandem sagte, „du bist besessen", so meinte er „besessen von einem anderen Menschen", der ihn besitzt. Alle die, die andere besitzen, hat er Teufel genannt.

Liebe als Prinzip des Zusammenlebens kann es nicht zwischen „Besessenen" geben, denn die sind nicht frei. Liebe oder Anerkennung einer anderen Person setzt Freiheit, Freiwilligkeit voraus. Ich bringe gerne das Beispiel, dass jemand sagt: Ich liebe dich! Und ich frage: warum? (Was ich in der Praxis nicht mache – ich frage das hier nur wegen des Beispiels.) Ich höre z. B. dann als Antwort: Ich bin Angehöriger einer Religionsgemeinschaft, die verlangt, liebe deinen Nächsten, und du bist mein Nächster, also was soll ich machen, ich liebe dich. Dann ist diese Liebe deshalb weniger wert, weil sie nicht aus dem Menschen selbst kommt.

In diesem Zusammenhang sollte man nicht unerwähnt lassen, dass es auch die Auffassung gibt (die einiges für sich hat), das Christentum sei durch die christlichen Kirchen nicht nur erhalten, sondern auch verfälscht worden. Deshalb kann Fortschritt manchmal auch als Rückkehr zum ursprünglichen Sinn verstanden werden.

Für den Begriff der Arbeit (und damit die Überwindung der Arbeitslosigkeit) gibt eine solche Rückbesinnung meines Erachtens einiges her. So ist etwa das christliche Grundthema, Liebe als das Prinzip des Zusammenlebens anzusehen (zumindest in direkter Kommunikation) – heute müsste man wohl sagen: „Konsensfindung" –, sicher ein Gedanke, der sich durch alle Überlegungen zur Weiterentwicklung hierarchischer Strukturen wie ein roter Faden hindurch zieht.

Wenn man als „menschlich" alle Dependenzstrukturen ansieht (denen wir ja nicht entkommen können) und als „göttlich" alle Weisen der Selbstbestimmung und Freiheit definiert, dann ist einsichtig, dass heute jeder gleichzeitig göttlich und menschlich sein muss. „Göttlich" heißt in diesem Zusammenhang frei und selbstbestimmt zu leben (vgl. dazu Schwarz, Was Jesus wirklich sagte, 2006). Ohne Freiheit gibt es aber keinen Konsens, daher kann niemand, der in einem Abhängigkeitsverhältnis steht und sich also in einer Herr-Knecht-Situation befindet, mit der Instanz, von der er abhängt, einen Konsens finden. Anders als mit Obertanen-Untertanen-Relationen sind aber bisher arbeitsteilige hierarchische Strukturen nicht organisierbar gewesen. Es stellte sich nämlich schon sehr bald heraus, dass der Gedanke mit Liebe und Gewissen nur auf direkte Kommunikation passt.

Das Christentum mit seinem Ansatz der Nächstenliebe bezieht sich ursprünglich auf Kleingruppen. Auf anonyme Verhältnisse, wie es die meisten Arbeitsverhältnisse sind, ist dieses Prinzip nicht wirklich leicht übertragbar (s. u. Trialektik der Ethik). Dort geht es nicht um Vertrauen, sondern um Kontrolle, nicht um Konsens, sondern um Unterordnung, nicht um Freiheit, sondern um Gehorsam usw. (Deshalb haben sich die Kirchen im Zuge ihrer Institutionalisierung von diesem Grundgedanken auch immer mehr entfernt.)

Wenn der Kapitalismus heute in eine neue Phase kommt, in der durch Auflösung der Obertanen-Untertanen-Relationen mehr Entscheidungen im Konsens getroffen werden können – also eine bessere Ausbalancierung von Bereich 1 und Bereich 3 –, dann ergibt dies einen neuen Arbeitsbegriff. Diese Balance ist dann gegeben, wenn die Arbeit Spaß macht, wenn man mitentscheiden kann, sich Raum und Zeit den eigenen Bedürfnissen entsprechend einteilen kann – und das alles auch Geld bringt. Eine gute, praktische Möglichkeit, die bessere Ausbalancierung zu erreichen, ist aber die lebenslange Bildung.

Das Bildungswesen im Spiegel der Trialektik

10

Diese Gedanken haben mich dazu verleitet, das Modell der Trialektik auch auf den Bildungsbereich anzuwenden.

Werfen wir einen kurzen Blick darauf, was durch die Möglichkeit, etwas zu kaufen, grundsätzlich verändert wird. Kauf kann als Fortschritt gegenüber Zuteilung oder Raub angesehen werden, weil er das Gleichgewicht zwischen Leistung und Bedürfnis herstellt. Leistung und Bedürfnis müssen einander im Rahmen des Marktes entsprechen. Es wird derjenige erfolgreich sein, dem es besser gelingt, die Bedürfnisse der Menschen zu erfassen (bessere Marktforschung) und der daher die besseren = bedürfnisgerechteren Produkte hat. Ob ein Produkt bedürfnisgerecht ist oder nicht, kann erst derjenige feststellen, der die Leistung, das Produkt, erworben hat. Das heißt, wir erleben mit der Erwerbbarkeit von Gütern materieller wie immaterieller Art – also mit der Idee des Kapitalismus – den Übergang von der Fremdbestimmung zur Selbstbestimmung. Damit ist allerdings eine Selbstbestimmung gemeint, die die Bedürfnisse der anderen im Blick hat und daher Konsens notwendig macht. Dieser Wandel vom Bestimmtwerden zur autonomen Selbstbestimmung ist ein Grundgedanke unserer christlichen Tradition. Wir finden diesen Gedanken nicht nur im Bildungsbereich, sondern auch in sehr vielen anderen Bereichen, wie z. B. in den Wissenschaften.

So erkennen die Naturwissenschaften nur etwas an, was jedermann selbst auch überprüfen kann. Es wird damit esoterisches Spezialwissen verhindert. Wissen wird öffentlich gemacht. Jeder hat prinzipiell Zutritt zu diesem Wissen und kann es studieren.

In der Marktwirtschaft verlässt man durch den Kauf das feudale Zuteilungsprinzip. Jeder kann selbst entscheiden, welche Produkte ihm entsprechen und welche nicht. Diese Möglichkeit wird durch die Verbreiterung der Organisationsbasis Geld erreicht. Geld ist zudem ein unspezifisches Organisationsmittel und nicht ideologiegebunden. Es bevorzugt niemanden – außer den, der es hat! Damit wird eine

© Springer Fachmedien Wiesbaden 2016
G. Schwarz, *Die Religion des Geldes*, DOI 10.1007/978-3-658-10508-2_10

anonymisierte Form der Kommunikation erreicht, die deshalb „gerechter" ist als alle anderen Formen, weil sie eben von persönlichen Vorlieben eines zuteilenden Feudalherren (Bildungsprivilegien) absieht.

Nun wurde im Kapitalismus dieses Feudalprinzip zunächst einmal zum Teil außer Kraft gesetzt. Bezüglich der Zuteilung des Zugangs zur Universität ist das Prinzip Bildung nicht weiter eingeschränkt, sondern durch das Leistungsprinzip ergänzt worden. Es konnte sozusagen jeder, der gute Noten hatte, in die Schule gehen, auch auf höhere Schulen und sogar an die Universität, weil das System nicht auf bestimmte Feudalsysteme, also auf die Nachkommen von Funktionären, beschränkt und auch nicht auf bestimmte ökonomische Schichten eingeschränkt war. Trotzdem war es so, dass es die Eltern leisten mussten, ihre Kinder bis zum 25. oder 27. Lebensjahr zu erhalten. Ärmere Schichten mussten ihre Kinder früher in den Produktionsprozess, in die Selbstständigkeit entlassen.

Das heißt, wenn Bildung in den Bereich der Marktwirtschaft miteinbezogen wird, bedeutet das auch das Ende des Bildungsmonopols, und der Mensch kann sich in seiner Selbstständigkeit weiterentwickeln.

Sehr erfolgreich scheint mir auch das Modell der Werkstudenten zu sein. Ich selbst hatte als Waisenkind keine Eltern, die mir ein Studium hätten bezahlen können. Ich musste daher jeweils so lange arbeiten, bis ich mir mein Weiterstudium wieder finanzieren konnte. Wenn mir das Geld ausging, musste ich mir wieder eine Arbeit suchen (als Skilehrer, beim Chauffeurshilfsdienst, als Nachhilfelehrer etc.). Ich glaube übrigens, dass ich in dieser „Praxiszeit" vieles gelernt habe, was ich in meinem späteren Beruf als Sozialwissenschaftler und Konfliktmanager verwenden, jedoch im theoretischen Studium auf der Universität nicht lernen konnte.

Nachdem die Unternehmen heute zunehmend mit mündigen Menschen konfrontiert werden, müssen sie sich in ihrer Struktur auf diese neue Situation einstellen. Es gibt immer weniger Mitarbeiter, die sich bevormunden lassen bzw. blinden Gehorsam leisten wollen. Welche Voraussetzungen dafür leisten aber die heutigen Bildungseinrichtungen?

10.1 Die drei Bereiche des Bildungssystems

Schulen haben (meistens) oder bekommen so wie alle Institutionen – jedenfalls im heutigen Gesellschaftssystem – drei Aufträge: 1) einen öffentlichen (in diesem Fall Bildungsauftrag), 2) einen ökonomischen und 3) einen humanitären. Bildung muss also gleichzeitig Tradition (=Wissen) vermitteln, eine (vergleichbare) Ware sein und dem Bildungs- und Ausbildungsbedürfnis der jungen Menschen entsprechen. Analog zu den drei Bereichen des Geldes finden sich auch im Bildungssystem drei Bereiche, die sich zueinander aporetisch verhalten und gegenseitig bedingen.

Der Bereich 1 umfasst die öffentlichen Bildungsinstitutionen – vom Kindergarten bis zur Universität.

In der Vergangenheit war das Bildungssystem weitgehend ein Monopol des Staates und damit so wie andere Institutionen (Post, Bahn etc.) der freien Marktwirtschaft nicht zugänglich. Das hatte natürlich Vor- und Nachteile. Die Vorteile liegen sicher im einheitlichen Ausbildungssystem. Die Nachteile liegen in der geringen Flexibilität und der nur sehr langsamen Anpassungsgeschwindigkeit der Bildung an die Anforderungen der Gesellschaft.

Die öffentlichen Bildungsinstitute beanspruchten auch ein Bildungsmonopol. Das heißt, dass bestimmte Lehren an Schulen und Universitäten via Lehrplan verordnet werden, die quasi einen Maßstab für Bildung darstellen. Zu diesen Einrichtungen gibt es kaum Alternativen. Der Mensch bekommt seine Schulbildung im Sinne der Bedürfnisgerechtigkeit zugeteilt, wobei die Gesellschaft immer auch eine Elitenbildung im Sinn hatte. Der Staat nimmt die Ordnungsfunktion im Sinne der Gesetzesgerechtigkeit wahr.

Im Bereich 2 werden Schulen wie auch Universitäten sukzessive in die Autonomie entlassen und müssen sich unter Konkurrenzbedingungen auf einem freien Markt bewähren. Gefördert und beschleunigt wird dieser Ökonomisierungsprozess durch die rasche Entwicklung von privaten Bildungsinstitutionen, die den öffentlichen zunehmend Konkurrenz machen. Schulen sind daher (auch) gewinnorientierte Unternehmen, und die (Aus-)Bildung wird zur Ware, die ihren Preis hat.

Im dritten Bereich des trialektischen Modells bedeutet Bildung die jeweilige individuelle Durchdringung und die mit dem Wissen und den erworbenen Fähigkeiten gemachten Erfahrungen der Lernenden.

Die Grundaporien der drei Bereiche des Bildungswesens unterscheiden sich im Grundprinzip nicht von den drei Bereichen des Geldes, allerdings inhaltlich von den Geldaporien. Sie stehen ebenso trialektisch miteinander in Beziehung wie auch im Widerspruch zueinander.

Aporie des Bereichs 1 zu Bereich 2 lautet:

- Bildung ist ein Maßstab für die Gesellschaft. Sie ist ein allgemeines Recht und muss jedem Menschen zugänglich sein.
- Bildung kostet einen Preis, den sich nicht jeder Mensch leisten kann.

Die Aporie des Bereichs 1 zum Bereich 3 kann so formuliert werden:

- Bildung muss einem allgemeinen Wertmaßstab entsprechen.
- Bildung ist nicht messbar, sie verwirklicht sich in jedem Individuum auf eine eigene Weise.

Abb. 10.1 Die Trialektik
des Bildungssystems

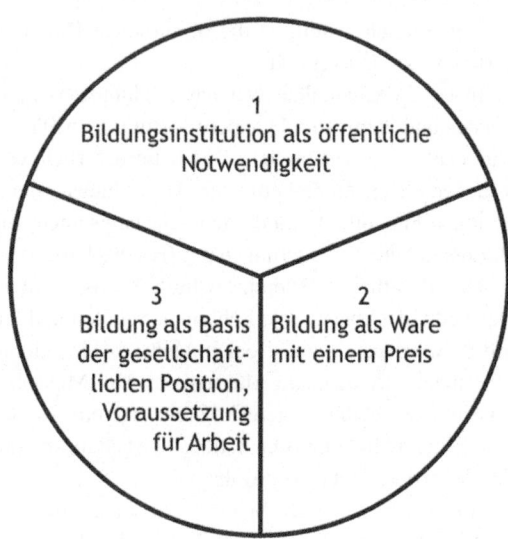

Die Grundaporie des Bereichs 2 zum Bereich 3 lautet:

- Bildung ist wie jede andere Ware käuflich und hat ihren Preis.
- Bildung ist individuelle Aneignung von Wissen oder Erfahrung, und dies kann mit Geld nicht erworben werden.

Die Trialektik des Bildungssystems in bildlicher Darstellung (Abb. 10.1):

10.2 Die Rollen der Lehrenden

In den drei Bereichen sind Lehrende und Lernende die Hauptakteure. Sie stehen in einem engen Abhängigkeitsverhältnis zueinander und bedingen einander. Es ist ähnlich wie bei der Geldtrialektik: Je nachdem, ob man es mit dem Bankkaufmann oder dem Bankberater zu tun hat, begibt man sich als Kunde in eine andere Rolle.

Entsprechend den drei Bereichen sind auch die Rollen der SchülerInnen und LehrerInnen jeweils andere. So entspricht dem jeweiligen Rollenbild der Lehrperson auch ein bestimmtes Rollenbild des Schülers bzw. des Lernenden.

Im Bereich 1 ist die Lehrperson „Staatsbeamter", sie ist Autorität und vermittelt tradiertes, anerkanntes Wissen. Beamte haben ein sicheres Einkommen und sind nicht den Schwankungen des Marktes ausgesetzt. Beamte haben bestimmte Befugnisse. Im Falle der Lehrerinnen ist dies das Recht und die Pflicht, mithilfe eines institutionellen Instrumentariums zu unterrichten, zu bewerten, zu zensieren etc. Jeder hat sich irgendwann einmal bestimmten Prüfungen und Tests unterzogen, Schulaufgaben und Strafarbeiten machen müssen, Zensuren, Zeugnisse bekommen etc. Die Schüler sind in diesem Bereich abhängige Gefolgsleute der Lehrenden. Sie haben deren Anordnungen zu befolgen.

Im Bereich 2 entspricht die Rolle der Lehrperson der eines Unternehmers am freien Markt. Die Lehrenden sind mit anderen „Bildungsanbietern" in Konkurrenz. Der Leistungsdruck des Lehrpersonals ergibt sich aus einer gewissen Messbarkeit ihrer Effizienz. Die Lernergebnisse der Schüler stellen ein Maß dar für die (pädagogische und fachliche) Leistungsfähigkeit der Lehrerinnen. Es muss ein bestimmter Bildungslevel erreicht werden, ansonsten wird an den pädagogischen Fähigkeiten des Lehrpersonals gezweifelt, und die Schüler wandern womöglich in eine andere Bildungseinrichtung ab. Der Pisa-Test ist etwa ein Instrument, mit dem nicht nur die Lernerfolge der Schüler, sondern indirekt auch die Erfolge der Lehrenden gemessen werden.

Der Bereich 3 bedeutet, dass LehrerInnen und Schüler gemeinsam in einer lernenden Beziehung stehen. Der Lehrer ist Partner der Schüler, er orientiert sich als Dienstleister an ihren Bedürfnissen (und Fähigkeiten) und entwickelt so seine pädagogischen Fähigkeiten weiter. Der Schüler hingegen ist Lernender, der das Erlernte als Können, Wissen und Erfahrung anwendet – je nach Bedürfnislage (Abb. 10.2).

Abb. 10.2 Rollen-Trialektik im Bildungssystem

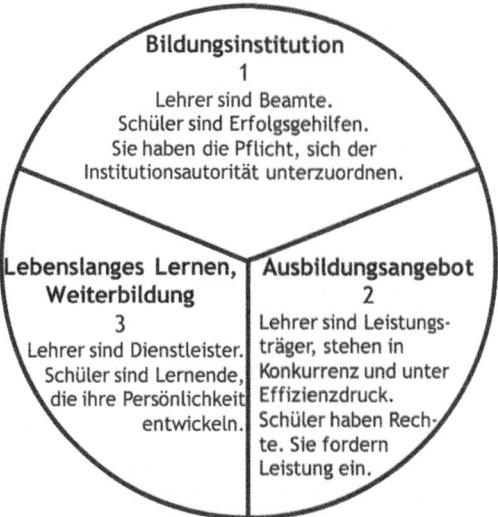

Bildungsinstitution
1
Lehrer sind Beamte.
Schüler sind Erfolgsgehilfen.
Sie haben die Pflicht, sich der
Institutionsautorität unterzuordnen.

Lebenslanges Lernen,
Weiterbildung
3
Lehrer sind Dienstleister.
Schüler sind Lernende,
die ihre Persönlichkeit
entwickeln.

Ausbildungsangebot
2
Lehrer sind Leistungsträger, stehen in
Konkurrenz und unter
Effizienzdruck.
Schüler haben Rechte. Sie fordern
Leistung ein.

Ich habe seit rund drei Jahrzehnten diese Entwicklung beobachtet und an mir selbst den Unterschied zwischen öffentlicher und privater – also ökonomisch ausgerichteter – Bildungsinstitution erlebt. Ich habilitierte mich an zwei öffentlichen Universitäten (Wien und Klagenfurt) für zwei Fächer – nämlich in Wien für Philosophie und in Klagenfurt für Gruppendynamik. Ich unterrichtete als Privatdozent in Wien (1962 bis 2010) und in Klagenfurt zwischen 1980 und 2008 – also 96 bzw. 56 Semester an der Universität.

Daneben unterrichte ich seit 1968 an verschiedenen Privatuniversitäten im Auftrag großer Unternehmen. Die Unterschiede sind erheblich. Um nur einige zu nennen:

- An den öffentlichen Universitäten bin ich als Lehrer Autorität. Was ich sage, wird als Wahrheit eingestuft. Die Studenten sind meist junge Menschen und werden durch eine Prüfung von mir benotet. An den Privatuniversitäten werde ich als „Referent" am Ende eines Seminars benotet – davon hängt meine weitere „Referententätigkeit" im nächsten Jahr ab. Die „Studenten" sind meist Erwachsene, oft sogar höhere Manager, überwiegend kritisch und in dem, was ich unterrichte (Sozialwissenschaften, Gruppendynamik, Konfliktmanagement etc.), selbst schon sehr erfahren. „Vorlesungen" kommen dort nicht so gut an, weil die kritischen Teilnehmer keine Antworten auf nicht gestellte Fragen haben wollen.
- Studenten an öffentlichen Universitäten lassen sich leichter beeindrucken, wenn es ein Professor oder Dozent sagt. Manager zweifeln eher die „Wahrheiten" der Wissenschaftler an.
- Junge Studenten haben oft Schwierigkeiten mit Teamarbeit. Die Universitäten erziehen zur Vereinsamung. Schon in den höheren Schulen wird individualisiert. Manager oder Führungskräfte in Unternehmen können in Teamarbeit oft besser etwas erarbeiten als einzeln. Gruppen sind auch schneller und effizienter im Finden von Lösungen.
- An öffentlichen Universitäten müssen Lernprozesse von Einzelnen (Studenten) gemacht werden. In der Gesellschaft – und besonders in der Wirtschaft – müssen Lernprozesse von Gruppen und Organisationen gemacht werden.
- U. v. m.

Wie veraltet oder praxisfremd viele Theorien an den Schulen und Universitäten sind, kann man studieren, wenn man „Lehrer" an Schulen oder Universitäten einlädt, ihre Theorien vor Personen mit Praxiserfahrung zu referieren (z. B. vor Führungskräften der Wirtschaft). Meist dauert es nur einige Minuten, bis ihre Theorien bezweifelt werden und der Vortragende sein Konzept weitgehend verlassen muss.

Jugendliche Schüler können den Widerspruch noch nicht so gut formulieren, spüren aber oft die Weltfremdheit ihrer „LehrerInnen". Hier hat das Internet viel geholfen, obwohl gelegentlich auch dort weltfremde Theorien angeboten werden.

Wie man sieht, nimmt man im traditionellen Bildungssystem eine Reihe gravierender Nachteile in Kauf, um den Nachwuchs systemkonform auf das hierarchische System hin zu erziehen und zu selektieren.

10.3   Bereich 1: Die Dominanz des institutionellen Bildungsmaßstabs und ihre Folgen

Dem institutionellen Bildungssystem liegen einige falsche (oder jedenfalls für heute falsche) Annahmen zugrunde. Hauptirrtum ist sicher, dass die Schüler auf ein Funktionieren im Rahmen einer Hierarchie ausgebildet werden sollen.

Unsere Unternehmen stehen in dem Dilemma, einerseits den Mündigkeitsgrad der Mitarbeiter erhöhen oder dem vorhandenen gerecht werden zu müssen, andererseits auf die klassischen hierarchischen Strukturen nicht oder noch nicht verzichten zu können. Es stellt sich das Problem dreifach:

1. Ein Unternehmen muss hierarchisch strukturiert sein, um den geordneten Ablauf weiterhin zu garantieren.
2. Es muss neben der Hierarchie Teams einrichten, die für komplexe Aufgabenstellungen nötig sind.
3. Es muss Strukturen finden, damit diese Teams/Gruppen bereichsübergreifend kooperieren, ohne einander primär zu kennen.

Vielleicht verwundert es, warum diese Unternehmensdilemmata auf das Bildungssystem eine Auswirkung haben sollten – denn was gibt es hier schon Neues zu lernen? Doch bei genauer Betrachtung unseres gängigen Lernsystems (Ausnahmen mögen wohl existieren) stelle ich Folgendes fest:

1. Wir werden auf das Lernen in hierarchischen Strukturen bestens vorbereitet.
2. Möglicherweise werden junge Menschen – in den fortschrittlicheren Schulen – auch bereits mäßig auf das Agieren in Teams bzw. in Arbeitsgruppen vorbereitet.
3. Nicht vorbereitet werden die Schüler bzw. nur sehr selten die späteren Mitarbeiter eines Unternehmens auf die ultimativen Herausforderungen, der sich die Unternehmen stellen müssen. Das ist die Entwicklung von Organisationskulturen und Organisationsstrukturen – kurz, die Handhabung von Organisationsprozessen und die Fähigkeit, Organisationsentwicklung zu betreiben.

Viele Schwierigkeiten unseres Bildungssystems beruhen auf der Disbalance der drei Bereiche. Vielfach liegt der Schwerpunkt in der traditionellen Pädagogik auf dem Bereich 1. Dies hängt mit den hierarchischen Strukturen unserer Gesellschaft zusammen. Der folgende Exkurs über die Hierarchie soll dazu beitragen, diese Schwierigkeiten des traditionellen Bildungswesens besser zu verstehen.

10.3.1 Exkurs: Funktionsweisen der Hierarchie

Wir nehmen in gewissem Ausmaß Abschied von einem jahrhunderte-, in einigen Fällen sogar von einem jahrtausendealten Ordnungssystem der Hierarchie (auf Deutsch „Heilige Ordnung") (Abb. 10.3).

Dieses Pyramidenmodell finden wir – wenigstens ansatzweise – in allen Hochkulturen. In der europäischen Kultur ist es besonders differenziert entwickelt und hat fast alle Bereiche des menschlichen Lebens erfasst. Wirtschaft und Verwaltung, Kirche und Militär, nationale und internationale Organisationen sind nach diesem Modell strukturiert.

Das Pyramidenmodell beruht auf einer Arbeitsteilung sowohl in vertikaler als auch in horizontaler Hinsicht. Die „Zelle" des Systems ist der jeweilige Vorgesetzte mit seinen Untergebenen (Abb. 10.4):

In vertikaler Hinsicht bearbeitet jeder Mitarbeiter einen eigenen Bereich, für den er allein zuständig ist. Den Überblick über die Teilbereiche haben nur die Vor-

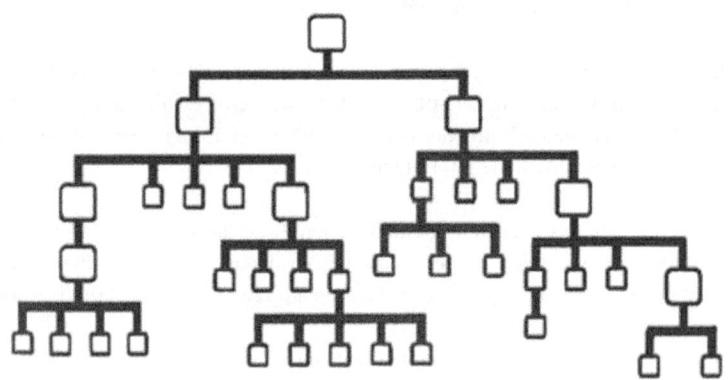

Abb. 10.3 Jahrtausendealtes Ordnungssystem der Hierarchie

Abb. 10.4 Pyramidenmodell

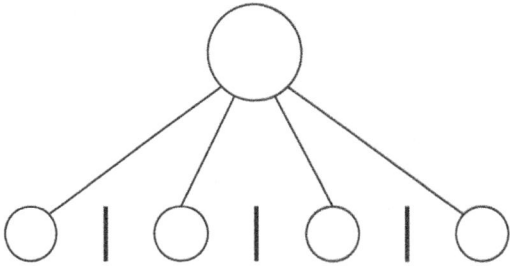

gesetzten. Dadurch entsteht eine sich selbst immer wieder stabilisierende Rangordnung von „Obertanen" und „Untertanen". Vorgesetzte sind grundsätzlich kompetenter für wichtige Entscheidungen als ihre Mitarbeiter, sie haben den Überblick, meist auch noch die dazugehörigen Fähigkeiten und die Macht, ihre Entscheidungen auch durchzusetzen. Es entsteht eine Kontinuität, die darin gipfelt, dass

1. die jeweils Höheren die jeweils übergeordneten Entscheidungen treffen, der Oberste die wichtigsten (Entscheidungskontinuum),
2. die jeweils Höheren über jeweils bessere Informationen verfügen (Wahrheitskontinuum),
3. die jeweils Höheren auch besser für die Entscheidungen qualifiziert sind als die Untergebenen (Weisheitskontinuum),
4. die jeweiligen „Untertanen" sich den „Obertanen" gegenüber in einem Abhängigkeitsverhältnis befinden, wodurch erreicht wird, dass die Entscheidungen der Höheren von den „Untertanen" auch durchgeführt werden (Dependenzkontinuum).

Nur wenn alle vier Kontinua zusammentreffen, das heißt, wenn der, der entscheidet, auch mehr kann und mehr weiß, und wenn die Untergebenen, die von dieser Entscheidung betroffen sind, sie auch akzeptieren, dann und nur dann funktioniert dieses Modell.

In die Krise gerät das auf die Hierarchie ausgerichtete Bildungssystem heute unter anderem, weil dieses Ziel, hierarchiekonformen Nachwuchs zu produzieren, nicht mehr Erfolg versprechend ist. Die Hierarchie hat sich gewandelt und ist teilweise durch andere Ordnungssysteme ersetzt worden. Die erwähnten vier Kontinua gelten nicht mehr oder jedenfalls nicht mehr uneingeschränkt, wodurch das Modell nicht mehr funktioniert. Durch die Entwicklungen der Gegenwart werden die vier Kontinua durchbrochen, sodass sich die ehemaligen Stärken des Obertanen-Untertanen- Modells als Schwächen herausstellen:

1. Die im Pyramidenmodell organisierten Systeme sind so groß und komplex geworden, dass eine Konzentration der Entscheidungen an der Spitze nicht mehr möglich ist. Einzelentscheidungen werden der komplexen Problemsituation meist nicht mehr gerecht, weil vor allem

2. heute immer seltener ein Einzelner alle Informationen besitzen kann, die für Organisationsentscheidungen notwendig sind: (hochrangige) Expertengruppen übernehmen die Rolle der ehemaligen Unternehmer, Vorstandsvorsitzenden, Generaldirektoren etc.

3. Durch eine Beförderung nach dem sachlichen Leistungsprinzip oder der Zugehörigkeitsdauer ist nicht mehr gewährleistet, dass jeweils die richtige Person am richtigen Platz sitzt.

4. Die Abhängigkeit wird immer formaler, das heißt, die Autoritäten unterliegen heute einer starken Prestigeinflation, die durch Berufung auf die funktionalen Strukturen nicht mehr kompensiert werden kann. Es wird immer schwieriger analog dem Kartenspiel zu führen (Tarock: die 18 sticht die Tarock 17, weil die 18 höher ist als die 17, der Chef hat immer recht, weil er der Chef ist), indem bloß Rangattitüden ohne wirkliche Kompetenz ausagiert werden.

Durch die Komplexität der Informationen kommt es zu einer Kompetenzumkehr in Organisationen. Die mit Managemententscheidungen überlasteten Topmanager sind nicht mehr im Besitz des Fachwissens, das sie für ihre Entscheidungen aber bräuchten. Durch die immer stärkeren Emanzipationsbestrebungen der Untertanen ist nicht mehr jene Abhängigkeit gewährleistet, die für das System und für ein reibungsloses Abwickeln und Durchführen der „oben" getroffenen Entscheidungen notwendig wäre. Immer mehr Untertanen zweifeln – übrigens oft zu Recht – an der Kompetenz und Qualität des Vorgesetzten. Die verunsicherten „Oberen" aber treffen dann sehr autoritäre Fehlentscheidungen, womit sie ihre mangelnde Kompetenz einerseits, ihr autoritäres Festhalten an Formalstrukturen (§ 1 der Chef hat immer recht, § 2 hat der Chef einmal nicht recht, tritt automatisch § 1 in Kraft) andererseits laufend unter Beweis stellen. Dies vergrößert die Zweifel der „Untertanen", und mit der größeren Verunsicherung der Vorgesetzten, die erneut zu Fehlentscheidungen führt, dreht sich die Inflationsspirale des Autoritätsabbaus umso rascher, ja es tritt mitunter das Gegenteil ein: Der Chef ist von seinem qualifizierten Mitarbeiter mehr abhängig als dieser von ihm.

Eine weitere ehemalige Stärke des Pyramidenmodells scheint sich heute ebenfalls in eine Schwäche umzuwandeln: die „Sachlichkeit". Es handelt sich bei diesem Modell ja nicht bloß um eine arbeitsteilige Organisationsstruktur, sondern auch um ein logisches Denkschema. Man kann ja in diesem Schema statt „Vorgesetzte" auch „Allgemeinbegriff" schreiben.

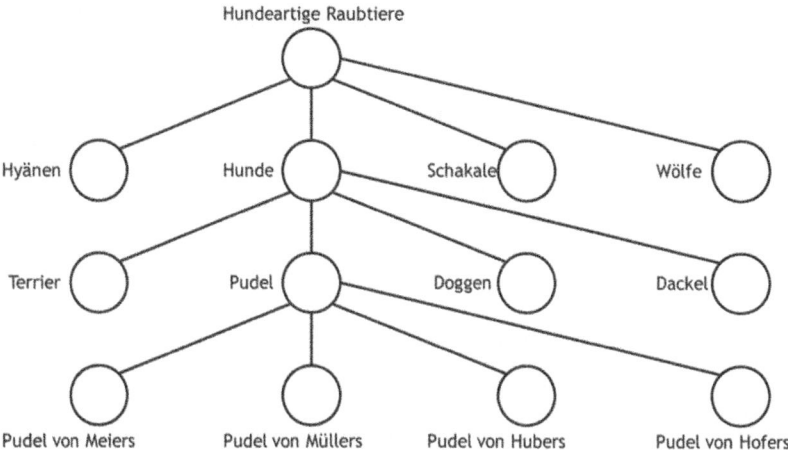

Abb. 10.5 Die Logik der Hierarchie am Beispiel einer zoologischen Ordnung

Z. B.: In der Zoologie wird ein Individuum deduktiv vom Allgemeinbegriff über die Spezies abgeleitet, ebenso in der Botanik etc.

Unsere gesamte Natur kann nach den logischen Denkschemata unter bestimmte Allgemeinbegriffe gefasst werden. Indem wir logisch denken, setzen wir voraus, dass Ordnung (immer? ausschließlich?) als Über- und Unterordnung aufgefasst wird. In der Wissenschaft kann ein Phänomen nur dann beschrieben und verstanden werden, wenn es unter allgemeingültige Gesetze subsumiert = untergeordnet werden kann. Die „übergeordneten" Gesetze (z. B. die Schwerkraft für den freien Fall) werden auch als „Ursachen" der Phänomene angesehen so wie im Dependenzkontinuum der Befehl des Vorgesetzten „Ursache" oder „Grund" für die Handlung des Untergebenen ist (Abb. 10.5).

Das logische Axiom des Satzes vom Grund (alles hat einen zureichenden Grund) gilt natürlich analog in der Gesellschaftsstruktur: Es ist für einen Untergebenen ein zureichender Grund, etwas zu tun, wenn der Vorgesetzte es ihm befiehlt.

Ich habe einmal erlebt, dass ein Untergebener zum Vorgesetzten gerufen wurde. Er hatte mit irgendeiner Aktion Missfallen erregt. Der Vorgesetzte schnauzte ihn an: „Warum haben Sie das ... getan?" Der Untergebene wollte sich rechtfertigen: „Ich dachte ..." Sofort wurde er unterbrochen: „Sie haben nicht zu denken, sondern zu gehorchen!"

In den Organisationen der Gegenwart gibt es dieses klassische Modell der logischen Über- und Unterordnung nur noch sehr selten. Aus dem Untergebenen, der gehorcht, wird der Mitarbeiter, der selbstständig denkt und entscheidet. Überall dort aber, wo die Mitarbeiter Qualifikationen und Entscheidungskompetenz erreichen, wo sich womöglich aufgrund des Fachwissens und der Fähigkeiten der Mitarbeiter die Kompetenz umkehrt (stellt man nicht oft heute schon einen Mitarbeiter deshalb ein, weil er als Spezialist mehr als sein Chef von einer Sache versteht?), überall dort, wo sich die Abhängigkeiten umkehren, funktioniert das Pyramidenmodell nicht mehr klaglos.

Kann man nicht in komplexen Strukturen schon durch „Dienst nach Vorschrift" streiken? Man zerstört das System dadurch, dass man seine Regeln wirklich beachtet.

Der Grund dafür liegt darin, dass man die vermeintliche „Sachlichkeit" der Strukturen als Illusion zu durchschauen beginnt. Die ach so unlogischen Interessen und Gefühle werden wieder als Moment der Entscheidung berücksichtigt. Immer häufiger sind Diskussionen und Entscheidungsgremien gezwungen und auch in der Lage, vom sachlichen Problem einen „Abstecher" zu den Emotionen des Sozialgebildes zu unternehmen. Die Illusion des Vorgesetzten, der glaubt, bei Aufkommen eines Streites diesen dadurch schlichten zu können, dass er zur Klingel greift und sagt: „Zur Sache, meine Herren!", der gehört bald der Vergangenheit an.

Schon gegen Ende des vorigen Jahrhunderts wurde das Stichwort von der „emotionalen Intelligenz" geprägt. Neben der Fachkompetenz, die eine Führungskraft (Lehrer oder Lehrerin) braucht, legt man nun immer mehr Wert auf Sozialkompetenz.

Als Reaktion auf diese Situation werden in der letzten Zeit immer mehr Funktionen aus der Hierarchie ausgelagert. Es sind die in unserem Wirtschaftssystem immer häufigeren „Ich-AGs", die bestimmte Dienstleistungen und Funktionen unter Konkurrenzbedingungen anbieten. Sie sind keinem Chef mehr, wohl aber ihrem Erfolg verpflichtet. Damit sind sie gezwungen, sich der gesamten Breite der Realität zu stellen, also nicht nur den sachlichen Anforderungen, sondern auch den Interessen, Bedürfnissen und sozialen Strukturen (z. B. Entscheidungsstrukturen) der Auftraggeber.

Das Internet ist heute bereits ein sehr schöner Spiegel dieser Entwicklung. Viele, vor allem Jugendliche, kommunizieren hier weitgehend hierarchiefrei über ihre Probleme, Gefühle und Situationen, die sie mit jemandem anderen teilen wollen.

Heute müssen in der Arbeitswelt die ganz „unsachlichen", aber höchst realen und wirksamen Antriebe und Bedürfnisse, Gefühle und Interessen der beteiligten Menschen mit in die Entscheidungsfindung einbezogen werden. Immer häufiger können Konflikte direkt ausgetragen werden, ohne dass sie auf Sachen oder Autoritäten verschoben werden müssen.

Man kann das Pyramidenmodell auch als Konfliktvermeidungsmodell bezeichnen. Zwei, die miteinander streiten (sollten), delegieren ihren Konflikt an einen

Abb. 10.6 Kommunikation
Autorität

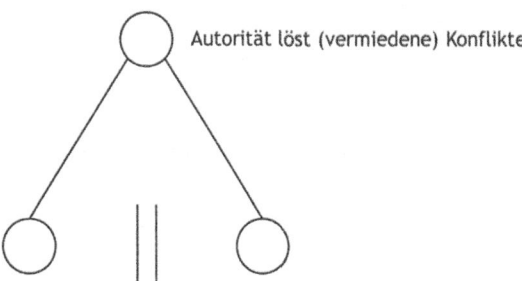

Autorität löst (vermiedene) Konflikte

Dritten (Chef, LehrerIn, Mutter, Vater etc.) und verlagern damit das Problem an einen Ort, an dem es das Problem nicht mehr gibt.

Oft wird man in diesem Streit überhaupt erst dadurch Autorität, dass die Konfliktpartner nicht bereit und in der Lage sind, ihre Konflikte in direkter Kommunikation auszutragen. Es könnte aber ein Erziehungsziel sein, dahingehend zu wirken, dass man lernt, Konflikte selbst zu bearbeiten und zu schlichten. Die traditionelle Pädagogik hat dies offensichtlich nicht zum Ziel, sonst würden nicht Kinder ihre Eltern, Schüler ihre Lehrerinnen, Untergebene ihre Vorgesetzten, Universitätsprofessoren die Fakultätssitzung usw. jeweils zur Lösung ihrer (nicht bearbeitbaren) Konflikte heranziehen. Es gibt in der Organisationsform des Pyramidenmodells Leute, die eigens dafür bezahlt werden, für Personen, die keinen gemeinsamen Vorgesetzten haben, dennoch aber Konflikte nach oben delegieren wollen, den „Richter zu spielen" (Abb. 10.6).

Das Pyramidenmodell gibt Sachverhalten Priorität, Beziehungsfragen haben kein oder wenig Gewicht. Dieser Vorrang der Sache gegenüber der Kommunikationskultur hält aber das Autoritätsgefüge des Pyramidenmodells relativ stabil. Wird dieser zwischenmenschliche Austausch tabuisiert, dann richtet sich auch die Reflexion vorwiegend auf Sachen und Dingrelationen. Fortschritte hat daher die Wissenschaft vorwiegend im Bereich der Bewältigung der Natur gemacht. Die Menschen im Pyramidenmodell richteten lieber ihre Blicke auf den gestirnten Himmel als auf die Konflikte mit dem Nachbarn, sie veränderten (verbesserten?) lieber ihre Beziehung zur Natur als ihre Beziehungen untereinander.

10.3.2   Die aufgeklärte Pädagogik löst die traditionelle Pädagogik ab

Hierarchische Verhaltensweisen wurden durch das bisherige Schulsystem unterstützt bzw. sogar installiert. „Lernen" von Individuen, aber noch mehr von Gruppen und Systemen funktioniert jedoch sowohl mit anderen Organisationsformen als auch für andere Organisationsformen besser. Trotzdem passte man das Lernsystem an das System der Gesellschaft an. Vermutlich war das wichtiger als die Effizienz des Lernens zu fördern.

Diese hierarchische Anpassung zeigt sich in verschiedenen Lehr- und Lernmethoden:

Lehrerzentrierte Interaktion: Wenn eine Zentralperson die Kommunikation einer Gruppe kontrolliert oder sogar immer über sich laufen lässt, wird die Kommunikation untereinander verhindert – und „Kooperation" ist etwas Negatives („Konspiration").

Beobachtet man die Abfolge einer lehrer- oder leiterzentrierten Interaktion in einer Schulklasse, dann sieht das meist so aus:

Lehrerin (stellt eine Frage) → Schüler A antwortet oder fragt → LehrerIn reagiert darauf → Schüler B zeigt auf, bekommt das Wort erteilt (oder nicht) → LehrerIn → Schüler C → LehrerIn → Schüler D → LehrerIn → usw.

Der Versuch, die Zentralperson – den/die LehrerIn – in der Kommunikation zu umgehen, heißt „schwätzen" und wird mit Sanktionen belegt.

Gelingt eine – traditionell angestrebte – Identifikation mit der Lehrperson, dann ist man gut auf eine spätere Vorgesetztenrolle in der Gesellschaft vorbereitet. Als Untertan (Untergebener, Mitarbeiter etc.) führt man die Rolle fort, die man als Schüler geübt hat. Der Preis: Unterentwicklung der Kooperation mit Kollegen.

Als Vorgesetzter schlüpft man in die ohnehin immer bewunderte und erträumte Rolle des wissenden Lehrers. Die Allmacht, die man als Schüler dem Lehrer zuerkannte, kann man nun auf sich selbst beziehen.

Mit der Entwicklung der Gesellschaft weg vom hierarchischen Denkmodell und hin zu immer kooperativeren Interaktionsformen gerät natürlich dieses System des Lehrer-Schüler-Verhältnisses in die Krise. Von daher muss man die immer wieder berichteten Autoritätsprobleme von Lehrerinnen (sie werden nicht ernst genommen, man folgt ihnen nicht, man spielt ihnen Streiche etc.) als gesellschaftlich positive Entwicklung werten. Diese Konflikte sind als Folge der Schwächung des Bereichs 1 (Gesetzesgerechtigkeit) anzusehen.

Es gibt weitere Nachteile, die in Kauf genommen werden:

• Disziplinär erzwungene Inaktivität richtet sich meist gegen das Interesse der Lernenden. Discipulus heißt auf Deutsch „Schüler". Eigenes Interesse kommt offiziell nur marginal zum Tragen – es sei denn, es tritt ein Glücksfall ein, und ein Schüler interessiert sich gerade zu diesem Zeitpunkt für das Fach und für den gerade „durchgenommenen" Inhalt und kommt außerdem mit dem Setting und dem Lehrenden zurecht. Sehr selten und unwahrscheinlich, dass dies vier bis sechs Stunden am Tag gelingt. Wenn aber doch, dann bei extrem hoher Anpassungsleistung der Schüler, denen es gelingt, ihr eigenes Interesse zugunsten des Themas jeweils zurückzustellen. Oder aber auch, weil der Lehrer in einem hohen Maß – manchmal an Selbstausbeutung grenzend – in seine perfekte Performance investiert.

- Nivellierung unterschiedlicher Begabungen und Entwicklungsstufen auf ein gleichförmiges Niveau. Gleiches Alter heißt nicht gleiches Interesse oder gleicher Entwicklungsstand oder gleiche Fähigkeit oder gleiche Intensität der Durchdringung eines Lerninhaltes. Der einfachste Weg ist die Nivellierung aller auf den Schwächsten in der Schulklasse. Damit werden Talente nicht nur nicht erkannt und entwickelt, sondern meist sogar gebremst.

- Vorrang von Sachthemen vor Bedürfnissen, Emotionen und vor allem vor der Sozialkompetenz. Außer Sachthemen werden alle anderen Fähigkeiten mehr oder weniger unkontrolliert im Untergrund mittels Klassenkonflikten, Gangbildungen, Außenseiterproblemen usw. trainiert. Die Lehrer wissen davon nichts oder, wenn sie es bemerken, sind sie meist (mangels gruppendynamischer Ausbildung) nicht in der Lage, erfolgreich zu intervenieren.

- Vorrang individueller Lernschritte vor dem Lernen von Gruppen und ganzen Sozialgebilden. Die Ausbildung der Lehrer richtet sich weitgehend immer noch auf die Kenntnisse individueller Lernschritte und nicht auf die Steuerung kollektiver oder struktureller Lernprozesse.

- Systemveralterung: Gerade die im Zentrum stehenden „Sachinhalte" sind oft schon zu dem Zeitpunkt, als die Lehrer sie an den Universitäten oder höheren Schulen lernten, veraltet. Erst recht, wenn sie dieselbe Masche 30 Jahre lang unterrichten. Fachwissen ist heute aktuell über Informationssysteme abrufbar und ist aufgrund der Differenzierung der Problemstellungen ständig neu zu aktualisieren.

- Systemfremdheit: Lehrer eines bestimmten Faches (klassischer Fall: Betriebswirtschaftslehre) waren selten in der Praxis, z. B. eines Betriebes, tätig. Sie haben ihr Wissen selbst von einer Lehrperson, die möglicherweise auch nie in einem Betrieb war, sowie deren LehrerInnen usw. Praxis- und weltfremde Modelle werden gelegentlich an Schüler vermittelt, die damit oft nichts anfangen können und sich aufgrund von Disziplin nicht dagegen wehren. Die LehrerInnenausbildung unmittelbar nach Verlassen der Schulbank ist problematisch. Damit wird den zukünftigen Lehrerinnen eine – zunächst bequeme – Möglichkeit geboten, im Setting der Schule zu bleiben und den Realitätsbezug zu vermeiden. Hier werden oft Sozialisationsschäden tradiert – ähnlich dem Phänomen des Hospitalismus in einem Krankenhaus. Im späteren Praxisalltag rächt sich dieses Manko meistens – sehr zum Leid der Lehrer wie der Schüler.

In den herkömmlichen Schulen der traditionellen Pädagogik, wo der Bereich 1 dominiert, kommt es nicht selten vor, dass viele (oder alle?) Lehrer einer Schule miteinander verfeindet sind und ihre Konkurrenz oft über die Schüler austragen. (An der Universität Wien wird ein Bonmot erzählt, dass zwei Professoren der philosophischen Fakultät eines Morgens sich gemeinsam dem Universitätsgebäude nähern und eine schwarze Fahne bemerken. „Wer ist denn gestorben?", fragt der eine. „Ich weiß es nicht", antwortet der andere, „aber mir ist jeder recht.")

LehrerInnen können sich grundsätzlich nicht aus den Gruppenprozessen heraushalten. Dies konnten sie auch in der traditionellen Pädagogik nicht, nur gab das Tabu der Autorität den Lehrpersonen oft die Illusion, unbeteiligt und „objektiv" einer Schulklasse gegenüber urteilen zu können (z. B. in der Form eines Notensystems). Ihre Rolle in der Klasse wurde nicht reflektiert und dadurch ihre Autorität stabilisiert. Verlust der Autorität ist in der traditionellen Pädagogik ein Kunstfehler, während in der „aufgeklärten" Pädagogik dieser Kunstfehler das eigentliche Ziel der LehrerInnen-Intervention ist. LehrerInnen sollen im Verlauf des Reifungsprozesses in der Lerngruppe als Autorität überflüssig werden.

Ich verstehe die Proteste der Studenten gegen den sogenannten Bolognaprozess. Die Befürchtung, dass man nun die Verschulung und die damit verbundene Autoritätsstruktur auch in die bislang freieren Universitäten trägt, ist nicht unberechtigt. Claudia von Werlhoff von der Universität Innsbruck formuliert das in einem Interview so: „Vom Schulknast zum Uni-Knast".

Um dies besser zu verstehen, muss man berücksichtigen, dass sich der traditionelle Autoritätsbegriff gewandelt hat.

10.3.3   Exkurs: Begriff der Autorität

Im Pyramidenmodell hat der Vorgesetzte Autorität. Es lag nahe, dass auch die Wissenschaft Autorität als Eigenschaft einer Person zu verstehen suchte. Diese Theorie ist zwar falsch, aber systemstabilisierend, denn wenn Autorität eine (in den Feudalsystemen: angeborene) Eigenschaft eines Vorgesetzten ist, von der er umso mehr besitzt, je höher die Rangposition ist, in der er sich befindet, dann hat der Versuch, dieses System zu verändern, wenig Chancen.

Amerikanische Untersuchungen über die Korrelation von bestimmten Eigenschaften (wie Intelligenz, Eloquenz, Willensstärke etc.) und Autorität verliefen ohne signifikantes Ergebnis. Autorität korreliert nicht mit einer bestimmten Eigenschaft. Dieses Ergebnis wäre auch vorherzusagen, wenn man sich überlegt, dass ja auch Menschen mit großer Autorität diese meist nur in einem Bereich ihres Sozialbezuges haben, wogegen sie in anderen Bereichen durchaus weniger Prestige besitzen können (ein Olympiasieger beim Englischunterricht).

Heute wird Autorität nicht mehr als Eigenschaft der Einzelperson, die sie „hat"
oder „nicht hat", verstanden, sondern als notwendige Funktion eines Sozialgebildes. Autorität hat, wer eine für eine Gruppe oder eine Sozietät notwendige Funktion erfüllen kann. Dies reicht von: Informationen beschaffen können bis Olympia-
Goldmedaille erringen. In dem Maße jemand nicht oder nicht mehr in der Lage
(oder willens) ist, notwendige Funktionen zu erfüllen, schwindet seine Autorität.
Je wichtiger aber die Funktion ist, die jemand in und für eine Gruppe erfüllt, desto
mehr Autorität besitzt

Aus diesen Gedanken folgt auch, dass eine Gruppe umso abhängiger und unreifer ist, je größer die Autorität einer Person in dieser Gruppe ist. Der Satz gilt auch
umgekehrt. Je unreifer eine Gruppe ist, desto mehr Autorität braucht sie, damit sie
überhaupt als Gruppe möglich ist. Wenn wichtige Funktionen nicht erfüllt werden,
gerät ein Sozialgebilde immer in eine Krise, worauf der Schrei nach Autorität (der
Ruf nach dem starken Mann) zu hören ist.

Wenn Autorität mit Abhängigkeit korreliert, dann folgt daraus auch, dass Emanzipation und Selbstbestimmung nur zugleich mit einem Abbau der Autorität möglich sind. Ich nenne Führen daher die „Kunst, sich als Autorität überflüssig zu
machen". Ganz besonders gilt dies natürlich für LehrerInnen. Sie müssen in der
modernen Pädagogik bereit sein, das Autoritätsproblem durch die Schüler bearbeiten zu lassen und Konterdependenz in Form von Widerstand gegen Autorität aus-
zuhalten.

10.4 Bereich 3: Aneignung von Kompetenzen

Zunächst ist festzustellen, dass das hierarchische Unter- und Überordnungsverhal-
ten sowohl im gesellschaftlichen wie auch im Bildungsbereich bereits eine deutliche Reduktion erfahren hat.

So ist das Lernen heute nicht mehr nur auf den Schulbereich beschränkt, sondern man spricht von einem lebenslangen Lernprozess, den sich jeder selbst organisieren muss. Lernen wird allmählich immer mehr zu einer Verhaltensweise, die
nicht von außen verordnet wird. Das Bedürfnis nach Bildung und Weiterbildung
wird zwar vielfach durch äußere Umstände geweckt, sinnvoll umsetzen muss es
aber jeder selbst. Wer auf Anordnungen wartet, diese oder jene Fähigkeit zu erwerben, hat schnell das Nachsehen gegenüber denjenigen, die die notwendig ge-
wordenen Kenntnisse aus eigener Initiative längst erworben haben.

Die Fähigkeit, an der richtigen Stelle notwendige Ressourcen bereitzustellen,
hat neben dem notwendigen Fachwissen und Können auch viel mit sozialer Kompetenz zu tun. Wo werden welche Stärken benötigt? Welche Schwächen sollen
behoben werden? Wo gibt es Konflikte? Wie kann ich eingreifen?

Wie aber wird in unserem Bildungssystem soziale Kompetenz „unterrichtet"? Die Einsicht, dass dies nur in Gruppen möglich ist, wo man sich auf ein Feedbacksystem einigt, hat sich bei manchen LehrerInnen und auch in gewissen Schulen schon durchgesetzt. Das bedeutet, dass das an einer Zentralperson orientierte Lehrsystem erweitert werden muss. Gelernt wird in Gruppen und neuen Organisationsformen. In Einzelfällen ist man deshalb auch schon von der alten Stundeneinteilung abgekommen. Der rasche Wechsel einzelner Fächer verhindert, dass sich Schüler und Lehrerinnen tiefer in Probleme einarbeiten können, bzw. es kann sich ein kooperatives Voneinander- und Miteinander-Lernen in kurzen Zeitabschnitten gar nicht entwickeln.

Die Stundeneinteilung kommt ja daher, dass man nicht länger als eine Stunde konzentriert einer Autoritätsperson über ein abstraktes Thema zuhören kann. Untersuchungen haben gezeigt, dass dabei eine Stunde oft schon zu lang ist. Lernprozesse in Gruppen dauern viel länger und werden durch den Stundenrhythmus jeweils unterbrochen.

Skikurse und Landschulwochen sind schon seit langem Lehrpraxis, um über das Fachwissen hinaus Gelegenheit zu bieten, die sozialen Beziehungen zwischen Schülern einerseits und andererseits auch zwischen LehrerInnen und Schülern und LehrerInnen untereinander zu intensivieren. Sie können als „Pionierleistung" eines lebendigen Lernens betrachtet werden. Die Erinnerung an diese Wochen ist für die Schüler meist lebendiger und nachhaltiger als die Erinnerung an so manche andere – wenn auch interessante – Unterrichtswoche.

Ich erinnere mich noch gerne an meine Zeit als Skilehrer. Schon damals war für mich deutlich:

• Schulskikurse im Speziellen zeigen einige Elemente eines kooperativen Lernens sozusagen paradigmatisch.
• Niemand leugnet heute, dass man Ski fahren nicht lernen kann, wenn man sich z. B. zweimal in der Woche das ganze Jahr mit der Theorie des Skifahrens beschäftigt.
• Man hat eine größere zeitliche Lerneinheit – meist eine Woche (wie übrigens im klassischen Drama: Einheit von Zeit, Ort und Handlung).
• Es kommen diejenigen in eine Gruppe, die gleich gut Ski fahren können und nicht die, die gleich alt sind.
• Anreiz für Weiterentwicklung ist das Erlebnis des eigenen Unvermögens und nicht der disziplinarische Druck durch Schule und LehrerInnen.
• Lernen und Anwenden sind in engem zeitlichem Konnex verbunden. Learning by Doing ist das Prinzip des Skifahren-Lernens.
• usw.

Fremdsprachen lernt man am besten im Block dort, wo sie gesprochen werden. Latein und Griechisch sind für die Allgemeinbildung wichtig. Aber auch hier sind Projektblöcke à la Skikurs denkbar.

Sport und Förderung der Kreativität inklusive der künstlerischen Fähigkeiten werden wahrscheinlich auch besser im Block und in Gruppen vermittelt. Schüler (sofern dieser Terminus noch am Platz ist) müssen auch die Gelegenheit haben, die Lerngruppe zu wechseln, vielleicht sogar von Problemkreis zu Problemkreis (dies muss man ausprobieren).

Der heute bereits relativ gängige praktische Unterricht, wie z. B. bei Projektarbeiten, Exkursionen, Theater- oder Konzertveranstaltungen etc., bietet ebenfalls viele Vorteile für fachliches wie auch soziales Lernen. Projektunterricht z. B. findet in längeren Lerneinheiten statt, mitunter in halben oder ganzen Tagen, manchmal in Wochen oder sogar Monaten. Dort können sich soziale Beziehungen etablieren – und so wird kooperatives Lernen möglich. Werden diese Lernprozesse, die ja nicht auf der sachlichen, sondern auf der Beziehungsebene stattfinden, besprochen und analysiert, dann erwerben alle Beteiligten – Schüler wie auch die Lehrpersonen – wertvolle soziale Kompetenz. Allerdings steht der Sachaspekt meist viel stärker im Vordergrund, sodass die Besprechung der emotionalen Ebene meist zu kurz kommt.

Anhand der Frage, wie soziale Kompetenz im Bildungsbereich verankert werden kann, kommt man auf einen Widerspruch zwischen den Bereichen 1 und 3. Es handelt sich hier um die Schwierigkeit zwischen Wissensvermittlung und der Anwendung von Wissen und Können.

Diese Aporie zeigt sich in verschiedenen Aspekten des Lehr- und Lernbetriebes: Prüfungen sowie das Notensystem entsprechen dem Bereich 1 und dominieren nicht selten den Ausbildungs- und Schulbetrieb. Um dem Bereich 3 mehr Rechnung zu tragen, müsste das Notensystem durch ein differenziertes Feedback der Lehrpersonen und Mitschüler angereichert werden. Ebenso wäre ein Selbstbewertungssystem sinnvoll, das die Qualität der jeweils gefundenen Lösung für die Aufgaben und Problemstellungen realistisch rückkoppelt. Das wäre für die Selbstexploration förderlicher als Notenkategorien.

10.5   Bereich 2: Die Ökonomisierung des Bildungssystems

Um den Widerspruch zwischen den Bereichen 3 und 1 zu lösen und in eine Synthese zu bringen, benötigt man den Bereich 2, die Ökonomisierung des Bildungswesens.

Man kann diese Synthese von Bereich 1 und Bereich 3 anhand des folgenden Beispiels gut darstellen:

Gruppen, die etwa im Rahmen des sozialkundlichen Unterrichts einen Betrieb, ein Dorf oder einen Verwaltungskörper untersuchen, könnten die Rückmeldungen über ihre Leistungen als wichtige Lernerfahrung für ihre spätere Berufstätigkeit verwerten.

Eine solche Rückkoppelung könnte auch in Form von ökonomisch messbaren Größen ausgedrückt werden. Am besten geschieht dies auf dieselbe Art und Weise, in der auch Erwachsene über ihre Leistungen etwas erfahren. Z. B. könnte das Gelingen oder Misslingen einer Arbeit auch ökonomisch bewertet werden.

Damit wird vom (trialektischen) Bereich 3, der persönlichen Lernerfahrung und Weiterentwicklung, die Brücke zum Bereich 2, dem ökonomischen Bereich, geschlagen. Dies bedeutet auch, dass der ökonomische Aspekt auf den Bereich 3 zurückwirkt und einen neuen Lernprozess in Gang setzt. Dieser wäre ohne den ökonomischen Bezug nicht möglich.

Welche Auswirkung hat dies nun?

Einerseits wird dadurch der Realitätsbezug stärker in Betracht gezogen und damit auch die Verantwortlichkeit für das eigene Lernen und das lernende Handeln gefördert. Wer etwas gut kann, bekommt nicht nur eine bessere Note (Bereich 1), sondern eventuell auch einen Folgeauftrag oder einen Bonus bezahlt – wie auch immer der aussieht (Bereich 2). Hier kommt dann auch die Konkurrenz zu den Mitschülern = „Mitstreitern" hinzu. Warum sollte der Schüler für besseres „Lernen" = „Können" nicht etwas bezahlt bekommen (z. B. in Form von Zuteilung von Nachhilfeschülern, Praktikumsmöglichkeiten oder Publikationen)? Oder warum sollte er nicht auch selbst etwas investieren, um eine gute Performance abzuliefern?

Andererseits birgt die Überbetonung der Ökonomisierung (Bereich 2) die Gefahr, dass Bildung instrumentalisiert wird. Es geht dann nur noch um den Gelderwerb bzw. um die Frage, wer sich welche Bildung, welche Universität, welchen Weiterbildungskurs etc. leisten kann. Nicht mehr Bildung, sondern Ausbildung zum Zwecke des Gelderwerbs würde dann auf der rein marktwirtschaftlich orientierten Universität angeboten werden.

Die Studentenunruhen von 2009/2010 in Österreich beruhten auf der übermäßigen Betonung des kommerziellen Lehrbetriebs. Die Schwerpunktsetzung auf den ökonomischen Bereich würde ein frei gewähltes Studium nicht mehr möglich machen. Das heißt, der Bereich 2 beschneidet die Bedürfnisgerechtigkeit, und der Bereich 1 ist wiederum die Instanz, die eine Synthese für diesen Widerspruch bringen kann.

Von der Trialektik her würde es heißen, dass es das Ziel ist, Bereich 3 mit Bereich 1 zu einer Synthese zu bringen. Dies geht einher mit der Ökonomisierung, dem Bereich 2 – dem Rückkoppelungssystem, das auch als Geldwert ausgedrückt werden kann.

Der Unterschied oder Widerspruch zwischen den Bereichen 1 und 2 muss im Bereich 3 seine Synthese finden – indem Bildung gelebt wird und ökonomisch sinnvoll ist. Vom Standpunkt der Traditionsweitergabe haben Lernprozesse einen Bildungssinn. „Was du ererbt von deinen Vätern hast, erwirb es, um es zu besitzen." Hier kann man stolz auf seine Tradition sein, und die „Gesetzesgerechtigkeit" – also der Bereich 1 – legt großen Wert auf die Weitergabe der Bildungsinhalte. Wenn diese Inhalte ohne Bezug zur Ausbildung und zur praktischen Anwendung stehen, dann ist die Trialektik out of Balance, und die Bildungsinstitutionen müssen sich Kritik wie „Elfenbeinturm" oder „abgehoben" etc. gefallen lassen.

Überbetonung des zweiten Aspekts wäre die Reduktion der Bildung auf „Ausbildung" und damit die Schwerpunktsetzung auf die ökonomische Seite. Man lernt nur das, was man unmittelbar für nützlich hält und wofür man rasch Geld bekommt. Der Unterschied hat sich lange Zeit auch im Unterschied von den USA zu Europa gezeigt. Den Amerikanern wurde von den Europäern unterstellt, dass sie mehr Wert auf Ausbildung als auf Bildung (im europäischen Sinn) legen.

Heute zeigt sich der Unterschied auch gegenüber Asien. Auch dort wird immer mehr Wert auf Ausbildung und weniger auf Bildung gelegt. Den umgekehrten Weg gehen manche islamische Länder oder Koranschulen, die meinen, Weitergabe von Tradition (Koran) sei für Ausbildung und für die Bedürfnisse der Schüler ausreichend. „Koranschüler" heißt übrigens auf afghanisch „Taliban". Solche Ideologien müssen natürlich auch versuchen, die Öffentlichkeit über das Regelwerk des Koran zu organisieren (Scharia).

10.6   Die heutige Disbalance des Bildungssystems

Aus Sicht der Trialektik ist das Bildungssystem zu verschiedenen Zeiten jeweils aus anderen Gründen out of Balance, und es muss jeweils gegengesteuert werden.

Ist es in der heutigen Zeit die Stärkung des Bereichs 2 (Ökonomie) auf Kosten von Bereich 3 (Bedürfnisgerechtigkeit), so war und ist teilweise noch heute eine Verschiebung des Bereichs 1 zugunsten von Bereich 3 zu beobachten.

Die Reduktion der Bedeutung des Bereichs 1 und die stärkere Betonung des Bedürfnisbereiches 3 bringen neue Konflikte mit sich. LehrerInnen „verlieren" ihre unbestrittene Autorität und bekommen zunehmend disziplinarische Probleme. Die Schüler wieder sind unzufrieden mit den „strengen" Noten, dem uninteressanten Unterricht, und sie beklagen sich, weil sie nicht das lernen, was sie lernen wollen oder was sie glauben zu brauchen. Die Situation zu bewältigen, macht einen Rollenwandel beider Parteien nötig.

Viele LehrerInnen haben sich bereits darauf eingestellt, dass sie sich nicht primär als Autoritätspersonen verstehen, sondern dass sie vielmehr Lernpartner oder Gruppenmitglieder sein müssen, die den Lernprozess der Schüler zu steuern haben.

Idealerweise ist es in dieser Disbalance von Bereich 1 und Bereich 3 das Ziel des Lehrenden, die Steuerung des Lernprozesses der Gruppe zu übergeben. Dies ist oft langwierig und nicht immer einfach zu bewerkstelligen. Am Beginn eines solchen angestrebten Rollenwandels wird der Lehrer in jeder Lerngruppe immer eine wichtige, mit Autorität behaftete zentrale Rolle einnehmen (Bereich 1).

In der traditionellen Pädagogik bleiben die Lehrenden auch in dieser Rolle. Wollen sie aber diese am Anfang notwendige Autorität zunehmend abbauen, müssen sie sich von der Leitungsfunktion auf die Moderatorenrolle zurückziehen. Sie bieten damit der Gruppe notwendige Hilfestellung für deren Weiterentwicklung an, beschaffen Expertisen und regen Feedbackgespräche an. Dabei ist es unumgänglich, dass die Lehrerinnen mit jeder Lerngruppe mitlernen – sei sie auch noch so jung und unerfahren.

10.7   Die Balance der drei Bereiche des Bildungssystems

Der Trend des Bildungssystems geht – so meine ich – in die Richtung, in der schon heute die Privatuniversitäten unterwegs sind. Die Hierarchie als Organisationsprinzip verliert aber zunehmend an Bedeutung. Damit wird die Anpassung des Bildungssystems auch an andere Organisationsformen notwendig. Denn mit der Verlagerung der monopolisierten Bildungseinrichtung in den Bereich 2 (Marktwirtschaft) müssen vor allem Monopolpositionen aufgegeben werden. In einer globalisierten Welt wie heute macht diese Monopolstellung im Bildungsbereich wenig Sinn. Daher werden Bildungsinstitutionen – wenn Bildung im Bereich 2 unter Konkurrenzbedingungen als Ware angeboten wird – auf Monopolbildung verzichten müssen.

Veränderung als Herausforderung unserer Zeit erfordert Flexibilität in einer sich verändernden Welt. Wenn es keine ideologischen Monopole mehr gibt, dann können auch die Lehrenden nicht dadurch Autorität gewinnen oder erhalten, dass sie Monopole tradieren. Lernen ist daher als „Veränderung in direkter Kommunikation" anzusehen. Dies kann man natürlich nicht nur von einer Lehrperson lernen, es sei denn, diese lernt auch dabei, und es gelingt die direkte Kommunikation zwischen LehrerIn und Schüler. Dies ist aber wiederum in der traditionellen Pädagogik verpönt. Allzu starke emotionale Bindungen an die Lehrpersonen werden als Gefahr angesehen, weil es ja Aufgabe der Lehrerinnen ist, die Schüler auf das Leben vorzubereiten, nicht aber mit ihnen zu leben.

Die Lehrpersonen, die nach dem trialektischen Modell die drei Bildungsbereiche miteinander in Balance zu bringen verstehen, unterscheiden sich von anderen Lehrenden auch dadurch, dass sie Kooperationen suchen, und zwar die Kooperation mit anderen Lehrenden wie auch mit anderen Lerngruppen. Der Lernprozess ist eine gemeinsame Sache von LehrerInnen und SchülerInnen, beide „Parteien", Lehrende wie Lernende, sind dafür verantwortlich.

Mittel- bis langfristig ist sicher die Position einer professionellen und hauptamtlichen „Lehrperson" zu überdenken. Sehr erfolgreich erscheinen mir – aus eigener Erfahrung – Experimente mit Tutorensystemen.

Ich erinnere mich, dass in der Philosophiegeschichte immer wieder kolportiert wurde, wie Fichte zur Philosophie kam. Fichte war eigentlich Historiker und sollte einen (adeligen) Studenten für eine Prüfung bei Professor Kant vorbereiten. Kant verlangte für das Rigorosum seine damals neu erschienene „Kritik der reinen Vernunft". Fichte hatte das Buch selbst noch nicht gelesen, aber er übernahm – mit einer Portion Selbstbewusstsein – die Vorbereitung des Studenten auf das Rigorosum. Es erwies sich dann als schwieriger als vermutet, und Fichte erwarb beim „Pauken" erst das Verständnis des Werkes – und so wurde er Philosoph.

Ich selbst habe schon als Gymnasiast bemerkt, dass ich viele Zusammenhänge erst verstand, als ich sie erklären musste. Vielleicht kann man so auch den wahren Kern des Bonmots von George Bernard Shaw über die Lehrer verstehen: „He who can, does. He who cannot, teaches." Wer etwas nicht kann, sollte es unterrichten.

In Erkenntnis dieses Zusammenhanges habe ich öfter Studenten höherer Semester gebeten, die Inhalte und die Theorien, die ich in früheren Semestern vorgetragen hatte und nicht wiederholen wollte, an Studenten niederer Semester zu vermitteln. Ziemlich durchgängig kam die Rückmeldung der „fortgeschrittenen" Studenten, dass sie nun den Stoff erst richtig begriffen hätten. Sie wurden dadurch zu sehr geeigneten Lehrerinnen.

Ebenfalls eignen sich erfolgreiche „Fachleute" oder auch „Frontleute" eines bestimmten Gebiets hervorragend zur Vermittlung ihres Wissens. Eigentlich ist dies in dem Prinzip der Einheit von „Forschung und Lehre" schon enthalten, wenn man den Begriff „Forschung" durch das Wort „Praxis" ergänzt. Wahrscheinlich wird sich dadurch die Anzahl der „LehrerInnen" stark erhöhen müssen.

Durch die rasche Entwicklung des Wissens und die explosionsartige Vergrößerung der Differenziertheit und Spezifizierung wird es immer schwieriger, in der Lehre stets auf dem zeitgemäßen Stand zu sein. In manchen Fällen wird es besser sein, die umgekehrte Richtung einzuschlagen und „Fachleute" zu „Lehrerinnen" auszubilden.

An diesem Punkt setzt die moderne Sozialwissenschaft an, z. B. die Gruppendynamik. Es scheint heute klar, dass der zum Pyramidenmodell als stabile Autori-

tätsstruktur gehörende Wissenschaftsbegriff der Sozialwissenschaften sich ebenfalls gewandelt hat. Denkt man sich die „Gesetzmäßigkeiten" des menschlichen
Zusammenlebens analog den Naturgesetzen (ewig, allgemeingültig, unveränder-
lich usw.), dann kann man sie durch objektive wissenschaftliche Methoden auch
erforschen. Der Forscher selbst bleibt außerhalb – und damit genauso unberührt
wie die zu erforschenden Zusammenhänge. Für die Naturwissenschaften stimmt
dieses Abstraktionsprinzip auch weitgehend. Atome und Moleküle haben nicht die
Möglichkeit, etwa gegen das Periodensystem der Elemente als eine „autoritäre"
Einteilung zu protestieren.

Beim Menschen ist dies anders. Gruppen und Sozialgebilde sind sehr wohl in
der Lage, zu den über sie aufgestellten abstrakten Gesetzmäßigkeiten Stellung zu
nehmen. So kann eine Gruppe etwa, wenn sie in der Lage ist, einen Außenseiter-
effekt zu reflektieren, den Außenseiter plötzlich wieder integrieren, statt ihn, wie
die „psychologischen Gesetze" es verlangen, vollends auszustoßen. Die Rückkoppelung der Gesetze über das menschliche Zusammenleben (die bei Naturgesetzen
nicht möglich ist) mit den Betroffenen zeigt, dass die „Gesetze" keine Naturgesetze sind, sondern nur Abstraktionen vergangener Verhaltensmuster. Aufgrund der
Rückkoppelung (ein transzendentales Problem!) entsteht eine neue Situation, die,
ihrerseits wieder von der Gruppe bearbeitet, zu einer abermals neuen Situation
usw. führt. Dieser „Gruppenprozess" ist nun in der Lage, Sozialstrukturen zu verändern (Konflikte zu lösen oder zu verschärfen, Autorität auf- oder abzubauen etc.)
und eine Selbstbestimmung von Gruppen zu ermöglichen.

In diesen Prozessen kann der Initiator (Wissenschaftler, Fachmann, Lehrer,
Trainer etc.) dieses Reflexionsprozesses nicht mehr objektiv und neutral „außerhalb" bleiben. Seine Stellung in der Gruppe bzw. im Sozialgebilde, seine Methoden und Absichten, seine Ziele und Interessen müssen genauso thematisiert werden
wie alle anderen Probleme der Gruppe. Damit erhält die „Beschreibung" eines
Sozialgebildes durch die Rückkoppelung Interventionscharakter. Diese Intervention ermöglicht es nun den LehrerInnen, den Gruppenprozess als Lernprozess so
weit und so lange zu steuern, bis die Gruppe dies selbst kann. Dies bedeutet, dass
auch der Lernprozess im Laufe der Zeit in die Eigenverfügbarkeit der „Schüler"
übernommen wird.

Die Alternative zum Pyramidenmodell ist nicht ein Nicht-Pyramidenmodell,
das genauso stabil Jahrtausende überdauern kann wie jenes, sondern das Pyramidenmodell, das sich weiterentwickelt. Auf funktionelle Arbeitsteilung wird man
auch in Zukunft nicht verzichten können, wenn man nicht wieder, wie in den frü-
hen Stammeskulturen, alle Menschen über alle Probleme entscheiden lassen will.

Solange die Menschen nicht als Erwachsene auf die Welt kommen, wird man
auch nicht auf Autorität verzichten können. Worauf man aber wird verzichten müs-

sen – und dies ist übrigens zum Teil bereits geschehen –, ist die Stabilisierung einer bestimmten Emanzipationsstufe sowohl beim Einzelnen als auch bei Gruppen, Organisationen und der Gesellschaft. Es wird sich in Zukunft viel mehr als bisher alles im Fluss und in Entwicklung befinden. Auf diese Situation hat die „Schule" vorzubereiten.

Eine Pädagogik, die das leisten soll, muss notwendigerweise dabei auf einige Dogmen und Tabus der traditionellen Pädagogik verzichten.

Lernen kann man nur in direkter Kommunikation und nur an und in Problemen, die man selbst hat. Lernen ist nicht nur die gedächtnismäßige Speicherung von abstrakten Fakten. Daraus folgt, dass die grundsätzliche Trennung von Schule und Leben problematisch ist und neu überdacht werden müsste. Warum soll man Jugendliche etwa in der Reifezeit – wie die traditionelle Pädagogik es empfiehlt – von ihren Problemen ablenken und sie zwingen, sich mit im Augenblick für sie völlig uninteressanten Dingen zu beschäftigen?

Die Zukunft der Pädagogik bedeutet also, dass der Hauptakzent des Lernens in Ziel, Inhalt und Methode bei den Problemen und ihrer Bewältigung liegt, die die Menschen gerade haben. Erst in zweiter Linie müssen sie kulturelles Fachwissen akkumulieren. Dies bedeutet, dass langfristig die Trennung von Schüler und Erwachsenem wegfallen muss. Warum sollen Erwachsene nichts mehr lernen und nicht mehr „in die Schule gehen"? Warum sollen Schüler nicht auch schon im Rahmen ihrer Möglichkeiten etwas leisten und dadurch und dabei etwas lernen? Die derzeitige Situation von Werkstudenten und Ferialpraxis zeigt bereits in diese Richtung. Das Stipendiensystem geht meines Erachtens in die falsche Richtung – es stabilisiert nur das alte Schulsystem.

10.8   Die Digitalisierung der Bildung

Der Bildungsbegriff hat sich auch durch das Internet gewandelt. Die Aufteilung in Universalisten (die von allem nichts wissen) und Spezialisten (die von wenig alles wissen) wird immer weniger wichtig, da das Internet die Rolle des Laplace'schen Weltgeistes eingenommen hat. Der Gott des Mittelalters war allwissend. Die Menschen haben immer nur einen Teil dieser Göttlichkeit für sich spezifizieren können. Durch das Internet ist diese ehemals göttliche Allwissenheit auf die Menschen – und zwar auf alle mit Internetzugang – übergegangen.

Damit verschiebt sich der Bildungsauftrag. Nicht mehr das Wissen ist das Endprodukt eines Bildungsprozesses, sondern das Können. Nicht mehr: „Was wissen Sie?", sondern: „Was können Sie?" Dabei sind die wichtigsten Elemente: Teilnehmen und Steuerung von Lernprozessen. Diese Lernprozesse müssen nicht mehr nur Einzelpersonen in sogenannter „Führungsverantwortung" wie in der Hierarchie machen, sondern diese Lernprozesse müssen Gruppen und Organisationen durchlaufen – oder sogar ganze Systeme.

Welche Inhalte und Fertigkeiten dafür entwickelt werden müssen, ist nicht von einer staatlichen Stelle zentral vorzugeben, sondern muss sich durch die Erfolge oder Misserfolge herausstellen. Schon deshalb sind kürzere Abstände zwischen Lernen und Anwendung notwendig, denn wenn man viele Jahre das Falsche gelernt hat, kann man schwer wieder zurück. Der Staat ist hier in einer ähnlichen Lage wie der Wirtschaftsbereich. Er kann nicht selbst als Unternehmer auftreten, wohl aber muss er die gesetzlichen Grundlagen für Kauf und Verkauf, für Erwerb und Anwendung der Ware Bildung definieren. Es werden sicher nicht alle Bildungsinstitutionen den gesetzlichen Grundlagen in den einzelnen Ländern genügen (Beispiel Scientology). Also wird es wohl für Bildungsprodukte einen ähnlichen „TÜV" geben müssen wie für Finanzprodukte und Autos.

Die Krise unseres Bildungssystems liegt unter anderem darin, dass diese Ausbalancierung im Leben der meisten Menschen zu spät erfolgt. Ich glaube, dass mir die Erfahrungen aus meiner Zeit als Werksstudent zu einer besseren Balance verholfen haben.

Selbstständige werden möglicherweise durch Kooperation und Vernetzung sehr bald die lohnabhängigen Angestellten überholen. Arbeitslosigkeit wird mit den neuen Lernsystemen eine neue Bewertung erfahren. Es ist notwendig, eine Phase der „Arbeitslosigkeit" einzuplanen, um für Weiterbildung und Neuorientierung freie Kapazitäten zu haben, denn mit der Abwechslung von Lern- und Arbeitsphasen ist nicht nur die Wirtschaft flexibler, indem sie rascher die Spezialisten dort bekommt, wo sie gebraucht werden, sondern die Lernphasen können einfach ausgedehnt werden. Die Anpassung des Bildungssystems auf die Bedürfnisse der Gesellschaft wird ebenfalls in Zukunft rascher erfolgen müssen. Dies deshalb, weil der Wandel in verschiedenen Berufszweigen wie Informatik, Technik, Genetik – um nur einige wenige zu nennen – sehr groß ist, sodass sich zwischen Ausbildungszeit und dem Antreten in der Praxis schon wieder so viel geändert hat, dass der Berufsanfänger wieder von vorne beginnen muss.

Damit könnte m. E. auch die Arbeitslosigkeit beseitigt – oder zumindest gemildert – werden. Personen, die, aus welchen Gründen auch immer, gerade „arbeitslos" sind, werden als Lehrer oder Schüler gebraucht. Als Lehrer, um ihr bisheriges Wissen weiterzugeben (und dabei auch zu lernen), und als Schüler, um sich weiteres Wissen und Können anzueignen. Dies befähigt sie, wieder in den Arbeitsprozess einzusteigen. Das System ist anhand dieser Situation aufgerufen, die Gesetzesgerechtigkeit weiterzuentwickeln.

Was das Bildungssystem in diesen sich schnell wandelnden Branchen tatsächlich tun muss, ist die Vermittlung eines Grundwissens, die Erziehung zur Selbstständigkeit im Lernen und Handeln, eine Bereitschaft, sich mit den Gegebenheiten kritisch auseinanderzusetzen und sich den zu ändernden Bedingungen durch „Learning by Doing" zu stellen.

Das Bildungssystem jeweils auf die prognostizierten Wachstumsbranchen auszurichten, halte ich für sinnlos. Erstens sind diese Prognosen nicht sicher, und zweitens bedeutet ein solcher Pragmatismus eine Aushöhlung des Bildungsbegriffes.

Das Bildungssystem hat sich meiner Meinung nach auf allgemeingültige und besonders in der neuen Kultur der „lernenden Organisation" auf die Fähigkeit, ein Selbstlernen in Gang zu setzen, einzustellen. Es wäre eine Haltung einzuüben, die Selbstkritik und Ideologiekritik miteinander verbinden kann, die Selbstverantwortlichkeit und Kommunikationsfähigkeit vereint, die Prozesse auch auf Systeme anstatt bloß auf Individuen zurückführen kann, und schließlich eine Haltung, wo Konsensbereitschaft im Gegensatz zur Siegermentalität vorherrscht.

Eine vielversprechende Trendwende im Schulwesen scheint sich durch Erkenntnisse der Neurowissenschaften zu verstärken. Die Entdeckung der Spiegelneuronen, der sogenannten Empathie-Neuronen, lässt an der herkömmlichen Meinung zweifeln, der Mensch sei in seinem Wesen grundsätzlich egoistisch und nur auf seinen eigenen Vorteil bedacht. Die Biologen haben festgestellt, dass empathisches Verhalten, das heißt einfühlsames, auf den anderen konzentriertes Verhalten, beim Menschen genetisch verankert sei. Dieses Empathievermögen könnte auch die menschliche Evolution erst möglich gemacht haben.

Jeremy Rifkins hat in seinem Buch „Die empathische Zivilisation – Wege zu einem globalen Bewusstsein" in diesem Zusammenhang auf eine Revolutionierung des Lernens hingewiesen.

„Erzieher haben die Flagge der Empathie ergriffen und sehen darin, unter dem Stichwort ‚emotionale Intelligenz', ein wichtiges Merkmal der psychischen und sozialen Entwicklung von Kindern. Einige Schulen in den USA haben die empathische Pädagogik auch schon parallel zum traditionellen Ansatz in den Lehrplänen verankert. Neue Lehrmodelle, die darauf abzielen, die Ausbildung von einem Wettbewerb zu einer gemeinschaftlichen Lernerfahrung zu wandeln, entwickeln sich in einer Zeit, in der Schulen sich redlich bemühen, mit einer Generation Schritt zu halten, die mit dem Internet groß geworden ist und gelernt hat, in sozialen Netzwerken zu kommunizieren und zu lernen, in denen sie Informationen eher teilen als horten. Unterdessen hat ‚Lernen durch Engagement' die Schulerfahrung revolutioniert. Millionen Jugendliche sind in Nachbarschaftsorganisationen aktiv, wo sie Menschen in Not helfen und so die Lebensqualität der Gemeinschaft verbessern. All diese Bildungsinnovationen helfen, eine ausgereifte empathische Sensibilität zu pflegen. Die traditionelle Auffassung, Wissen ist Macht und diene dem persönlichen Nutzen, wird ersetzt durch die Vorstellung, dass Wissen ein Ausdruck der gemeinsamen Verantwortung für das kollektive Wohlergehen der Menschheit und des gesamten Planeten sei" (Rifkins, zitiert aus Handelsblatt, 15.01.2010).

Die Organisation dieses neuen Systems erfolgt jedoch nicht von selbst in der freien Marktwirtschaft. Natürlich könnte man sagen, dass moderne Schulen Schüler hervorbringen, die sich im gesellschaftlichen Entwicklungsprozess besser bewähren. Dadurch erfolgt eine Selektion der Schul-Institutionen – so wie es jetzt schon z. B. in diversen Zeitschriften Rankings von Universitäten oder Fachhochschulen gibt. Die weniger gut bewerteten bekommen weniger Schüler, wodurch die besseren gefördert werden.

Ich glaube, dass dieser Prozess möglicherweise nicht schnell genug erfolgt. Die Aufgabe des Staates ist es wahrscheinlich, sich aus dem Schulsystem weitgehend zurückzuziehen und nur die Regeln für die Konfliktbearbeitung zwischen Bereich 2 und Bereich 3 festzulegen.

Ich bin daher nicht nur aus meiner praktischen Erfahrung heraus, sondern auch aus dem Denkmodell der Trialektik heraus der Meinung, dass das Bildungssystem für junge Menschen relativ frühzeitig auf die Ausbalancierung der drei Aporien Wert legen sollte. Wem dies am besten gelingt (Individuen, Schulen oder Land), der wird im globalen Wettbewerb die Nase vorne haben.

Ich habe mich bei der Bearbeitung der zweiten Auflage dieses Buches daran erinnert, dass ich vor 40 Jahren vom Wiener Stadtschulratspräsidenten den Auftrag bekommen habe, die Bedeutung der Gruppendynamik für die Schule zu untersuchen. Dieses 1975 erschienene Buch stellte die Grundzüge einer Veränderung im Bildungssystem dar – damals noch bezogen auf gruppendynamische Lernmethoden. Ich verfolge mit Interesse, dass diese Lehr- und Lernmethoden heute im Wesentlichen mithilfe der Digitalisierung zu einem großen Teil in die Praxis umgesetzt werden.

So gab es etwa an der San José State University in Kalifornien bei einem Elektrotechnikkurs mithilfe „neuer digitaler Lernmethoden" eine hohe Erfolgsquote: Es bestanden 91 % der Studenten die Prüfung. Bis dahin gab es eine Durchfallquote von 40 % (in: Psychologie Heute, August 2014, Seite 66 F)

Die „neuen digitalen Lernmethoden" beruhen auf „interessegetriebenem Lernen". Die Schüler „lernen voneinander" (z. B. via Facebook) und nicht von einem Lehrer in der Schule. Viele Inhalte werden über bekannte Videospiele vermittelt, und die Schüler lernen, dass Ihre „Produkte" wiederum nicht von Lehrern sondern von anderen Schülern bewertet und analysiert werden. Dadurch ist auch ein „individuelles Lerntempo" möglich. Das Ganze wird „umgekehrter Unterricht" genannt. Das beschränkt sich nicht auf das Speichern von Informationen im Gedächtnis (das kann der Computer besser), sondern aktiviert das Gehirn für übergeordnete Probleme. So vergrößert etwa das Miteinander- und Gegeneinander-Spielen Gehirnbereiche für die räumliche Orientierung und für das strategische Denken.

„Das Spielen von Videogames gibt Otto Normalverbraucher die geschärfte Aufmerksamkeit eines Kampfpiloten" meint die Kognitionswissenschaftlerin Lera Boroditsky von der University of California. (Ingrid Glomp: Warum das Internet uns schlauer macht, in Psychologie heute, August 2014, S. 69)

Auch die Begeisterung, mit der die Schüler diese neuen Lernsysteme aufgreifen, trägt zum Lernerfolg bei. Dies ähnlich wie in dem französischen Experiment, über das ich vor 40 Jahren in dem Buch „Gruppendynamik für die Schule" berichtet habe. Ich bin sicher, dass diese neuen Methoden das Bildungssystem in die beschriebene Richtung revolutionieren werden, da sich die gruppendynamischen Lehr- und Lernmethoden mithilfe von Ökonomisierung und Digitalisierung als sehr effizient erweisen werden.

Trialektik des Gesundheitswesens 11

In der Primärversorgung kümmert sich die Familie um die Gesundheitspflege der Kinder (aller Altersstufen) und kommt meist ohne medizinische Hilfe von außen aus. Auch später im erwachsenen Leben können etwa 80 % der Krankheitsfälle in häuslicher Pflege behandelt werden. Ich besitze ein Buch meiner Großmutter mit dem Titel: „Die Mutter als Hausärztin". Es gibt auch in der heutigen Zeit eine fast unüberschaubare Anzahl von Büchern mit medizinischen Ratschlägen für den Laien. In Ländern der Dritten Welt, wie z. B. in Afrika, werden Kranke von Stammesangehörigen nach eigener Tradition behandelt, da ein Krankenhaus meist nur schwer erreichbar ist. In den genannten Fällen spielt die ökonomische Dimension eine untergeordnete Rolle.

Aber wie sieht es in den medizinischen Institutionen unserer Gesellschaft aus? Unsere medizinischen Einrichtungen, seien es Arztpraxen oder Krankenhäuser, müssen nach ökonomischen Richtlinien geführt werden und unterliegen hiermit – so wie das Geld – den trialektischen Widersprüchen: Gesundheit im Sinne von Heilung und Prophylaxe von Krankheiten kann auch als „Ware" verstanden werden, die ge- und verkauft werden kann.

Im Bereich 1 kann man die Gesundheitsbehörden ansiedeln. Sie müssen darüber wachen, dass sowohl die medizinische Seite als auch die Seite der Patienten zu ihrem Recht kommt. Das bedeutet, dass der Maßstab, der jeweilige medizinische Standard, eingehalten werden muss – und dies unabhängig von Geld und Ansehen der Personen. Es geht um die „Gesetzesgerechtigkeit" – im Fokus stehen hier die Medizin als Wissenschaft, die Sorgfaltspflicht des medizinischen Personals und die Kontrolle und Aufsicht der Behörden.

Im Bereich 2 ist die Wirtschaftlichkeit im Fokus. Die „Ware" Medizinversorgung ist als Geschäft anzusehen. Es muss gut gewirtschaftet werden, um dieses System lukrativ und erfolgreich zu machen. Dies darf aber nicht gegen die Redlichkeit (Bereich 1) und auch nicht zulasten der Patienten (Bereich 3) gehen.

© Springer Fachmedien Wiesbaden 2016
G. Schwarz, *Die Religion des Geldes*, DOI 10.1007/978-3-658-10508-2_11

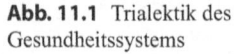

Abb. 11.1 Trialektik des Gesundheitssystems

Im Bereich 3 geht es um die Bedürfnisgerechtigkeit: Der Arzt oder die medizinische Einrichtung dient hier einzig den Bedürfnissen des Patienten. Die Widersprüche zum Bereich 1 und Bereich 2 liegen auf der Hand (Abb. 11.1).

Die drei Bereiche müssen jeweils in einer Balance gehalten werden, oder das System bricht zusammen. Ein einfaches Beispiel, das die Konfliktanfälligkeit dieser drei Bereiche beleuchtet, steckt in der banalen Tatsache, dass nicht alles, was (medizinisch) möglich ist, in einzelnen Fällen auch sinnvoll und machbar ist – weder für den Patienten noch für die medizinische Institution. Die Widersprüche an den Schnittstellen der drei Bereiche geben Anlass zu einer Unzahl von Konflikten.

Prominentester Konflikt sind die sogenannten explodierenden Heilkosten des Gesundheitssystem im Allgemeinen und der einzelnen Institutionen im Besonderen (Krankenhäuser, Arztpraxen).

Zwei Extreme können in der Gegenwart beobachtet werden: Zu teure Maßnahmen etwa (Diagnose, Therapieverfahren, Medikamente etc.) führen dazu, dass sich immer weniger Personen diese Kosten leisten können. Auch die Abwälzung auf den Staat funktioniert hier nur unzureichend. Umgekehrt stehen viele Institutionen auch untereinander in Konkurrenz: Welche Klinik ist billiger und/oder kann mehr?

Sogar innerhalb eines Hauses kann die Konkurrenz zuschlagen, wie z. B. bei der Krebstherapie: Gehört ein Krebspatient zur Onkologie oder zur jeweiligen Fachabteilung (wie Urologie oder Gynäkologie etc.) – oder etwa zur Radiologie oder zur allgemeinen Chirurgie?

Ein Out-of-Balance besteht sicher darin, dass sich Ärzte, die notwendigerweise mit ihrer Diagnose auch ein ökonomisches Interesse verbinden, die Patienten selbst für eine Therapie zuweisen können. Geht man zum Urologen, wird eine Operation als beste (oder einzige) Lösung empfohlen, landet man beim Radiologen, dann ist die Strahlentherapie das Beste. Der Onkologe hingegen empfiehlt bei derselben Diagnose vielleicht eine Hormontherapie.

In diesem Fall liegt das Defizit bei der Gesetzesgerechtigkeit, weil „objektive" Diagnosen und alternative Therapien mit ihren Vor- und Nachteilen in den Bereich 1 (Wissenschaft) gehören und nicht nur vom Bereich 2 (Gewinn, Wirtschaftlichkeit) verwaltet werden dürfen.

Ähnlich ist es mit dem Verschreiben von Medikamenten. Auch hier gehört die objektive Wahl der Medikamente in den Bereich 1. Viele Pharmafirmen, die natürlich (Bereich 2) gewinnorientiert denken und handeln müssen, versuchen mit Werbemaßnahmen (Incentive-Touren für Ärzte, Forschungsprojekte etc.) die Entscheidungen der Medikation zu ihren Gunsten zu beeinflussen (Schnittstelle Bereich 1 und Bereich 2).

Aber auch die Schnittstelle Bereich 2 und Bereich 3 ist konfliktbeladen. Entscheidet eine (zumindest auch) gewinnorientierte ärztliche Institution nur nach den Bedürfnissen der Patienten (Bereich 3) oder auch – oder nur – nach den wirtschaftlichen Interessen des Krankenhauses? Wenn etwa Betten frei sind und ausgelastet werden müssten, kann man schneller zu einer „Aufnahme" kommen – auch wenn sie eigentlich nicht erforderlich wäre. Umgekehrt kann man rascher in die „häusliche Pflege" entlassen werden, wenn es Bettenmangel gibt.

Mit der Übernahme des Gesundheitswesens in den Bereich der Marktwirtschaft – also mit der Ökonomisierung im Sinne des Kapitalismus – muss somit eine Reihe von Maßnahmen der Gesetzesgerechtigkeit getroffen werden, um die Balance von „richtig" und „gerecht" zu halten.

Interessant ist in diesem Zusammenhang vielleicht wieder der Unterschied zwischen Europa und den USA. In Europa wurden die Dimensionen 1 und 3 auf Kosten der Ökonomie überbetont. Das öffentliche Gesundheitswesen nimmt den Patienten einen Großteil der ökonomischen Last mithilfe eines immer teurer werdenden Versicherungssystems ab.

In den USA dagegen lag der Schwerpunkt auf der individuellen Ökonomie sowohl der Krankenanstalten als auch der Patienten. Daher hatte ein großer Teil der Bevölkerung keine oder keine gute Krankenversicherung.

Die Obama-Administration hat sich bemüht, diese Balance mithilfe der Gesetzesgerechtigkeit zugunsten der Bedürfnisgerechtigkeit zu verschieben. Bei vielen Angehörigen des Gesundheitssystems muss dieser Lernprozess erst gemacht werden. Weder Patienten noch Ärzte bedenken die Kosten-Nutzen-Rechnung der jeweiligen Maßnahme. Dadurch ist das System gelegentlich „out of Balance".

Der eigentliche Lernprozess dürfte das Einbeziehen der Dimension 2 – also der Gesundheit als Ware – sein. Denn die Ärzte schließen sinngemäß und emotional an die Primärversorgung der Familie an und ersetzen – mit modernen Methoden – Vater und Mutter.

Dies hängt natürlich auch damit zusammen, dass Krankheit fast immer mit einer Regression auf oft sogar infantile Stadien einhergeht. Man braucht daher wiederum die Einbettung in eine Umgebung, die man im Prinzip seit dem Erwachsenwerden verlassen hat. Diesem Bedürfnis entsprechen auch viele Formen der Gesundheitsversorgung.

Z. B. die Praxis, nur eine Versicherungsnummer oder E-card abzugeben und nicht selbst zu zahlen, suggeriert einen großen quasi-familialen Zusammenhang. Die ökonomische Dimension der Gesundheit dürfte in weiten Teilen der Gesellschaft noch verdrängt werden. Denn innerhalb der Familie kosten „Dienstleistungen" kein Geld. Erst mit der anonymen Kommunikation – also mit dem Warencharakter der Dienstleistungen – beginnt das Geld eine Rolle zu spielen. Bei vielen Ärzten – so wie bei vielen Lehrern – ist der Warencharakter ihrer Dienstleistung noch unterrepräsentiert. So ist etwa der Hausarzt oft noch eine Art Familienmitglied. Auch viele Untersuchungen über Gesundungschancen zeigen, dass die quasi-familialen Strukturen bessere Heilungschancen bieten als die anonymen eines Krankenhauses (bei vielen Krankheiten jedenfalls).

So sind etwa in vielen Fällen kleinere = persönlichere Krankenhäuser oder Stationen erfolgreicher als große = anonyme Systeme (weniger Aufenthaltsdauer, weniger Rückfälle). Mit dem Herauswachsen des Kranken- und Pflegebereiches aus dem familialen und quasi-familialen Bereich in eine ökonomisierte und eventuell sogar industriell organisierte Gesundheitsverwaltung stellt sich unweigerlich die Notwendigkeit einer Ausbalancierung der drei Bereiche. Die damit verbundenen Konflikte müssen bearbeitet und gelöst werden.

Es gibt allerdings eine starke Überschneidung zum nächsten Kapitel – nämlich zur Ethik, denn mit dem „Hippokratischen Eid" wird man auf einen ärztlichen Ethos verpflichtet, der eine Ökonomisierung – jedenfalls ursprünglich – nicht im Auge hatte.

Als „Helden" sind sie Vorbild für die Jugend, weil Handeln aufgrund von Imitation nur topdown geändert werden kann (archaisches Muster).

Wenn also z. B. in der Neolithischen Revolution anstelle der alten Jägerhelden, die mit List und Stärke Tiere erlegten und daher die Tugenden Scharfblick, Schnelligkeit, zielgenauer Waffengebrauch, Ausdauer etc. entwickeln mussten, nun Viehzüchter kamen, dann waren neue Tugenden notwendig: Selbstbeherrschung, Macht über lebende Tiere, Wissen über Fortpflanzung, Ernährung, Heilung, Rechnen etc.

Ein schönes Beispiel in der Gegenwart sind bestimmte Finanzprodukte, die ob ihres spekulativen Risikos als unmoralisch angesehen werden könnten. Diese Bewertung ist aber erst möglich, wenn es die vermuteten Pannen tatsächlich gibt. Diese Produkte werden zunächst nicht moralisch, sondern nur ökonomisch bewertet. Erst im Nachhinein, wenn sie Schaden angerichtet haben, werden sie als „unmoralisch" bewertet, und es wird nach gesetzlichen Maßnahmen gerufen, um diese Produkte „zu regulieren".

Neues Verhalten wird bei den Menschen immer irgendwann internalisiert und als Moral an die nächste Generation weitervermittelt. Einige dieser moralischen Normen werden zu Gesetzen, die auch vonseiten der Öffentlichkeit sanktioniert werden können. Betrachtet man die Frage nach dem, was moralisch gut ist, im Lichte der Trialektik, dann findet man drei verschiedene Begriffe dessen, was gut ist (siehe Abb. 12.1).

Bei der Trialektik des Geldes zeigt sich, dass in den Bereichen 1 bis 3 jeweils unterschiedliche Normen zu befolgen sind. So funktionieren die Bereiche 2 und 3 nach sich widersprechenden Prinzipien: Das ist bei der Betrachtung des Unterschiedes von Bedürfnis und Leistung deutlich geworden.

Beim Bereich der Bedürfnisgerechtigkeit ist der Mensch Selbstzweck. Die notwendigen (vor allem überlebensnotwendigen) Bedürfnisse zu befriedigen ist vor

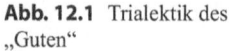

Abb. 12.1 Trialektik des „Guten"

allem im Primärkontakt in fast allen moralischen Normensystemen der Menschheit enthalten.

So sagt etwa Kant im sogenannten „Kategorischen Imperativ" in der 4. Formulierung: „Handle so, dass du die Menschheit sowohl in deiner Person als auch in der jedes anderen jederzeit als Zweck, niemals bloß als Mittel brauchst."

Völlig andere Regeln gelten im Bereich der Leistungsgerechtigkeit. Hier ist der Mensch Mittel zum Zweck. Zweck ist der ökonomische Erfolg. Man könnte auch Gewinn, Profit oder Ertrag sagen.

Der Bereich 2 ist eine Weiterentwicklung des archaischen Prinzips des Rechtes des Stärkeren. Im Bereich der Wirtschaft sind die alten Naturprinzipien noch weitgehend erhalten und auf einer „höheren Ebene" wieder gültig. Der Stärkere (Schnellere, Leistungsfähigere, Kapitalkräftigere etc.) setzt sich gegenüber dem Schwächeren durch. Die größeren Unternehmen fressen die kleineren, die rentablen die unrentablen. Im Wettbewerb der sogenannten „freien Marktwirtschaft" gilt uneingeschränkt das Leistungsprinzip. Gut ist der Bessere (Stärkere, Schnellere, Rentablere etc.). Deshalb wird auch immer wieder betont, dass die Moralprinzipien des Bereichs 3 – also der Gesellschaft im Privatbereich – nicht auf die Wirtschaft anwendbar seien. Hier gelten ganz andere Moralprinzipien.

Ebenfalls andere Prinzipien gelten im Bereich 1. Dieser ist heute noch weitgehend hierarchisch organisiert. Selbst wenn im Bereich der Politik Demokratie gilt, so ist doch das Organisationsprinzip der gewählten Parteien überwiegend hierarchisch. Auch innerhalb von Organisationen oder Wirtschaftsunternehmen ist der Bereich 1 durch das klassische Prinzip einer Zentrale gekennzeichnet: Entscheidungen des Vorstands haben Erleuchtungscharakter und werden top-down durchgesetzt. Im Bereich 1 wird das Gemeinschaftseigentum verwaltet, zum Unterschied von Bereich 3, wo das Privateigentum angesiedelt ist. Da sich die Kulturen im Laufe der Zeit unterschiedlich entwickelt haben, gibt es auch unterschiedliche Moral- und Normensysteme. Das dominante System ist die europäische Tradition, die jedoch in vielen Punkten auch gegenüber den anderen Moralsystemen Vor- und Nachteile hat. Die wichtigsten Punkte sind hier noch nicht ausdiskutiert. Von der Trialektik her gibt es eine Möglichkeit, die verschiedenen Systeme zu ordnen.

Auch die sogenannte pluralistische Gesellschaft in Europa und Amerika hat verschiedene Akzentsetzungen innerhalb der Gesellschaft und auch innerhalb der einzelnen Bereiche. So wird etwa unter dem Thema „Wirtschaftsethik" die Notwendigkeit einer anderen Normsetzung für wirtschaftliches Handeln diskutiert.

Ich vermute, dass man hier in Zukunft nicht mehr ein einheitliches Moralsystem annehmen kann, unter das die einzelnen Fälle subsumierbar sind und damit auch widerspruchsfrei Gültigkeit haben. Vielmehr werden in Zukunft auch in der Moral Widersprüche auftreten, die ausbalanciert gehören.

Welches sind nun die grundlegenden Widersprüche der Antwort auf die Frage: Was ist gut?

Die historische Reihenfolge der drei Dimensionen in der Geschichte des Homo sapiens war sicher vom Bereich 2 → zu Bereich 1 → zu Bereich 3.

Zuerst setzten sich sicher die Erfolgreichen durch, von denen wir auch abstammen. Alle unsere Vorfahren waren nicht nur die jeweiligen Sieger in Konflikten, sondern auch erfolgreich in der Anpassung an Umweltbedingungen. Mit der zunehmenden Höherentwicklung und der Weitergabe von erworbenem Know-how über die Sprache brauchte man auch ein immer komplexeres Normensystem. Gut ist nicht mehr nur der Erfolgreichste im Überlebenskampf, sondern gut ist auch der, der sich an die Regeln der Gruppe hält.

Diese Regeln, die also irgendwann entstanden sind und von späteren Generationen dann den Ahnen zugeschrieben wurden, bekamen in manchen Kulturen göttliche Autorität, da die Ahnen zu Göttern wurden.

Durch die Auswanderung der Menschen aus Afrika wurden immer mehr und neue Regeln notwendig, um sich an die neue Umwelt anzupassen. Bei den Jäger- und Sammlerkulturen gab es vermutlich – so wie heute auch – noch keine Trennung von Moral und Gesetzen. Legalität und Moralität waren eins. Diese Trennung gab es erst mit dem Sesshaftwerden der Menschen in der Neolithischen Revolution.

Damals mussten die Regeln für öffentliches Handeln von denen für privates Handeln in der kleinen Gruppe (Stamm, Familie etc.) unterschieden werden. Damit begann die Menschheit, sich von den ursprünglichen Verhaltensweisen in kleineren oder auch größeren sozialen Verbänden zu entfernen. Mit der Bildung grö-

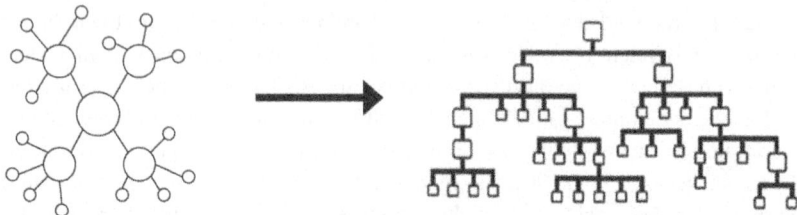

Abb. 12.2 Vom zentralen Ort zum hierarchischen Modell

ßerer Einheiten (Königreiche) und der Entwicklung der Hierarchie mussten neue Kooperationsformen mit neuen Regeln gefunden werden.

Das wesentliche Element ist dabei die Entwicklung der anonymen Kommunikation. Menschen können miteinander etwas zu tun haben ohne einander zu kennen oder miteinander von Angesicht zu Angesicht zu kommunizieren. In großem Stil wurde das sicher durch die ersten Handelsbeziehungen notwendig. Sesshafte Stämme erzielten Überschussprodukte – besonders in der Nordhemisphäre war das für das Überleben über die kalte Jahreszeit hinweg notwendig. Diese Produkte konnte man tauschen. Dabei bildete sich ein Netzwerk, das später in das hierarchische System mündete (Abb. 12.2).

Dieses System wurde dann auch als logisches Denksystem in der Geschichte verwendet (siehe Schwarz, Die Heilige Ordnung der Männer, 2016). Dabei laufen die Kommunikationslinien über eine Zentrale, die dadurch viel Macht bekommt (s. o.).

Für die Moral bedeutet das, dass sich für die beiden Bereiche – der direkten und der indirekten Kommunikation – auch unterschiedliche Normen entwickelten. Im Stamm, in der Familie, in der Gruppe gelten moralische Regeln, die gegenüber anderen Stämmen, Gruppen etc. nicht im gleichen Maß gelten. Aus diesen Regeln wurden später „Gesetze".

Spätestens mit der Erfindung des Geldes und einer eigenen Ökonomie kamen neue Regeln dazu. Zwischen allen drei Bereichen gab es gewisse Übereinstimmungen, aber auch Widersprüche. Bisher sind alle Versuche gescheitert, ein einheitliches Normensystem für alle drei Bereiche zu schaffen. Dies geht allenfalls im Bereich der Gesetze, also der Legalität, aber nicht bei den moralischen Normen.

Betrachten wir die Gemeinsamkeiten und die Unterschiede der drei Bereiche in der Moral:

Der Bereich 3 bezieht sich auf den primären Kontakt von Kommunikation von Angesicht zu Angesicht. Hier sind wir mit Personen in direkter Beziehung, in Gruppen oder Familien, in Arbeitszusammenhängen oder im Sportverein etc. Dies ist der Bereich, für den die Zehn Gebote gelten.

Die Gebote eins bis drei beziehen sich auf einen personalisierten Gott, dem man – wie Moses – auch persönlich begegnen könnte. (Erstes Gebot: Du sollst an einen Gott glauben. Zweites Gebot: Du sollst den Namen Gottes nicht verunehren. Drittes Gebot: Du sollst den Tag des Herrn heiligen.) Diese Art Beziehung zu Gott drückt sich in der Lithurgie aus, nicht im Umgang der Menschen miteinander.

Schwierigkeiten bekommt man, wenn man die weiteren sieben Gebote nicht nur auf den Bereich der direkten Kommunikation, sondern auch auf den anonymen Bereich der Wirtschaft anwendet.

So ergibt etwa das vierte Gebot „Du sollst Vater und Mutter ehren" im familialen Bezug Sinn. Würde man dies auf ein Wirtschaftsunternehmen anwenden, dann wäre mit diesem Prinzip der Vorrang der Älteren besiegelt und Wechsel und Veränderung wären noch schwerer zu erreichen, als dies ohnehin der Fall ist.

Im Wettbewerb der Wirtschaft ist „töten" (5. Gebot) mit dem Ausschalten des Konkurrenten gleichzusetzen. Die Übertretung des sechsten Gebots (Keuschheit) ist in der Werbung oder in Produktdesigns gang und gäbe. Die Gesetzesgerechtigkeit gibt hier allerdings den Rahmen für Erlaubtes vor – doch dieser Rahmen unterscheidet sich sehr wohl von dem in dem Gebot gemeinten Inhalt.

„Du sollst nicht stehlen" – das siebente Gebot – ist in der Wirtschaft ungültig. Wenn es um Wettbewerbsvorteil geht, darf man dem Konkurrenten sehr wohl die Show stehlen – man wird dem anderen den ersten Platz streitig machen und manche gute Marketing- oder Produktidee „stehlen".

Im achten Gebot heißt es, dass man kein falsches Zeugnis gegen den Nächsten geben darf. Wer ist heute so naiv und glaubt wirklich, was ein Unternehmen über sich oder über den Konkurrenten sagt? Ein jeder behauptet für sich, der Beste etc. zu sein, und argumentiert so auf Kosten des Konkurrenten. Im interpersonalen Bereich würde eine solche Haltung sehr rasch ihr Ende finden.

Schließlich schlagen das 9. und 10. Gebot (9: Du sollst nicht begehren deines nächsten Gut – 10: – deines nächsten Frau) in eine ähnliche Kerbe. Das Rechtsbewusstsein in der Wirtschaft befürwortet das „Begehren" – sei es die bessere Qualität des Konkurrenzprodukts oder die qualifizierteren Mitarbeiter des Mitbewerbers. Die Gesetzesgerechtigkeit billigt den begehrlichen Blick und das begehrliche Verlangen, gibt aber Regeln vor, wie dies zu geschehen hat (keine Werksspionage oder auch kein Abwerben von Mitarbeitern, Künstlern während eines gültigen Vertrages etc.).

So sind zentrale Begriffe der Primärkommunikation wie Liebe, Vertrauen, Freiheit etc. nicht direkt auf die anonyme Kommunikation (Bereich 1) und ökonomisches Konkurrenzverhalten (Bereich 2) übertragbar. „Vertrauen ist gut – Kontrolle ist besser" umschreibt etwa den Gegensatz zwischen Bereich 3 und Bereich 1.

Für den Bereich 2 – also für den Bereich des Wettbewerbes – müsste man als Grundhaltung „Misstrauen" annehmen. Unter Konkurrenzbedingungen herrscht zwischen Individuen notwendig Misstrauen, so auch zwischen Wirtschaftsunternehmen.

Den sogenannten „Futterneid" kann man bereits im Tierreich beobachten. Affen etwa, die etwas Essbares erbeutet oder gefunden haben, bringen dies zunächst „in Sicherheit", um es dann zu verzehren. „In Sicherheit" heißt: weit weg von den anderen Nahrungskonkurrenten, die ihnen das gefundene oder erbeutete Gut wegnehmen könnten. Auch bei Raubtieren kann man ein solches Verhalten beobachten.

Ein Beispiel für die Dialektik von Konkurrenz und Kooperation im zwischenmenschlichen Bereich wurde von einem Laufwettbewerb (Marathon) aus der Zwischenkriegszeit berichtet. Der damals unschlagbare Langstreckenläufer hieß Nurmi. Bei einem der Wettbewerbe fiel der an erster Stelle laufende Nurmi in eine Grube. Der einige Sekunden hinter ihm laufende Zweite blieb stehen und half ihm aus der Grube heraus. Die übrigen Läufer waren weit abgeschlagen, und Nurmi sowie sein Helfer setzten den Lauf fort. Knapp vor dem Ziel hielt aber Nurmi an und wartete auf seinen hilfreichen Konkurrenten. Gemeinsam liefen sie dann durch das Ziel. Ich glaube, dass sie dann beide die Goldmedaille bekamen.

An diesem Beispiel kann man den Gegensatz von Konkurrenz und Kooperation analysieren. Im Prinzip wäre eine Konkurrenzveranstaltung, die als Ziel hat, festzustellen, wer der schnellste Läufer ist, völlig sinnlos, wenn die Konkurrenten einvernehmlich gemeinsam durchs Ziel laufen (Bereich 2).

Andererseits gilt unser Applaus so wie jener der Zuschauer bei der Veranstaltung natürlich dem Kooperationsverhalten (Bereich 3). Für „Freunde" gilt die moralisch höherstehende Kooperation – für „Feinde" die Konkurrenz. Zu große Konkurrenz verhindert eine Gruppenbildung, in der bestimmte Leistungen nur kollektiv gemeinsam erbracht werden müssen. So ist etwa beim Homo sapiens schon in der Stammesgeschichte sehr früh – nämlich mit der Entwicklung der Jagdgruppe – etwa bei der Nahrungsaufnahme die Konkurrenz reduziert und durch Kooperation abgelöst worden. Insbesondere die Versorgung einer größeren Gruppe von Menschen (Älteren, Frauen, Kinder) durch eine Männergang oder durch sammelnde Frauen musste verhindern, dass die Nahrung sofort an Ort und Stelle verzehrt wurde. Diese Tendenz wurde auch durch die Domestizierung des Feuers und die damit mögliche – notwendige – Aufbereitung der Nahrung verstärkt (Abb. 12.3).

Im Tierreich kann man Kooperationsverhalten fast immer bei der Brutpflege beobachten, für höherstehende Primaten, z. B. Menschenaffen, gilt sie aber bereits häufig. Für den Menschen dürfte aber schon sehr früh die Notwendigkeit bestanden haben, bestimmte Leistungen gemeinsam erbringen zu müssen, sodass Kooperation wichtiger als Konkurrenz wurde.

Abb. 12.3 Trialektik der
Ethik

Die Konkurrenz verlagerte sich dann von den Individuen zu der zwischen Gruppen. Innerhalb der Gruppe gab es Kooperation, nach außen gab es Konkurrenz. Erst sehr viel später gab es dann auch Kooperation zwischen Gruppensystemen, und es entwickelten sich Sozialgebilde, die dann wieder miteinander in Konkurrenz standen – sie also auf eine höhere Ebene hoben. Im großen Stil ist diese Ablöse der Konkurrenz zur Kooperation vermutlich erst mit der Neolithischen Revolution passiert.

Diese Entwicklungen spiegeln sich natürlich immer im Normensystem wider, und es ändert sich, was als „gut" und als „böse" gilt. Wenn es also in der ersten Stufe, dem Naturzustand, „gut" ist, dem Nahrungskonkurrenten seine Beute wegzunehmen, um bessere Überlebenschancen zu haben, so wird dieses Verhalten in der nächsten Stufe schon als „böse" eingestuft. Allerdings scheint dieser „Naturzustand" auch noch heute in bestimmten Gemeinschaften aufrechterhalten zu werden. So wird Diebstahl als Form der Ressourcenoptimierung in organisierter Form (Mafia) betrieben und als „gut" befunden, wenn damit einem „Feind" etwas abgejagt werden kann. Als „böse" wird nur gebrandmarkt, wenn der eigene „Bruder" oder das eigene Gruppenmitglied bestohlen wird.

Diese Stufe der Entwicklung wird noch im Alten Testament beschrieben. So heißt es etwa im Deuteronomium 23/21 f.:

Du darfst von deinem Bruder keine Zinsen nehmen: weder Zinsen für Geld noch Zinsen für Getreide noch Zinsen für sonst etwas, wofür man Zinsen nimmt. Von einem Fremden darfst du Zinsen nehmen, von deinem Bruder darfst du keine Zinsen nehmen, damit der Herr, dein Gott, dich segnet in allem, was deine Hände schaffen, in dem Land, in das du hineinziehst, um es in Besitz zu nehmen.

Abb. 12.4 Die Eurozone –
eine Familie?

Diebstahl nach innen ist also verboten, Diebstahl nach außen (Zinsen, Landnahme etc.) ist erlaubt bzw. sogar erwünscht. Sieger in Eroberungskriegen wurden immer als Helden gefeiert – bis heute.

Mit der Globalisierung scheint allerdings der Begriff des Clans oder der großen Familie langsam stufenweise auf alle Menschen überzugehen. So titelte die Zeitschrift *Focus* vom 22.2.2010: „Betrüger in der EURO-Familie" (Abb. 12.4).

Hier werden die Regeln des Bereiches 3 (Bedürfnisgerechtigkeit im Primärkontakt) auf die Bereiche 1 und 2 angewendet, wohin sie aber wieder nicht passen!

Umgekehrt wirken sich Vorschriften aus dem Bereich 1 oder ökonomische Zwänge aus dem Bereich 2 sehr irritierend bis zerstörend auf den Bereich 3 aus. Hier bevorzugen die meisten Erwachsenen eine freie Gestaltung der Beziehungen, die sich nach den jeweiligen persönlichen Gegebenheiten (Alter, Geschlecht etc.) richten kann, aber nicht nach allgemeinen Gesetzen.

Wiederum entsteht sofort Chaos, wenn man versucht, die Freiheiten und die Gestaltungsmöglichkeiten der kleinen Gruppe auf Politik oder Wirtschaft zu übertragen.

Liebe verträgt schlecht Über- und Unterordnungsverhältnisse, wie sie etwa in Hierarchien notwendig sind. Umgekehrt müssen Hierarchien, um zu funktionieren, auf Macht und Ordnung bauen und nicht auf Liebe und Freiheit.

Die Literatur ist voll von tragischen Geschichten über die Schwierigkeiten, wenn Prinzipien der Legalität (politische Position, Parteiinteressen, Staatsinteressen etc.) in persönliche Beziehungen hineinspielen, und umgekehrt, wenn persönliche Beziehungen öffentlichen Interessen widersprechen (Korruption, Nepotismus etc.).

Die in der sogenannten Achsenzeit (Jaspers) in den Erlösungsreligionen (z. B. Buddhismus, Taoismus, griech. Philosophen, später Christentum) entwickelte Selbstbestimmung der Personen war dann auch besonders in Fragen der Moral richtungsweisend.

Als „gut" wurde nicht mehr (nur) die Befolgung eines Gesetzes angesehen, sondern die individuelle Bewertung einer Situation durch eine Person.

Das Christentum sprach später vom individuellen Gewissen. Die von den Entscheidungen einer Person betroffenen anderen Personen müssen zustimmen, damit eine Entscheidung als „gut" gewertet werden kann. Im Christentum spricht man vom „Liebesgebot".

Ein solches Liebesgebot mit Konsenspflicht ist für den Bereich 1 der Politik und der Hierarchien völlig unbrauchbar und natürlich auch nicht für den Bereich der Wirtschaft und der Leistungsgerechtigkeit anwendbar. Wettbewerb etwa heißt ja gerade, dass man keinen Konsens herstellt und nicht gleichwertig ist, wie es die Liebe und die Freiheit verlangt. (Eine Differenzierung von Person und Funktion ist eine Möglichkeit, diesen Widerspruch zu umgehen, nicht unbedingt zu lösen.)

Die Erlösungsreligionen haben daher von ihrem Ursprung her ein deutlich widersprüchliches (aporetisches) Verhältnis zur Politik und zur Ökonomie.

Dazu zwei Beispiele:

Bereits im Taoismus führte diese Grundidee der Selbstbestimmung oder des Sichselbst-Besitzens, die Einheit von fremder Autorität („Nicht Ich") und eigenem „Ich", zur politischen Abstinenz. Dschuang Dsi zog als Wanderprediger, so wie auch Siddharta Gautama (der sich als Erleuchteter „Buddha" nannte) oder Jesus von Nazareth (den man als Auferstandenen „Christus" bezeichnete) durch die Lande und weigerte sich, seine Ideen in politische Realität umzusetzen:

Dschuang Dsi fischte einst am Flusse Pu. Da sandte der König von Tschu zwei hohe Beamte als Boten zu ihm und ließ ihm sagen, dass er ihn mit der Ordnung seines Reiches betrauen möchte. Dschuang Dsi behielt die Angelrute in der Hand und sprach, ohne sich umzusehen: Ich habe gehört, dass es in Tschu eine Götterschildkröte gibt. Die ist nun schon dreitausend Jahre tot, und der König hält sie in einem Schrein mit seidenen Tüchern und birgt sie in den Hallen eines Tempels. Was meint Ihr nun, dass dieser Schildkröte lieber wäre: dass sie tot ist und ihre hinterlassenen Knochen also geehrt werden, oder dass sie noch lebte und ihren Schwanz im Schlamme nach sich zöge? Die beiden Beamten sprachen: Sie würde es wohl vorziehen, zu leben und ihren Schwanz im Schlamme nach sich zu ziehen. Dschuang Dsi sprach: Geht hin! Auch ich will lieber meinen Schwanz im Schlamme nach mir ziehen.

Hier tritt erstmals der Vergleich zwischen Leben und Tod auf, der dann bei Jesus und im Christentum eine so große Rolle spielt. Leben ist die Freiheit und Selbstbestimmung, wie das Fischen am Flusse. Tod ist der Zwang am Hofe des Kaisers. Die Schildkröte wird allerdings in einem Schrein mit seidenen Tüchern gehalten. Auch hier schon der Bezug zum Reichtum, der Zeichen der Fremdbestimmung enthält, und zur Askese, die Freiheit bringt.

Der Zusammenhang zur Trialektik ist der: Der Gegensatz von Eigenem (= Ich, Bedürfnis, Bereich 3) und Fremdem (= Außenwelt, Autorität, Gott etc., Bereich 1) ist bei Dschuang Dsi schon als Gegensatz definiert.

Aber auch im Christentum ist es die Frage der Gruppe: Wer gehört dazu und wer nicht? Derjenige, der nicht dazugehört, ist der Fremde. Fremdbestimmung heißt also, von Menschen (oder Mächten) außerhalb der Gruppe – also vom Bereich 1, der Gesetzesgerechtigkeit – bestimmt zu werden.

Selbstbestimmung ist nur möglich im Bereich direkter Kommunikation, im Christentum heißt es dann: durch Liebe. Die indirekte oder anonyme Kommunikation in Hierarchien durch Geld etc. ist fremdbestimmend und mit den Prinzipien der Freiheit der kleinen Gruppe nicht zu ordnen. Dschuang Dsi wusste schon, warum er sich nicht mit der Aufgabe „das Reich zu ordnen" (Bereich 1) betrauen ließ.

Auch Siddharta Gautama ist als Erleuchteter im Wesentlichen unpolitisch: „Buddha sagte zu Ananda: Wer da meint: Ich will über die Gemeinde herrschen, oder: Die Gemeinde soll mir Untertan sein – der mag der Gemeinde seinen Willen aufzwingen. Der Vollendete aber meint nicht: Ich will über die Gemeinde herrschen" (Buddha-Legende).

Bei Jesus steigert sich die Haltung dann zur paradoxen Intervention: „Ihr wisst, dass die, die als Herrscher gelten, ihre Völker unterdrücken und die Mächtigen ihre Macht über die Menschen missbrauchen. Bei euch aber soll es nicht so sein, sondern wer bei euch groß sein will, der soll euer Diener sein" (Mk 10, 42).

Der Bereich 2 der Ökonomie bleibt hier völlig ausgespart. Die Aporetik findet nur zwischen 1 und 3 statt, also zwischen Außen-Autorität und eigenem Bedürfnis.

Diesen Grundgedanken der Moral als Prinzip der Selbstbestimmung findet man also auch in den Religionen. Die Erlösung (im Christentum) oder Erleuchtung (im Buddhismus) beruht auf der Selbstbestimmung oder dem Selbstbesitzen bei den wichtigen Entscheidungen des Lebens, nämlich der Frage über Gut und Böse und der Frage der Beziehungen. In den Beziehungen verliert sich dieses Ich wiederum. Der aber auf Freiwilligkeit beruhende Akt der Zuwendung, des Ich-Verlustes, lässt dieses Ich wieder zurückgewinnen, reicher geworden durch die Anteile des anderen.

„Im anderen bei sich sein", so nennt Hegel später diese Verlust-Gewinn-Dialektik der Liebe. Das Wesentliche ist dabei die Freiwilligkeit. Misslingt die Freiheit, dann ist man fremdbestimmt (christlich: sündig) oder „entfremdet".

Hegel hat diesen Begriff der „Entfremdung" dann für bestimmte gesellschaftliche Verhältnisse verwendet, und von ihm hat Marx das Wort übernommen. Nicht entfremdet sind aber nur die Strukturen der kleinen Gruppe. Die neuen Spielregeln, die diese Erlösung oder Erleuchtung mit sich bringt, sind die Spielregeln der kleinen Gruppe, wie wir sie auch aus der Gruppendynamik kennen.

Menschen versuchen ihre Individualität zugunsten einer gemeinsamen Meinungsbildung zurückzustellen. Dabei entsteht so etwas wie eine Intimsphäre innerhalb der Gruppe mit je eigener Sprache und eigenen Regeln, mit einer gemeinsamen Emotionalität, die dem Hier und Jetzt mit der Zeit einen immer höheren Wert gibt.

Dies ist eine Schnittstelle zwischen Bereich 3 (Bedürfnisprinzip) und Bereich 1 (Gesetze und Öffentlichkeit), wo wieder ein Widerspruch auftritt, denn die Liebe in der Intimsphäre folgt anderen Spielregeln als die Unterordnung unter Gesetze oder Organisationen, Institutionen oder gar die Ökonomie. Die wichtigsten Punkte der „Moral" im Bereich 3 sind: das Transparenzprinzip, das Bedürfnisprinzip und das Konsensprinzip.

Mit Moral ist meist das Ordnungsprinzip des Bereiches 3 gemeint. Dass im Bereich 1 (Öffentlichkeit) und im Bereich 2 (Ökonomie) andere „Moralgesetze" gelten, wird meist nicht zur Kenntnis genommen. Hier wird es in Zukunft ein neues „Weltbild" der Moral geben, das die Widersprüche anerkennt und die Ausbalancierung der drei Bereiche als moralisch „gut" ansieht.

Das Übertragen der Normen von einem Bereich auf einen anderen führt zu Widerspruch im System und dann zur berühmten „Doppelmoral". Die Widersprüche zwischen den drei Bereichen der Trialektik führen dazu, dass oft gegensätzliche Prinzipien gelten müssen. Was in einem Bereich erlaubt oder gefordert wird – z. B. Vertrauen im Bereich 3 -, ist in einem anderen Bereich verboten oder kontraproduktiv. Im Folgenden eine sicher noch erweiterbare Liste der Widersprüche.

12.1 Gestaffelte Transparenz der Gefühle und Informationen

„Die Liebe ist ohne Falsch" (Röm. 12, 9). Die Atmosphäre in einer selbstbestimmten, reifen Gruppe wird immer als eine mit großer Offenheit beschrieben. In der Gruppendynamik kann man die Prozesse, wie Gruppen diese Offenheit erlangen, nachvollziehen und verbalisieren. Im Laufe eines Gruppenprozesses können dann plötzlich Gefühle geäußert werden, sogar solche der Aggression oder der Enttäuschung, die man „unter Fremden" zurückhält. Man hat das Gefühl, einander gut zu kennen und einander vertrauen zu können. Zurückhaltung von Informationen – speziell über relevante Befindlichkeiten – erzeugt Misstrauen und wird als Verletzung der Gemeinsamkeit empfunden. „Nichts ist verhüllt, was nicht enthüllt, nichts geheim, was nicht bekannt würde. Was ich euch in Finsternis sage, das verkündet im Licht, was euch ins Ohr geflüstert wird, das predigt auf den Dächern" (Mt. 10, 26).

Eine solche Transparenz ist nur in der kleinen (oder kleinsten) Gruppe möglich. Gerade dadurch schließt sie sich von anderen Gruppen ab. Jede Gruppe, jede soziale Gemeinschaft, hat ihre Geheimnisse, in die andere nicht eindringen können, sodass die Idee der Transparenz, wie sie hier entwickelt wird, sofort umschlägt in das Gegenteil, sobald man die kleine Gruppe verlässt. Das Aufgeben (oder Behalten) von Geheimnissen ist in einer Intimsphäre fast immer Dauerbrenner von Konflikten.

Ich habe zusammen mit meinem Kollegen Ber Pesendorfer bei Seminaren (Konfliktmanagement, Gruppendynamik) dieses Prinzip der „gestaffelten Intimitäten" untersucht. Es gibt Dinge, die Menschen ganz für sich behalten wollen. Anderes bespricht man unter vier Augen. Wieder anderes kann schon in einer Gruppe „öffentlich" gemacht werden. Hier zeigt sich eine deutliche Grenze. Nur wenig aus der „Intimität" einer Gruppe wird an andere Gruppen „verraten" – schon gar nicht, wenn sich die Gruppen womöglich untereinander in Konkurrenz befinden. Aussagen vor größerem Publikum (Versammlungen in Organisationen, öffentliche Veranstaltungen) werden besonders bedacht, und meist wird jedes Wort auf die Waagschale gelegt.

In einer arbeitsteiligen Organisation, wie z. B. in einer Hierarchie, kann man diese Forderung der Transparenz in der Gruppe sicher nicht aufrechterhalten. Nur wenn alle Mitglieder einer Gruppe über alles entscheiden, müssen alle alles wissen. Arbeitsteilung heißt aber, dass es gestaffelte Transparenz geben muss. Allein das Spezialistentum verhindert, dass bestimmte Informationen allgemein kommuniziert werden können. Es gab immer wieder Ansätze und Versuche basisdemokratischer Organisationen (sie beriefen sich gelegentlich sogar auf das Christentum), die bei der Veröffentlichung aller Informationen ansetzten. Sie sind alle relativ bald gescheitert.

Ein drastisches Beispiel ist etwa der Jesuitenstaat in Paraguay. Begonnen wurde das Experiment, einen Staat nach den Prinzipien des Christentums zu organisieren, gelandet ist man bei der totalen Diktatur.

Der Bereich der Politik ist nicht mit dem Transparenzprinzip zu organisieren. Natürlich gibt es immer wieder die Meinung, dass auch ein Politiker die Wahrheit sagen muss. Dies betrifft aber nur die öffentlichkeitsrelevanten Informationen.

So hat etwa 2010 die Organisation „WikiLeaks" für große Aufregung gesorgt, als sie mithilfe von Informanten in geheime Dossiers von Diplomaten und

Wirtschaftsleuten eingedrungen ist und solche Geheimnisse (also Intimitäten der „Gruppen", z. B. foreign affairs) publik gemacht hat.

Noch weniger als auf die Politik und auf Organisationen kann man dieses Prinzip der Transparenz auf den Bereich der Ökonomie anwenden.

In der griechischen Mythologie gibt es dazu eine Parallele: Hermes – der Gott der Kaufleute und der Diebe – hatte ein Geschäft mit Apollo gemacht und diesen dabei mit einer Lüge „übernommen". Apollo beschwerte sich bei Zeus, dem Göttervater. „Zeus ermahnte Hermes, fortan die Rechte des Besitzes zu achten und davon Abstand zu nehmen, Lügen zu erzählen. Aber in seinem Herzen war er über den Knaben froh. ‚Du scheinst ein sehr einfallsreicher, beredter und überzeugender kleiner Gott zu sein', sagte er."

Und was schlägt Hermes Zeus vor? „Darum mache mich zu deinem Boten, Vater", erwiderte Hermes, „und ich werde für die Sicherheit des göttlichen Besitzes sorgen und niemals mehr lügen. Aber ich kann nicht versprechen, immer die ganze Wahrheit zu sagen." „Das wird auch nicht von dir erwartet", sagte Zeus mit einem Lächeln (Ranke-Graves, Griechische Mythologie, Bd. 1, S. 54).

Wenn man bedenkt, dass es Bereiche in der Wirtschaft gibt, in denen Transparenz sogar gesetzlich verboten ist, etwa in Banken (durch Transparenz werden z. B. Insidergeschäfte möglich), dann sieht man die Problematik des Unterschiedes von kleiner Gruppe und größeren Einheiten.

Ein Vorstandsmitglied einer deutschen Großbank sagte anlässlich der Aufdeckung von Insidergeschäften bei einer Pressekonferenz: „Wir müssen jetzt Wände zwischen den einzelnen Abteilungen in unserer Bank aufrichten."

So zeigt sich etwa auch am Problem des sogenannten Datenschutzes, dass hier das Gegenteil von Transparenz verlangt wird. Man müsste sagen, es handle sich um den Schutz des Individuums oder der Intimsphäre. So ist es z. B. verboten, Telefongespräche abzuhören und ihren Inhalt zu publizieren, Informationen über Beziehungen, Konflikte etc. werden der Öffentlichkeit vorenthalten usw.

Wie die Konflikte um die Abhörgebräuche von NSA (National Security Agency) und Europa zeigen, verstehen sich die „Freunde" als solche, die nicht ausspioniert werden sollten. Die zwei Widersprüche lauten also: Datenschutz unter „Freunden" – Ausspionieren unter „Feinden". Der Gegensatz dazu lautet: Transparenz (in der Gruppe) und Datenschutz (= Intransparenz) in der Öffentlichkeit.

Man könnte natürlich die Frage stellen: Wie müssen die Spielregeln der Kleingruppe umformuliert werden, um auf der Ebene der Organisation, der Öffentlichkeit und der Ökonomie denselben Sinn zu haben wie in der kleinen Gruppe, nämlich Freiheit und Selbstbestimmung sowie Wahrung der Menschenwürde zu erreichen?

Schon in der kleinen Gruppe macht Transparenz nur Sinn, wenn es Vertrauen gibt. Bei Misstrauen halten sich alle Beteiligten mit der Bekanntgabe von Informationen zurück. Dies gilt erst recht für die Politik und natürlich auch für die Ökonomie. So gibt es etwa im Bereich der Politik nicht selten archaische Jagdszenen. Gegen einen bestimmten Funktionär wird – aus welchen Gründen auch immer – eine Kampagne gestartet, etwa mit dem Ziel, ihn aus seiner Funktion zu entfernen. Das Prinzip der Jäger ist immer Transparenz – das Prinzip der Gejagten aber ist Tarnen und Täuschen. Transparenz verschiebt das Gleichgewicht zugunsten der Jäger, Tarnung aber immer zugunsten der Opfer der Jagd (siehe parlamentarische Untersuchungsausschüsse).

Auch bei Konkurrenz im ökonomischen (Leistungs-)Bereich gilt dasselbe. Wer zu sehr alles offenlegt, reduziert seine Gewinnchancen. Ich habe einmal vor Kaufleuten einen Vortrag gehalten und dabei als Beispiel für Eindeutigkeit einer wahren Aussage die Rechnung $2 \times 2 = 4$ genannt. Sofort meldete sich einer der Teilnehmer und fragte: im Einkauf oder im Verkauf?

Im Bereich der Organisation sehe ich Ansätze für das Transparenzprinzip in der Etablierung von Feedbacksystemen. Im Bereich der Öffentlichkeit ist der Gegensatz von Datenschutz für die Intimsphäre und Offenlegung für Funktionäre und Entscheidungsträger die Garantie für die Weiterentwicklung der Freiheit. Auch das Prinzip der öffentlichen Diskussion wissenschaftlicher Ergebnisse oder von Rechtsverfahren müsste Transparenz erfahren.

Im Bereich der Ökonomie sind die neuerdings verlangten Transparenzprinzipien der „Kostenwahrheit" als Voraussetzung für Leistungsmaßnahmen (Steuern) sowie alle Bereiche des Konsumentenschutzes zu nennen. Auch alle Formen von Qualitätsnormen und deren Kontrolle, das „Kleingedruckte" bei Versicherungen oder anderen Verträgen usw. gehen in dieselbe Richtung. Wer braucht welche Information? Wer darf welche Information nicht haben, damit ein System als gerecht empfunden wird?

Die Übertragung von Moralprinzipien auf größere Gruppen, z. B. auf Unternehmen, wird oft mit dem Vergleich der „Familie" legitimiert. „Wir sind eine große Familie" kann man dann von höheren Funktionsträgern hören. Damit ist oft gemeint, dass das Organisationsprinzip Familie mit Vater, Mutter und Kindern auch in anderen Organisationen, z. B. Unternehmen, Gültigkeit haben soll.

In der Gruppendynamik sprechen wir dann von quasi-familialen Strukturen. Eine solche Analogie zur Hierarchie hat natürlich den großen Nachteil, dass der Sprengstoff, der Familien als Aufzuchtsgemeinschaft zerstört – nämlich die Konterdependenz in der Pubertät –, auch in quasi-familialen Strukturen zu Widerstand gegen die Autorität führt. Gerade die Verletzung der primären Moralregeln in einer

Familie oder Kleingruppe ist ja oft eine Möglichkeit, sich von dieser Abhängigkeit zu befreien.

Aber nicht nur in Organisationen wird die Analogie zur Familie strapaziert, sondern auch in der Politik (s. o. die „Euro-Familie"). Das Übertragen von Vertrauensprinzipien der Familie auf die Politik ist m. E. nicht möglich. Hier hätte die EU mit der entsprechenden Kontrolle die Bonität Griechenlands untersuchen müssen bevor sie die Zustimmung zum Beitritt Griechenlands gab. Gesetze, die das möglich machen, werden im EURO-Raum notwendig sein und werden auch vorbereitet. Hier sieht man deutlich, dass in den drei Bereichen: Politik, Ökonomie und Privatbereich unterschiedliche Normen gelten müssen.

Aber auch die anderen Prinzipien, das Konsens- und das Bedürfnisprinzip, müssen in den drei Bereichen unterschiedlich formuliert werden.

12.2 Verteilung der Ressourcen nach dem Bedürfnisprinzip

In unserem humanistischen Weltbild, das auf die Erlösungsreligionen zurückgeht, gibt es einen deutlichen Vorrang des Bedürfnisprinzips vor dem Leistungsprinzip. So hat fast jeder Zen-Meister irgendeine Geschichte auf Lager, wie etwa die folgende:

Ein Meister fragt einen Mönch, wie lange er schon im Kloster sei. Dieser sagt: „Ich bin schon lange hier." Darauf der Meister: „Nimm eine Tasse Tee." Darin stellt er einem anderen Mönch dieselbe Frage. Der aber sagt: „Ich bin ganz neu im Kloster." Der Meister: „Nimm eine Tasse Tee." Der Klosterverwalter, der dies mithörte, fragt den Meister: „Wieso bietest du beiden Mönchen eine Tasse Tee an, obwohl der eine Mönch ein alter Mönch ist und der andere ein Schüler?" Da ruft der Zen-Meister: „Oh, Klosterverwalter, nimm eine Tasse Tee."

Auch die Bibel hat mit ähnlichen Geschichten aufzuwarten, so etwa das Gleichnis von den Arbeitern im Weinberg:

„Das Himmelreich ist gleich einem Hausvater, der am Morgen ausging, Arbeiter zu mieten in seinen Weinberg. Und da er mit den Arbeitern eines ward um einen Denar zum Tagelohn, sandte er sie in seinen Weinberg. Und ging aus um die dritte Stunde und sah Andere an dem Markt müßig stehen und sprach zu ihnen: ‚Gehet ihr auch hin in den Weinberg; ich will euch geben, was recht ist' Und sie gingen hin. Abermal ging er aus um die sechste und neunte Stunde und tat gleich also. Um die elfte Stunde aber ging er aus und fand Andere müßig stehen und sprach zu ihnen: ‚Was stehet ihr hier den ganzen Tag müßig?' Sie sprachen zu ihm: ‚Es hat uns niemand gedingt.' Er sprach zu ihnen: ‚Gehet ihr auch hin in den Weinberg;

und was recht sein wird, soll euch werden.' Da es nun Abend ward, sprach der Herr des Weinbergs zu seinem Schaffner: ‚Rufe die Arbeiter und gib ihnen den Lohn; und hebe an den Letzten, bis zu den Ersten.' Da kamen, die um die elfte Stunde gedingt worden waren, und empfing ein Jeglicher seinen Denar. Da aber die Ersten kamen, meinten sie, sie würden mehr empfangen; und sie empfingen auch ein Jeglicher seinen Denar. Und da sie den empfingen, murrten sie wider den Hausvater, und sprachen: ‚Diese Letzten haben nur eine Stunde gearbeitet, und du hast sie uns gleich gemacht, die wir des Tages Last und Hitze getragen haben.' Er antwortete aber und sagte zu Einem unter ihnen: ‚Mein Freund, ich tue dir nicht unrecht. Bist du nicht mit mir eins geworden um einen Denar? Nimm, was dein ist, und gehe hin. Ich will aber diesem Letzten geben, gleich wie dir. Oder habe ich nicht Macht zu tun, was ich will, mit dem Meinen? Oder bist du neidig, dass ich so gütig bin? Also werden die Letzten die Ersten, und die Ersten die Letzten sein. Denn Viele sind berufen, aber Wenige sind auserwählt'" (Mt 20,1–16).

Mit dem letzten Satz ist eigentlich das Problem sehr klar angesprochen: Es gibt verschiedene Bewertungs- und Ordnungssysteme im menschlichen Zusammenleben. Für die kleine Gruppe, in der das Ordnungsprinzip der Liebe dominiert, gibt es ein anderes Ranking als in anonymen Geschäftsverhältnissen.

Im Bereich der Ökonomie muss man auf seinen Vorteil schauen, und „gerecht" ist die Entlohnung nach Leistung. Wer mehr oder länger arbeitet, soll auch mehr Lohn erhalten. Hier erfolgt das Ranking der Gruppe nach Wichtigkeit der Funktion, die jemand wahrnimmt. In der Gruppendynamik ist dies meist mit der Soziogrammfrage erfasst:

Wer hat den größten Einfluss? Daneben aber gibt es noch die Frage: Wer braucht mehr Zuwendung?

In diesem Beispiel ist es denkbar, dass die, die nur eine Stunde gearbeitet haben, abends genauso Hunger haben und daher den Denar für Essensbeschaffung genauso brauchen wie die, die zwölf Stunden gearbeitet haben. Es können die, die mehr Zuwendung brauchen, durchaus diejenigen sein, die weniger gearbeitet haben. Die Liebe kehrt gelegentlich sogar die Rangfolge um: „Er aber sprach zu ihnen: Die Könige der Völker herrschen über sie (mit Gewalt) und ihre Gewalthaber lassen sich ‚Wohltäter' nennen."

Nach dieser Einleitung kommt Jesus zum Kern:

Bei euch aber soll es nicht so sein: Sondern der Größte unter euch werde wie der Jüngste und der Oberste wie der Diener. Denn wer ist größer, der zu Tische sitzt oder der bedient? Nicht, der zu Tische sitzt? Ich aber bin unter euch wie der Diener. (Lk 22, 24–27)

Hier wird explizit auf die unterschiedlichen Ordnungsprinzipien hingewiesen. Allerdings scheint das Gleichnis von den Arbeitern im Weinberg von der Illusion auszugehen, als könne man die Prinzipien der kleinen Gemeinschaft auch auf ökonomische, anonyme Geschäftsbeziehungen übertragen, denn in der ökonomischen Realität könnte der Hausherr seine Arbeiter nur einmal so behandeln. Schon am nächsten Tag, wenn er morgens die Leute anwerben wollte, würden ihm die Vortagsfrustrierten wohl sagen: „Du kommst besser am Abend, wir arbeiten für dich nur die letzte Stunde und kassieren gerne den ganzen Tageslohn." So wie heute viele Menschen ausrechnen, ob sie nicht mit dem Bezug des Arbeitslosengeldes oder der Apanage der Eltern besser verdienen als mit Arbeit. Gerade die in der Gegenwart so heiße Diskussion um Abbau oder Missbrauch des Sozialstaates hat hier ihren tieferen Hintergrund: Im Prinzip ist der Wohlfahrtsstaat ein Versuch, das Bedürfnisprinzip der kleinen Gruppe auf eine Institution, nämlich den Staat, zu übertragen. Dies funktioniert aber nicht, weil die Spielregeln unterschiedliche sind. So setzt das Bedürfnisprinzip in der kleinen Gruppe etwa Vertrauen voraus. Zuwendungen des Staates aber müssen kontrolliert werden, was natürlich nur eingeschränkt möglich ist. So wäre ein „Recht auf Zuwendung" schon ein Widerspruch in sich. Der sogenannte „Missbrauch" ist für mich ein Zeichen, dass hier zwei nicht kompatible Systeme verwechselt werden. Es ist ein Out-of-Balance der unterschiedlichen Moral- oder Wertvorstellungen.

In der kleinen Gruppe, in Primärbeziehungen gilt der Vertrauensgrundsatz. Ich kann meine Interessen zugunsten der Bedürfnisse des anderen zurückstellen und werde dabei nicht verlieren, sondern gewinnen.

Bei Konfliktinterventionen gelingt das manchmal, und alle Beteiligten erleben das dann als großes Wunder: Eine der Konfliktparteien fängt damit an, dass sie der anderen recht gibt, darauf fasst sich auch die andere ein Herz und beginnt im Sinne des Gegners zu denken, was bei diesem wiederum einen zusätzlichen Vertrauensschub auslöst usw. Starten kann man diesen Prozess manchmal mit einer Soziodramatisierung der Schlüsselszenen mit vertauschten Rollen. Die beiden Kontrahenten müssen jeweils ihre Gegner spielen. Wenn sie dies sehr gut machen, löst manchmal ein Gelächter das Umdenken und den Lernprozess aus.

Um diesen Prozess zu starten, ist manchmal eine paradoxe Intervention sinnvoll. „Wer dir den Rock nehmen will, dem lass auch den Mantel. Wer dich nötigt eine Meile zu gehen, mit dem geh zwei, wer dich bittet, dem gib, wer von dir hören will, von dem wende dich nicht ab" (Mt 5, 39).

In der Bibel steigert sich das dann bis zu der berühmten Forderung der Feindesliebe: „Liebet eure Feinde, tut wohl denen, die euch hassen" (Lk 6, 27).

Dies führt schon zum nächsten Prinzip, zum Konsensprinzip: Bedürfnisprinzip bedeutet den paradoxen (dialektischen) Umgang mit fremden und auch eigenen

Bedürfnissen. Wer sich um den anderen kümmert (sogar um den Feind – in der Hoffnung, damit aus dem Feind einen Freund zu machen), braucht sich nicht um sich selbst zu kümmern. Diese Grundidee, dass man sich nicht um die eigenen Bedürfnisse kümmern soll, sondern um die der anderen, um erfolgreich zu sein, ist paradox und widerspricht natürlich der Dimension 2, dem Leistungsprinzip, in dem man erfolgreich ist, wenn man besser als der andere ist.

Ich war einmal als Junggeselle ein halbes Jahr „Weekendmönch" in einem Zisterzienserkloster. Jeweils Donnerstag bis Sonntag bezog ich eine Zelle im Kloster und arbeitete an meiner Habilitation. Von dort nahm ich eine Reihe wertvoller Erfahrungen mit. Sehr einprägsam waren die Tischsitten. Ich durfte mich nicht selbst an dem gemeinsamen Topf bedienen, sondern musste meinem Tischnachbarn geben. Der nächste gab dann mir.

Kolportiert wurde folgende Story: Ein Mönch bemerkte auf seinem Salat eine Schnecke. Nach der Regel durfte er diese nicht selbst entfernen. Sein Tischnachbar aber bemerkte die Schnecke nicht. Also meldete er sich zu Wort und sagte: „Bitte, mein Nachbar hat noch keine Schnecke auf seinem Salat!" Hier wird natürlich das Prinzip, statt für sich selbst für den anderen zu sorgen, auf die Spitze getrieben.

In Japan habe ich dieses Prinzip übrigens bezüglich der Getränke kennengelernt. Man schenkt den Reiswein immer seinem Nachbarn ein. Sich selbst mit Sake zu bedienen, gilt als unfein. Auch in Europa schenkt der Hausherr seinen Gästen den Wein nach und muss immer darauf achten, ob jemand zu wenig in seinem Glas hat.

Es wäre nicht die Bibel, wenn nicht auch das gegenteilige Leistungsprinzip auf ihre Rechnung käme. Dabei wird gleich die moderne Form der Zinsen als Beispiel für das Leistungsprinzip genannt (Mt. 25, 14–30):

„Denn es ist so, wie wenn ein Mann, der auf Reisen ging, seine Knechte rief und ihnen seine Habe übergab. Dem einen gab er fünf Talente, einem anderen zwei, wieder einem anderen eines, einem jeden nach seiner Tüchtigkeit. Dann reiste er ab. Alsbald ging der, der die fünf Talente empfangen hatte, hin und arbeitete mit ihnen und gewann fünf andere (dazu). Ebenso gewann der, der zwei empfangen hatte, zwei andere (dazu). Der aber, der das eine empfangen hatte, ging hin, grub ein Loch in die Erde und versteckte das Geld seines Herrn.

Nach langer Zeit aber kam der Herr jener Knechte (zurück) und rechnete mit ihnen ab.

Da trat der, der die fünf Talente empfangen hatte, herzu, brachte fünf andere Talente und sprach: Herr, fünf Talente hast du mir übergeben; hier sind fünf andere Talente, die ich (dazu)gewonnen habe. Da sprach sein Herr zu ihm: Recht so, du guter und treuer Knecht! Du bist über wenigem treu gewesen; ich will dich über vieles setzen. Geh ein in die Freude deines Herrn." Da trat auch der mit den zwei

Talenten herzu und sprach: Herr, zwei Talente hast du mir übergeben; hier sind zwei andere Talente, die ich (dazu)gewonnen habe. Da sprach sein Herr zu ihm: Recht so, du guter und treuer Knecht! Du bist über wenigem treu gewesen; ich will dich über vieles setzen. Geh ein in die Freude deines Herrn! Da trat auch der herzu, der das eine Talent empfangen hatte, und sprach: Herr, ich wusste, dass du ein harter Mann bist, erntest, wo du nicht gesät, und sammelst, wo du nicht ausgestreut hast, und weil ich mich fürchtete, ging ich hin und versteckte dein Talent in der Erde. Da hast du dein Geld! Da antwortete ihm sein Herr: Du schlechter und fauler Knecht! Du wusstest, dass ich ernte, wo ich nicht gesät, und einnehme, wo ich nicht ausgestreut habe! Dann hättest du mein Geld bei den Bankhaltern anlegen sollen, und ich hätte bei meiner Rückkehr mein Geld mit Zinsen zurückerhalten. Darum nehmt ihm das Talent und gebt es dem, der die zehn Talente hat!

„Denn jedem, der hat, wird (dazu)gegeben werden, und er wird Überfluss haben; wer aber nicht(s) hat, dem wird auch, was er hat, weggenommen werden. Und den nichtsnutzigen Knecht werft hinaus in die Finsternis draußen; dort wird Heulen und Zähneknirschen herrschen."

Das Gleichnis wird auch bei Lukas 19, 12–27 überliefert. Dort protestieren sogar die Umstehenden: „Da sprachen sie zu ihm: Herr, der hat doch schon zehn Talente." Doch auch da kommt die obige Antwort.

An dieser Betonung des reinen Leistungsprinzips ist für unseren Zusammenhang mehreres interessant: Es wird ausdrücklich gesagt, der Hausherr vergibt die Talente „jedem nach seiner Tüchtigkeit". Er hat also dem seiner Meinung nach Tüchtigen schon mehr gegeben als den anderen. Die Reaktion war wie erwartet: Der Tüchtigste hat das Grundkapital auch mehr vermehrt als die anderen.

Das heißt für die Gruppe, dass das Leistungsprinzip differenziert. Unter Konkurrenzbedingungen werden die Besseren immer besser und die Schlechten immer schlechter. Die Schere von Arm und Reich geht stärker auseinander: Eines der Instrumente ist das Zinseszinssystem. Dies wurde offenbar schon in der Antike richtig erkannt. Auch Aristoteles sah ja darin eine der großen Gefahren der Wirtschaftsordnung (s. o.).

Es handelt sich bei der in der Bibel referierten Gesetzmäßigkeit um ein archaisches Muster unseres Verhaltens. Ich vermute, dass es das auch schon im Tierreich gab und auch dort schon den Sinn hatte, das Ranking in einer Gruppe eindeutiger zu machen. Ein Kampf um die Alpha-Position schwächt ein Sozialgebilde allemal. Auch beim Menschen werden „teure Machtkämpfe" immer als Nachteil angesehen. Die Eskalation des „Stärkeren zu immer stärker" verkürzt den Prozess der Differenzierung und fördert die Auslese.

Für die Entwicklung der Kooperation musste diese Konkurrenz entschärft werden, um eine einheitliche, gemeinsam handelnde Gruppe zu erreichen.

202   12 Ethik im Lichte der Trialektik

Auch im Buddhismus gibt es diese Grundregel des Leistungsprinzips: „Meister Paichion sagte zu den Mönchen: ‚Wenn ihr einen Stock habt, werde ich euch einen geben. Wenn ihr keinen Stock habt, werde ich ihn wegnehmen'" (44. Koan).

12.3   Trialektisches Modell der Ethik

Leistungs- und Bedürfnisprinzip sind somit, wie oben schon gezeigt, grundsätzlich widersprüchlich. Wirtschaft insbesondere lässt sich nicht nur nach dem Bedürfnisprinzip organisieren (da es knappe Güter gibt), aber auch nicht nur nach dem Leistungsprinzip. Da spricht die Menschenwürde dagegen. Die Aufgabe einer Ethik ist es somit, die Widersprüche jeweils in jeder konkreten Situation neu auszubalancieren. Dies wird einmal mehr auf die eine Seite, mal mehr auf die andere Seite fallen. Diese Ausbalancierung ist eine Aufgabe für eine Konsensfindung der Beteiligten.

Dieses Muster der Schere zwischen Arm und Reich, zwischen stärker und schwächer usw. wird in unserer Gesellschaft also nicht nur über Geld vermittelt. Im Rahmen der Wissensgesellschaft, in der wir uns zurzeit befinden, gibt es dieselbe Gesetzmäßigkeit auch bezüglich der medialen Präsenz. Wenn z. B. ein Wissenschaftler in den Medien präsent ist, wird er auch immer weiter vermittelt und von anderen Medien angesprochen. Wenn jemand z. B. im TV auftritt, wird er auch im Radio oder von den Printmedien nachgefragt. Dadurch verstärkt sich die Präsenz dieser Person. Wird einmal eine bestimmte Schwelle überschritten, will man von allen Seiten deren Expertenmeinung, um sie zu präsentieren. Dies verstärkt die Präsenz und führt zu neuer Nachfrage. Daneben werden andere Fachleute, die oft von der betreffenden Sache mehr verstehen, viel weniger nachgefragt.

Ich erkläre mir mit diesem Muster auch den Druck auf die jeweilige Alpha-Wissenschaft, „alles" zu erklären. Wenn etwa die Physik eine bedeutende Rolle spielt, werden ihre prominenten Vertreter auch zu Politik, Philosophie und Religion etc. befragt, obwohl sie davon eigentlich wenig verstehen. In der Soziologie spricht man oft vom „Peter-Prinzip", das darin besteht, dass ein Fachmann im Zuge einer sozialen Karriere irgendwann auf einem Level der Inkompetenz landet. Viele erliegen der Versuchung, sich auch um Probleme zu kümmern, die ursprünglich gar nicht in ihre Kompetenz fallen, wogegen dasjenige, das sie ursprünglich qualifiziert hatte, nicht mehr nachgefragt wird (wenn z. B. ein guter Wissenschaftler zum Minister gemacht wird).

Aus Sicht der Trialektik heißt dies, dass nicht, wie so oft in der Marktwirtschaft, die Leistung darin besteht, die Bedürfnisse zu befriedigen, sondern hier sind es umgekehrt die Bedürfnisse, die eine Differenzierung der Leistung bewirken. Beides kann out of Balance kommen, wenn eben der Teilexperte universell nachgefragt wird und mehr medial präsent ist, als er leisten kann, oder wenn die Leistung auf ein Monopol zusteuert, das die Bedürfnisse nicht mehr befriedigen kann.

In beiden Fällen muss die Gesetzesgerechtigkeit eingreifen und die „Übertreibung" reduzieren. So sorgt etwa die Steuergesetzgebung dafür, dass die Schere nicht zu weit auseinanderklafft (s. o.).

Möglicherweise ist dies auch ein Hintergrund der Blasenbildung in der Ökonomie.

Damit wird deutlich, dass die drei Bereiche des Geldes auch je unterschiedliche Moral- und Wertvorstellungen haben müssen. Es gelingt nicht oder nur sehr rudimentär, die Werte eines Bereiches komplett auf den anderen zu übertragen. Liebesbeziehungen sind nicht ökonomisierbar (z. B. in der Prostitution, dem „ältesten Gewerbe", wird nicht von Liebe gesprochen, sondern „nur" von Sexualität). Im ökonomischen Leistungsprinzip gelten nicht die Prinzipien der Bedürfnismoral.

Wenn es bei Goethe im Faust heißt: „Zwei Seelen wohnen, ach, in meiner Brust", dann müsste man das heute erweitern: Jeder von uns braucht mindestens drei Seelen, um sich in der immer komplexeren Umwelt, in der das Geld der Gott des Kapitalismus ist, erfolgreich bewegen zu können.

Das derzeit vielfach diskutierte Thema einer „Wirtschaftsmoral" wird sich somit m. E. nicht linear lösen lassen. „Linear" heißt, dass es im traditionellen hierarchischen Denken ein allgemeines Prinzip der Über- und Unterordnung von Normen gibt, die man einheitlich auf alle Bereiche des Lebens anwenden kann (wie es etwa das christliche Mittelalter wollte). Ich halte viele Aussagen für Illusionen, wie etwa: Jeder, der die Zehn Gebote einhält und moralisch handelt, ist damit wirtschaftlich erfolgreich. Schon das zehnte Gebot: „Du sollst nicht begehren deines Nächsten Gut" ist kontraproduktiv. Wenn es z. B. um „Marktanteile von der Konkurrenz" geht. Unter Konkurrenzbedingungen kann in einer freien Marktwirtschaft nicht verboten werden, dass sich die besseren Systeme gegen die schlechteren durchsetzen und damit den weniger erfolgreichen etwas weggenommen wird – was allerdings in persönlichen Beziehungen als „unmoralisch" gilt.

Daher sind auch Versuche, etwa die Zehn Gebote in die moderne Wirtschaft zu übersetzen, nicht erfolgreich.

Es kann also keine lineare Einheitlichkeit im Normensystem geben, d. h. keine widerspruchsfreie, jedoch eine dialektische oder besser „trialektische". Lässt man die Widersprüche zu, dann kann es wohl ein einheitliches, aber eben widersprüchliches Normensystem geben, das auch in der Wirtschaft angewendet werden kann.

Was heißt dies in der Praxis?

Ich vermute, dass hier noch viele Lernprozesse zu durchlaufen sind. Ich habe vor vielen Jahren eine interessante Erfahrung gemacht. Ich war Mitglied einer Ges.m.b.H., bei der alle Geschäftsführer, zu denen ich gehörte, freundschaftlich

miteinander verbunden waren. Niemand versuchte, dem anderen etwas wegzunehmen, es wurde alles freundschaftlich geteilt, man kooperierte bei Projekten usw.

Als ich nach einigen Jahren aus dieser Gesellschaft ausschied und mich selbstständig machte, sagte der Vorsitzende der Geschäftsleitung nach der Unterzeich-
nung des Vertrages über mein Ausscheiden: „So, jetzt sind wir Konkurrenten, jetzt
gelten andere Spielregeln." Es war in der ersten Zeit nicht leicht, mich daran zu
gewöhnen, dass wir konkurrierten und doch bei bestimmten Projekten weiterhin
kooperierten.

So z. B. war es notwendig, bei jenen Auftraggebern, bei denen wir gemeinsam ein Projekt hatten, auch alle Informationen an alle Kollegen weiterzugeben.
Dort aber, wo wir bei anderen Auftraggebern um Aufträge konkurrierten – wer
bekommt den Auftrag: die Ges.m.b.H., die ich verlassen hatte oder ich? – wäre die
Weitergabe von Informationen (z. B. über die Inhalte eines Angebotes) ein Wett-
bewerbsnachteil gewesen und daher von einer „Ökonomie-Moral" verboten.

Ich vermute auch, dass in vielen Unternehmen diese Dialektik von Kooperation
und Konkurrenz einen Großteil des berühmten „Büro-Wahnsinns" ausmacht und
viel Nerven kostet. Wie weit kann man sich auf Kollegen verlassen? Bekomme
ich wirklich alle Informationen? Stimmen die Informationen, die der Kollege mir
gibt, oder sind sie nur Taktik, um mir gegenüber einen Konkurrenzvorteil (z. B. bei
einem Karrieresprung) zu haben?

Ich unterscheide auf einen Vorschlag von Ber Pesendorfer zwischen „Freundschaft" und „Organisationsfreundschaft". Freundschaft wäre der primärkommuni-
kative Zusammenhang, bei dem man sich auf jemanden wirklich verlassen kann
(Bereich 3). „Organisationsfreundschaft" ist die Kooperation mit Kollegen unter
Einbeziehung bestimmter Konkurrenzaspekte (Bereich 2).

Ich habe bei Konfliktinterventionen oft Erfolg mit dieser Unterscheidung, weil
die bisherige „Doppelmoral" für viele Mitglieder von Organisationen eine große
Belastung darstellte. Ich sehe hierin auch eine der Ursachen für das „Burn-out-
Syndrom". Das viel zitierte „Intrigenspiel" in Organisationen ist ebenfalls an der
Schnittstelle von Bereich 2 und Bereich 3 angesiedelt. Meist wird eine Intrige als
ein Verrat der Moral des Bereichs 3 angesehen. Z. B. die Zehn Gebote: „Du sollst
kein falsches Zeugnis geben." Es ist aber unter Konkurrenzbedingungen üblich
und manchmal sogar notwendig, bestimmte Informationen oder Gerüchte nicht
oder nur teilweise zu transportieren, ohne z. B. einen Konsens mit den Konkurrenten darüber herzustellen, was man über ihn sagt oder nicht sagt (Abb. 12.5).

Es gibt aber auch Konflikte der Bereiche 2 und 3 mit dem Bereich 1. So hat
etwa die Hochschulautonomie viele Professoren und Funktionäre in erhebliche
moralische Dilemmata gestürzt. So muss etwa die bislang an jeweilige Ministe-
rien delegierte Aufteilung von Geldern nun von den kollegialen Gremien selbst

Abb. 12.5 Wirtschaftsmoral

vorgenommen werden. Mit dieser „Ökonomisierung" werden Kollegen zu Konkurrenten. Der Begriff der Marktwirtschaft und seine Konkurrenz werden heute gelegentlich auch schon im akademischen Bereich verwendet, wenn es um den „Meinungsmarkt" geht.

So wird in einer Glosse der NZZ vom 7.4.2011 etwa kritisiert:

Aufsichts- und Geldgeberseite sollten bei Einstellungen darauf achten, dass neue Professoren der Lösung sozioökonomischer Probleme, der Ethik, Stabilität und Nachhaltigkeit des Wirtschafts- und Finanzsystems verpflichtet seien. Der Aufruf mag in gewisser Hinsicht Mängel der akademischen Welt ansprechen, weckt aber spontan primär zwei Fragen: Ist es nicht so, dass die Finanzkrise gerade maßgeblich mit der Vernachlässigung ökonomischer Prinzipien zusammenhing? Und wirkt es überzeugend, wenn Wissenschaftler, die eigentlich das Wettbewerbsprinzip im Blut haben sollten, nach günstigerer Regulierung der akademischen Welt rufen, statt am Meinungsmarkt stärker zu kämpfen?

Das „Wettbewerbsprinzip im Blut" sollten die akademischen Ökonomen haben. Dies ist offenbar nicht so, und es dürfte bei anderen Disziplinen noch weniger der Fall sein. Auch hier scheint sich eine neue Balance von Kooperation und Konkurrenz anzubahnen.

Charakteristisch aber ist sicher, dass es sich bei der Konkurrenz immer um einen „Kampf" handelt. Entschärft kann die Kampfsituation nur dadurch werden (abgesehen davon, dass einer als Sieger übrig bleibt), dass die Gesetzesgerechtigkeit die Kampfsituation z. B. durch Regeln verhindert.

Vielleicht muss unsere Kultur neu durchdenken, was alles aus der Konkurrenz herausgenommen werden muss und wo Konkurrenz zugelassen oder sogar gefördert werden soll.

Ein Beispiel für eine misslungene Ausbalancierung – jedenfalls nach meinem Geschmack – lieferte der Privatsender Kabel 1 am Karsamstag 2011. Der Sender brachte „Die Passion Christi" – durchaus zum christlichen Osterfest passend. Was weniger passend – aber üblich ist -, waren die Unterbrechungen des Films mit Werbeeinschaltungen. Völlig unpassend aber war die nach der ersten, mit viel Blut erfolgten großen Geißelung Jesu geschaltete Werbung für die Wund- und Heilsalbe Bepanthen. Hier wurde das Prinzip der „Ökonomisierung" von Religion vielleicht etwas zu weit getrieben, auch wenn die Regel eingehalten wurde, Werbeaussagen an das mediale Umfeld anzupassen. (Vgl. dazu die Glosse „Jesus und Nespresso" in der NZZ Nr. 96 vom 26.4.2010, S. 44.)

Es scheint auch so zu sein, dass wir im Laufe unseres Lebens öfter von einem Bereich in einen anderen wechseln müssen. So bedeutet das Verlassen einer familialen Struktur für viele Menschen eine Umstellung „hinaus in Leben". Die Initiationsriten vieler Völker versuchen diese Umstellung deutlich und sichtbar zu machen. In vielen Kulturkreisen ist etwa die Hochzeit ein solches Initiationsritual. Man verlässt den Bereich 2 – nämlich den der Konkurrenz zu verschiedenen möglichen Partnern – und begibt sich in eine Monopolposition. Der Kampf um weibliche oder männliche Partner nimmt oft dramatische Dimensionen an, und die Romane der Weltliteratur sind voll davon. Sobald sich die Partner aber gefunden haben, wandern sie aus dem Bereich 2 in den Bereich 3 – in den der Kooperation (das berühmte „Happy End"). Dies ist natürlich eine große Umstellung (Abb. 12.6).

George Bernard Shaw hat das einmal so formuliert: „Eine Frau, die heiratet, versucht die Aufmerksamkeit vieler Männer gegen die Unaufmerksamkeit eines Einzelnen einzutauschen." Es liegt auf der Hand, dass dies eine Frau nicht sehr glücklich machen kann.

In der Phase der Verliebtheit hilft hier die Natur mit einer Exklusivitätssteuerung der libidinösen Anziehungskraft nach. Diese wirkt aber selten dauerhaft, sodass eine von der gesellschaftlichen Norm akzeptierte Monopolstellung durchaus sinnvoll erscheint.

> Die Leidenschaft flieht, die Liebe muss bleiben. Die Blume verblüht, die Frucht muss treiben.
> (Friedrich Schiller)

Abb. 12.6 Trialek-
tik von individuellen
Entwicklungsstadien

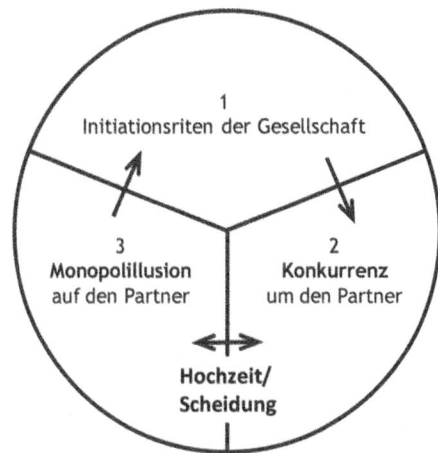

Damit ist auch gemeint, dass es für die Aufzucht der Kinder günstig sein kann, wenn beide Elternteile doch so lange beisammenbleiben und kooperieren, bis sich die Familie durch das Erwachsenwerden der Kinder wieder auflöst. Viele sprechen hier von Lebensabschnittspartnern, weil die Rückkehr in den Bereich 2 – also zur Konkurrenz von Partnern – die Monopolsituation wieder auflöst.

Zu vielen Konflikten in Partnerbeziehungen kommt es auch, wenn hier unterschiedliche Normensysteme gelten. Ein schönes Beispiel dafür ist die Lüge. Im Bereich 3 – also der Kooperation (= Liebe) – gilt das Transparenzprinzip. Man kann dem Partner alles sagen, ohne befürchten zu müssen, davon einen Nachteil zu haben.

Völlig anders ist dies natürlich, wenn man weiterhin an Konkurrenz festhält oder zumindest partiell wieder dorthin zurückkehrt. Wenn sie oder er einen Freund oder eine Freundin hat, was die Monopolsituation infrage stellt, wird auch das Transparenzprinzip – meistens – verlassen, und es wird viel gelogen und getäuscht. Auch die sozusagen „offizielle" Rückkehr von Bereich 3 zu Bereich 2 – etwa nach einer Scheidung oder Trennung – erfordert eine Anpassungsleistung, die mitunter mit erheblichen Schwierigkeiten einhergeht. Sich wieder auf der „Partnerbörse" zu bewegen oder gar zu zeigen, bedeutet für viele, die aus einer Partnerschaft ausgeschieden sind, eine große Überwindung.

Bei Scheidungen hört man oft, wenn der Wechsel von Bereich 3 zu Bereich 2 erfolgt: Wenn es ums Geld geht, zeigt er/sie sein/ihr wahres Gesicht. Diese „wahre Gesicht" ist also nur die immer vorhandene Möglichkeit des finanziellen Egoismus, der im Bereich 2 jedoch meist nicht aktiviert werden muss. Bei einer Scheidung fallen aber beide Partner in den Konkurrenzbereich 2 zurück. Weil die Frage, wem gehört was, beantwortet werden muss.

Von der Natur her gibt es aber nicht nur Hilfestellungen für eine Monopolbeziehung (Verliebtheit), sondern auch für das konkurrierende Gegenteil. Durch Untersuchungen hat man festgestellt, dass Frauen rund um ihren Eisprung dazu neigen, andere Frauen besonders kritisch zu bekämpfen. Dies könnte noch ein Rest der archaischen Konkurrenz um die besten „Zeugungspartner" darstellen.

Den Wechsel von Kooperations- zu Konkurrenzverhalten gibt es aber nicht nur in Partnerschaften, sondern auch in Gruppen, wie z. B. in Abteilungen von Organisationen. Viele erleben diesen Wechsel als mehr oder weniger aufreibenden Umstand ihrer alltäglichen Arbeitsbedingungen. „Diese Spielchen" – wie sie oft genannt werden – können ganz schön kräftezehrend sein, insbesondere wenn sie z. B. in einer Außenseiterposition durch Mobbing enden. Der Kern dieser Konflikte besteht nach meiner Erfahrung darin, dass es in Gruppen und Organisationen immer wieder wechselnde Koalitionen gibt, bei denen man rasch von Kooperation auf Konkurrenz umschalten können muss, ohne sich dabei aufzureiben.

Bei diesen „Spielchen" haben Personen einen Vorteil, die schon in ihrer Kindheit und Jugend darin trainiert wurden. Wächst man mit zwei oder mehr Geschwistern auf, dann kennt man das Spiel zwei gegen einen.

In dem Beispiel geht es um zwei Geschwister, die kooperieren und einen Dritten von dieser Kooperation ausschließen. Das können die Jüngeren gegen den Älteren sein oder die Brüder gegen die Schwester oder zwei „Schlimme" gegen einen „Braven" etc (Abb. 12.7).

Wenn diese Koalitionen immer wieder – je nach Anlass – wechseln, erhält man ein gutes Training für soziales Verhalten. Einzelkinder können diese soziale Flexibilität im Kindergarten oder später in der Schule erwerben. Es ist wichtig, sich über die Verlässlichkeit von Kooperationspartnern keine Illusion zu machen bzw. sich bewusst zu sein, wie stark man mit diesen gegen andere Gruppen ist. Innerhalb der eigenen Gruppe gilt kooperatives Vertrauen, Kooperation mit einer anderen Gruppe hingegen sehr oft als Verrat, denn hier ist nur Konkurrenz erlaubt. Kinder und Jugendliche organisieren sich daher gerne in Banden, bei denen diese Dialektik an der Tagesordnung ist. Bei Organisationen wird aus dieser Dialektik dann eine Trialektik, wenn auch der Bereich 1, das öffentliche Normensystem, dazukommt.

Einen Beleg für diese Analyse sind die beliebten TV-Kindersendungen, in denen Kinder einzeln oder in Gruppen in Konkurrenzsituationen gebracht werden und man deren Konkurrenzverhalten beobachten kann.

Sehr bewährt hat sich in diesem Zusammenhang die Einführung einer Metaebene, wie es zum Beispiel bei Gruppendynamik-Seminaren trainiert wird.

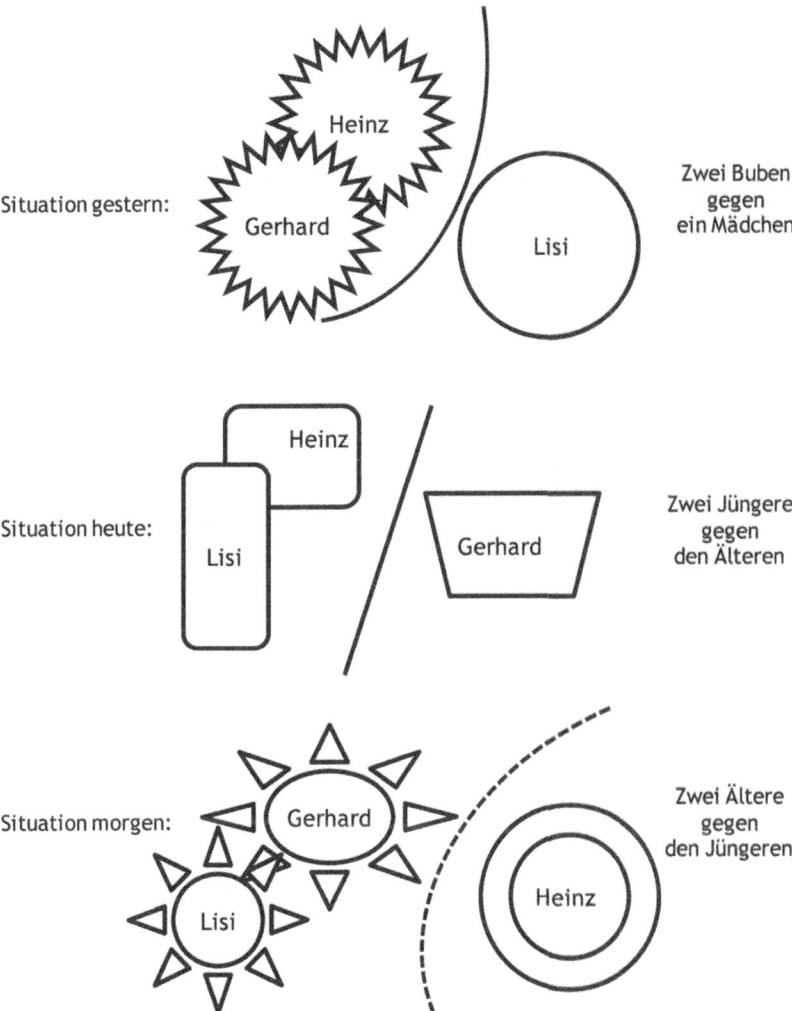

Abb. 12.7 Beispiel eines Koalitionsspiels von drei Geschwistern

Sobald man den Unterschied zwischen Kooperation und Konkurrenz im Wechsel eines Gruppenprozesses reflektieren kann, leidet man nicht mehr unter diesem Wechsel.

Ich glaube, dass immer noch ein großer Teil der Kooperation auch im Wirtschaftsbereich auf Vertrauen beruht. Dennoch kann auch zwischen den besten (Organisations-) Freunden gelegentlich eine Konkurrenzsituation auftreten. Diese wird entschärft, wenn man „drüber reden" kann. Die Metaebene stellt hier eine große Entlastung dar. Insbesondere für Projektgruppen oder hochrangige Expertengruppen (z. B. Geschäftsleitungen) in Hierarchien hat sich ein Training in Teamentwicklung sehr bewährt.

Trialektik – eine Verständnishilfe für die Revolutionen der Gegenwart

Ich glaube aber, dass dahinter auch noch ein Denkgebäude steht, das ebenfalls weiterentwickelt werden muss. So glaube ich, dass mit der klassischen Logik, die Widersprüche zu eliminieren versucht, die Komplexität des Systems nicht mehr erfasst werden kann. Im Sinne der Trialektik können einzelne Teile des Systems in ihren Widersprüchen besser organisiert und verstanden werden. Insbesondere können die verschiedenen Konfliktsituationen damit besser analysiert und dann auch bewältigt werden.

Die Ausbalancierung der Widersprüche bedeutet, dass in den meisten Fällen ein Lernprozess gemacht werden muss, der zu einer Konsenslösung führen muss. Diese Lösung lässt sich nicht abstrakt definieren, sonst wäre sie ja Ergebnis eines Subsumptionsverhältnisses. Für das Suchen und Finden der jeweiligen optimalen Lösung wird man sehr viel mehr Zeit veranschlagen müssen als für Einzelentscheidungen, die womöglich nur einem Schema zu folgen haben.

Dieses Bearbeiten und Lösen von Konfliktsituationen wird sich von ganz oben in den politischen, gesellschaftlichen und wirtschaftlichen Chefetagen bis hinunter zum privaten Haushalt etablieren. In vielen Fällen geschieht dies ja heute schon, aber meist ohne Bewusstsein der Aporien und ohne bewusstes Anstreben eines Lernprozesses.

In vielen Bereichen wird das kapitalistische Wirtschaftssystem umgebaut werden müssen. Einiges wurde schon in den vorangegangenen Kapiteln beschrieben: Das Bildungssystem, ein neuer Arbeitsbegriff, neue Spielregeln für das Finanzsystem, neue Werte bezüglich des Umgangs mit der Natur. Voraussetzung dafür ist aber die Weiterentwicklung unserer Logik und das von ihr gesteuerte Denksystem.

So wird etwa das von uns meist vorausgesetzte und verinnerlichte zweite Axiom der Logik: „Von zwei einander widersprechenden Aussagen ist mindestens eine falsch" immer seltener Anwendung finden. Wir werden lernen, mit gegensätzlichen Standpunkten umzugehen, ohne zugleich feststellen zu können, welcher der

© Springer Fachmedien Wiesbaden 2016
G. Schwarz, *Die Religion des Geldes*, DOI 10.1007/978-3-658-10508-2_13

„richtige" ist. Bedürfnisse und Leistung, individuelle Wünsche und ihre Kosten und das Eingebettetsein beider in einen größeren Rahmen müssen sorgfältig – und sicher oft mühsam – in einer Konsensfindung miteinander ausbalanciert werden. Es wird notwendig sein, ein mögliches Out-of-Balance rechtzeitig zu erkennen und in den entsprechenden Institutionen gegenzusteuern. Dazu wird ein neues analytisches Bewusstsein in der Öffentlichkeit entwickelt werden müssen.

Das Bewusstsein für trialektische Lernprozesse ist heute teilweise schon vorhanden. So kommen in vielen Analysen der Medien die drei Bereiche bereits vor:

- Was wollen die Menschen (Schüler, Patienten, Konsumenten etc.)? (Bereich 3)
- Was ist erlaubt, möglich und sinnvoll? (Bereich 1)
- Was kostet das und wo kommt das Geld dafür her? (Bereich 2)

Der Gedanke macht ihn blass, wenn er sich fragt, was kostet das?(Wilhelm Busch)

Insbesondere werden einseitige Ideologien, die jeweils einen Bereich favorisieren und die anderen vernachlässigen oder gar schlecht machen, sich in besonderer Weise der Kritik stellen müssen. Dies wird genauso die treffen, die glauben, dass eine freie Marktwirtschaft alles von selbst regelt, wie die, die nur von den Bedürfnissen ausgehen und Kosten und Sinn eines Produktes oder Prozesses außer Acht lassen.

Das heißt in der Praxis, dass in vielen Organisationen (Unternehmen, Schulen, Kliniken, Parteien etc.) eine Plattform eingerichtet werden muss, auf der die drei Seiten der jeweiligen Aporie entwickelt und diskutiert werden können. Wenn in hochrangigen Expertengruppen (z. B. in Vorständen oder Geschäftsleitungen) eine der drei Seiten unterrepräsentiert oder gar nicht vorhanden ist, dann kann die Balance nicht hergestellt werden. Oft führt ein solches Manko dann zu populistischen Maßnahmen – ihre Kurzlebigkeit ist vorprogrammiert.

Gelegentlich ist die Bedürfnisseite unterrepräsentiert: Schüler, Patienten, Kunden etc. haben keine oder nur eine ohnmächtige Vertretung. In Wirtschaftsunternehmen, die unter Konkurrenzbedingungen arbeiten, ist dagegen die Verkaufsseite (die die Kunden repräsentiert) meist sehr mächtig. Mächtig – aber nicht zu mächtig – muss natürlich auch die Finanzseite sein. Hier müssen viele Organisationen (z. B. Universitäten), die bisher eine garantierte Finanzierung hatten, noch dazulernen.

Dieser Lernprozess wird sehr mühsam sein. Denn die Hierarchie hatte ja einen riesigen Vorteil: Um nicht ständig Konflikte austragen zu müssen, wurden bestimmte Fixierungen in der Balance von Widersprüchen vorgenommen und auf Dauer gestellt.

Der Nachteil war natürlich, dass Änderungen der Umweltbedingungen die bisher brauchbaren Fixierungen aushebelten und man daher vor neuen Herausforderungen einer Ausbalancierung stand oder noch immer steht. Wir erleben daher heute eine Phase der Verflüssigung vieler Werte, die bisher feststanden. Der Lohn für die Austragung vieler damit verbundener Konflikte wäre aber ein besseres Funktionieren des Geld- und Finanzsystems.

Ein großes Problem dieser Phase des Kapitalismus – nämlich die Ökonomisierung immer größerer Bereiche der Gesellschaft, sehe ich aber darin, dass das Unglück organisiert wird anstelle des Glücks. Unglücklich ist man – natürlich unter anderem – sehr oft dann, wenn man in einem Vergleich schlechter abschneidet (s. o. Toni Sailer).

Die Globalisierung und die damit verbundene Vergleichbarkeit aller Positionen führen dazu, dass sich Menschen inadäquat vergleichen und auf diese Weise ihre Existenz schlechter bewerten als dies ohne Vergleich der Fall wäre. Wenn Konkurrenz das dominierende Prinzip der Identitätsbildung darstellt, dann führt diese Dominanz dazu, dass es neben ein paar Siegern immer mehr Verlierer gibt.

Dieses „Massenunglück" unserer Zivilisation deute ich als Zeichen für ein Out-of-Balance der drei Dimensionen. Im westlichen Wertesystem überwiegt der Bereich 2 gegenüber den anderen 2 Bereichen, in denen man Mitglied eines funktionierenden Sozialgebildes (Bereich 1) und Mitglied eines vernetzten Beziehungssystems (3) sein könnte. Konkurrenz als wichtigstes Lebensprinzip macht hingegen notwendigerweise unglücklich, denn es gibt immer Menschen, die besser (reicher, schöner, erfolgreicher etc.) sind als ich.

13.1 Die Vorteile der drei Megatrends

Eine Hilfe bei der Entschärfung des „Konkurrenzunglücks" erwarte ich mir von den neuen digitalen Medien. Die beinahe global-mögliche Transparenz relativiert zum Unterschied von lokalen oder familialen Teil-Transparenzen das Konkurrenzdenken. Ich bin nicht jemand, der gegenüber meinen Nachbarn oder meinen Kollegen ungerecht behandelt wird, sondern es gibt generell Ungerechtigkeiten. Die Ressourcen dieser Welt sind ungleich verteilt und ich muss mich darin einordnen – wie es z. B. die Idee eines ökologischen Fußabdrucks nahelegt.

„Freunde" über Facebook beispielsweise könnten hilfreich sein, wenn wir durch sie in uns zunächst fremde Gruppierungen eingeladen werden. So werden wir konfrontiert mit unterschiedlichen Verhaltensnormen. Ich halte das für eine Weiterentwicklung des steinzeitlichen „Totem"-Gedankens. Man bekam mit dem Erwachsensein neben der Mitgliedschaft zur Herkunftsfamilie noch weitere Mitgliedschaften in Totemclans. Damit relativiert sich die Absolutheit eines Normensystems, in dem man aufgewachsen ist. Die Google- und Facebook-Strukturen entwickeln diesen „Fortschritt" sehr deutlich weiter und gestatten dafür den einzelnen eine bessere Ausbalancierung der Widersprüche in seiner Position.

So gesehen tragen diese Ausbalancierungen und der damit verbundene Lernprozess auch für den Einzelnen zu einer höheren Lebensqualität und Lebenszufriedenheit bei.

Wir stehen heute am Beginn einer weltweiten Protestbewegung gegen das ungerechte System des Kapitalismus. Korrupte Eliten bereichern sich einseitig auf Kosten der großen Mehrheit. Durch das Internet gibt es heute eine immer größere Transparenz dieser Ungerechtigkeiten. Auch in den Unternehmen wächst die Zahl derer, die innerlich gekündigt haben. Wenn hier immer mehr Menschen sich außerhalb der Hierarchien vernetzen können, wird auch die Demokratie neue Wege finden müssen, Entscheidungen nicht nur von oben nach unten, sondern auch von unten nach oben schneller und besser durchzusetzen.

Wenn es gelingt, wieder mehr Menschen „ins Boot zu holen", dann wird auch die Produktivität steigen und die ehrgeizigen Sozialprogramme sind finanzierbar.

Hüten muss man sich vor Sozialutopien. Es stimmt zwar: Wenn die reichen Griechen, die mehr Geld auf ausländischen Konten geparkt haben als der griechische Staat Schulden gemacht hat, gerechte Steuer gezahlt hätten, dann wäre der griechische Staat nicht in die Nähe der Staatspleite gekommen. Es geht aber nicht nur um eine Verteilungsgerechtigkeit, sondern um die Erhöhung der Produktivität insgesamt. Dies kann nur durch konsensuale Lösungen der Konflikte, die sich aus den Widersprüchen der drei Gerechtigkeiten ergeben, geschehen. Überall dort, wo es zur Überbetonung eines Aspekts kommt, muss diskutiert werden, um eine bessere Ausbalancierung zu erreichen und neu zu entscheiden. Einmal wird man mehr die Leistungsgerechtigkeit forcieren müssen gegenüber der Bedürfnisgerechtigkeit – wie das im Bildungssystem oder im Gesundheitssystem der Fall ist. Ein anderes Mal wird man die Bedürfnisgerechtigkeit stärker aktivieren müssen, wenn etwa Kooperation sinnvoller ist – was durch Entschärfung der allgegenwärtigen Konkurrenz geschehen kann. Dann wird es Fälle geben, wo die Gesetzesgerechtigkeit gestärkt werden muss – wie etwa bei der Regulierung exzessiver Finanzspekulationen – z. B. durch Verstaatlichung von Maßstabsystemen wie etwa Ratingagenturen.

Was nicht funktionieren wird, sind einseitige Akzentsetzungen wie: Alles regelt der Staat oder alles regelt der Markt oder alles regelt die Liebe. Bedürfnisgerechtigkeit auf Kosten der Leistungsgerechtigkeit führt genauso zur Pleite wie der Versuch, überall ein ökonomisches Konkurrenzprinzip einführen zu wollen oder alles per Gesetz zu regeln.

So kann es etwa auch sein, dass in einem Bereich, z. B. im Gesundheitsbereich, in dem der ökonomische Aspekt unterbewertet ist und der daher aktiviert werden muss, es gerade darum geht, mehr Kooperation einzuführen – wenn beispielsweise Abteilungen miteinander in Konkurrenz stehen – aus welchen Gründen auch immer. Dies kann nicht allgemein geregelt werden, sondern muss im Einzelfall bis hinunter zu Einzelpersonen jeweils ausbalanciert werden, um so die Widersprüche, die als Konflikte auftreten, einer Konsensfindung zuzuführen.

Das Geld ist dabei ein neutrales Medium, das sich sozusagen alles gefallen lässt und immer bereit ist, Entscheidungen, die im Konsens getroffen werden, zu unterstützen. Natürlich unterstützt das Geld auch falsche Entscheidungen und Asymmetrien. Deshalb kommt es nach wie vor auf die Menschen an, wie sie die Konflikte und Widersprüche handhaben und als lebenslange Lernmöglichkeit nützen.

Wenn diese Erkenntnis mehr als bisher in die Handlungen der Menschen einfließt, dann wird auch der Ansatz der Erlösungsreligionen – nämlich dass das Ziel des Handelns das Glück des einzelnen Menschen darstellt – endlich – einer Realisierung näherkommen. Man könnte natürlich auch sagen, zweieinhalbtausend Jahre sind noch nicht lange genug. Das hierarchische System der Ordnung als Über- und Unterordnung – also die Einteilung der Menschen in Herren und Sklaven ist etwa zehntausend Jahre alt. Das Ende der offiziellen Sklaverei ist erst ca. 200 Jahre alt.

Der Kapitalismus hat einige Menschen in einigen Teilen der Welt großen Reichtum gebracht. Ein neues System oder die nächste Phase des Kapitalismus müsste allen Menschen der Welt Wohlstand bringen, ohne dabei unseren Planeten zu zerstören.

Gelingen kann das nur, wenn dabei auch die Zustimmung aller Menschen eingeholt wird. Das System der Hierarchie war deshalb so flexibel und auch erfolgreich, weil es ermöglichte, dass Obertanen Entscheidungen über Untertanen treffen – ohne ihre Zustimmung einholen zu müssen. Dazu wurde auch das Denksystem der Über- und Unterordnung entwickelt. Mit einem neuen Denksystem, das bei Konflikten eine Konsenslösung mit dem damit verbundenen Lernprozess aller Seiten verlangt, könnte die Krise überwunden werden. Wenn man es trialektisch auffasst, dann könnte das Geld als „religiöses Medium" dafür hilfreich sein.

Im Prinzip hat die UNO bei ihrer Generalversammlung 2015 schon 17 Punkte definiert, mit deren Hilfe die Ausbalancierung besser gelingen sollte. Zur Durchsetzung dieses Programms müssen allerdings noch viele Konflikte ausgetragen werden. Insbesondere werden die Grenzen der drei Megatrends erkannt und diskutiert werden müssen. Schon 2000 hat die UNO ähnliche Ziele für 2015 definiert, die zumindest teilweise erreicht werden konnten (Zahl der Hungernden halbieren, Grundschulbildung ermöglichen, Kindersterblichkeit reduzieren, etc.)

Für die nächsten 15 Jahre (also 2015–2030) werden diese Ziele erweitert: Armut bekämpfen, Zugang zu sauberem Wasser für alle, Aufhebung von Diskriminierung zum Beispiel von Mädchen, Ungleichheit abbauen, umweltschonende Energie verwenden etc. Nicht gesagt wurde dabei, wie diese Ziele erreicht werden sollen. Ich vermute, dass dies nur durch eine Entwicklung einer gesellschaftlichen Bewegung gelingen kann: Dazu müssen aber zunächst die Grenzen der drei Megatrends erkannt und analysiert werden.

13.2   Die Grenzen der Globalisierung

Wie bei allem Neuem versucht man auch bei den heutigen Megatrends zunächst zu erforschen, was sie leisten, um dann festzustellen, was sie nicht leisten können. So brachte und bringt die Globalisierung einen Fortschritt etwa durch die globale Arbeitsteilung. Alles was woanders (zum Beispiel in anderen Klimazonen) günstiger produziert werden kann, werden die Länder einführen. Aber alles was man selber besser herstellen kann, werden die Regionen ausführen. Dies führt insgesamt zu steigendem Wohlstand.

Die Grenzen dieses Modells zeigen sich, wenn es zu große Asymmetrien gibt. Wenn also bestimmte Nationen effizienter, also schneller und/oder billiger produzieren als andere, dann wandert der Reichtum dorthin, also zu den Gewinnern und weg von den Verlierern dieser Arbeitsteilung. Dies ist aber gleichzeitig nicht nur eine Grenze der Globalisierung, sondern eine Grenze des Konkurrenzgedankens überhaupt. Das archaische Muster: der Zweite ist tot und nur der Erste überlebt (siehe oben), muss durchbrochen werden und mithilfe von Regeln geordnet werden. Dies ist gleichzeitig auch eine Grenze der Marktwirtschaft überhaupt. Dieses Problem ist nicht so wie das der schwindenden Energiereserven technisch lösbar, sondern nur durch Konfliktaustragung mit Konsenslösung. Mit der Globalisierung geht auch die weltweit steigende Kriminalität einher und bringt den Verlust regionaler Werte, die ökonomisch unterliegen. Die Grenzen der Globalisierung gehen also sozusagen „nahtlos" über in die:

13.3   Grenzen der Ökonomisierung

2012 erschien ein Buch von Michael J. Sandel: „Was man für Geld nicht kaufen kann". Ich finde die darin ausgeführten Gedanken sehr interessant und kann mich ihnen in weiten Teilen anschließen. So wie es gegen die Globalisierung schon eine große Bewegung gibt, so gibt es schon – zwar noch sehr zögerlich – eine Bewegung gegen die Ökonomisierung aller Lebensbereiche und ihre Reduktion auf das Geld. Die „Ketzer" der neuen Religion des Geldes werden aber nicht mehr so wie im Mittelalter auf dem Scheiterhaufen verbrannt (oder wie in der Gegenwart in manchen Gegenden als „Ungläubige" enthauptet), sondern sie geraten ins ökonomische Abseits.

Wer seine Leistungen nicht verkaufen kann, gerät ins Hintertreffen. Der Versuch, das Leben nur oder jedenfalls immer mehr als ökonomische Veranstaltung zu definieren, führt zu einer Sinnreduktion. Wie schon oben im Kapitel über die Trialektik der Ethik gezeigt wurde, dürfen Menschen nicht als Mittel zum Zweck gebraucht werden. Man nimmt also vielen Kommunikationssystemen den eigentlichen Sinn, wenn sie nur als „Ware" gehandelt werden. Das prominenteste Beispiel dafür ist sicher die Sexualität, die im Zusammenhang mit Liebe gesehen wird. Aber auch alle anderen Kommunikationsformen und Kooperationssysteme haben über ihren „Warenwert" hinaus noch einen Sinn in sich.

Dieser Sinn wird aber vernichtet, wenn es „nur mehr ums Geld geht". Dabei ist zu vermuten, dass einer der Hauptgründe dafür im Auseinanderklaffen von Arm und Reich zu sehen ist. Zumindest wird diese Kluft verstärkt, wenn alles in Geld aufgewogen wird. Denn mit dem Geld gerät man eben sehr schnell in die Vergleichbarkeit. Wer mehr Geld hat, ist besser – höher angesehen – mächtiger etc. als jemand mit weniger Geld. Den (notwendigen) Unterschied zwischen Menschen aber immer mehr auf ökonomische Unterschiede zu reduzieren, schafft Konflikte, da viele Menschen das Gefühl haben müssen, dass ihre Leistung, da nur in Geld bewertet, nicht richtig verstanden werden kann. Insbesondere ist dieser Reduktionismus im primärkommunikativen Bereich (Familie, Freundeskreis etc.) äußerst schädlich.

Aber auch im öffentlichen Bereich müssen noch andere als ökonomische Kriterien gelten. So werden in einer Notfallambulanz die Patienten nach der Schwierigkeit und Notwendigkeit einer Behandlung aufgenommen und nicht nach ihrer Finanzkraft. In einer Schule werden die Schüler besonders gefördert, die begabter sind und nicht die, die mehr zahlen können.

Sogar im Rechtswesen wird darüber diskutiert, ob Urteile auch käuflich sein können. Verfahren werden gelegentlich gegen Zahlungen eingestellt. Angeklagte werden gegen Kaution wieder freigelassen. In dem Artikel vom 18.3.2013 (http://blog.beck.de/print/2013/03/18/Gerechtigkeit-als-ware-morgen-entscheidet-das-bundesverfassungsgericht.de) schreibt etwa Professor Dr. Bernd von Heintschel-Heinegg: „Gerechtigkeit als Ware?", dass bestimmte „Absprachen im Strafprozess" bereits in die Richtung der Ökonomisierung der Gerechtigkeit gehen.

Dazu kommt aber auch noch der Unterschied von Tauschwert und Gebrauchswert. Wenn aufgrund von Marktsituationen bestimmte Güter knapp sind und dadurch einen höheren Preis erzielen können als es die Herstellungskosten nahelegen, dann erhöht die Ökonomisierung über den Markt den Wert eines Gutes ohne dass sein „tatsächlicher" oder „innerer" Wert verbessert würde. So kann etwa ein für die Gesundheit notwendiges Medikament zu einem höheren Preis verkauft werden, wenn ein Mensch es dringend braucht oder Eintrittskarten für ein ausverkauftes Fußballstadion in letzter Minute.

Es gibt heute schon Gegenbewegungen wie zum Beispiel „Occupy wallstreet". Die richten sich aber gegen den globalen Kapitalismus. Die Ökonomisierung des Alltags betrifft aber die Menschen viel mehr als die dort aufgezeigten Defizite. Es ist nicht schwer vorauszusagen, dass auch hier mittelfristig Widerstände und Gegenbewegungen entstehen werden.

13.4 Die Grenzen der Digitalisierung

Die Grenzen der Digitalisierung sind noch nicht deutlich sichtbar. Vorläufig überwiegen noch die Vorteile, die jeder einzelne aus der Digitalisierung zieht. Denn das Internet ist wirklich hilfreich. Wenn ich bei Google oder Amazon einen Titel eingebe, um Informationen über ein Thema zu bekommen, werden mir auch andere Titel zu diesem Thema mitgeteilt. Oft helfen mir diese Themen weiter und daher will ich darauf nicht verzichten. Natürlich werden dabei auch Informationen über mich und meine Interessen gesammelt, Informationen, über die weder ich noch die Gesellschaft eine Kontrolle hat.

Wir befinden uns hier noch in der Anfangsphase. Ich meine, dass die Vorteile noch nicht alle sichtbar sind, geschweige denn die Nachteile. So etwa führt die Überleitung zu einer virtuellen Realität vermutlich dazu, dass sich das Wachstum (das der Kapitalismus angeblich braucht) von den materiellen Dingen zur geistigen Welt verlagert. Dies hat natürlich riesige Vorteile: denn die materiellen Ressourcen unseres Planeten sind begrenzt, die geistigen aber nicht. Schon Aristoteles formulierte: psyche ta onta pos esti panta, d. h.: Die Seele ist gewissermaßen alles. Ich habe in der Analyse des Höhlengleichnisses bei Platon in meinem Buch über Konfliktmanagement (Seite 254) darzustellen versucht, dass Platon schon den Ansatz einer virtuellen Realität vorweggenommen hat. In dieser zählen die Wünsche und Gedanken. Wenn sich die Bedürfnisse zum Beispiel etwa bezüglich Konkurrenzspielen auf die virtuelle Ebene verlagern, müssen zum Beispiel Autorennen nicht mehr auf realen Rennstrecken stattfinden, sondern ressourcenschonend im Internet bei gleichzeitiger Befriedigung von Konkurrenzwünschen. Bedürfnisse, Emotionen, Wissensdurst und Neugierde aber auch Konfliktlösungen sind mehr oder weniger unendlich. Sie können wachsen ohne die Natur auszubeuten oder jedenfalls nur minimal. Die Tendenz, diese gesellschaftlichen Muster zur Ökonomisierung in die virtuelle Realität zu verlagern, gibt es schon.

„Die Grenzen des Wachstums" gibt es also nur im Materiellen. Im Immateriellen treten sie nicht so schnell auf – wenn überhaupt.

Ein weiterer Vorteil der Digitalisierung könnte die sich weltweit entwickelnde Bildungsexpansion sein. Wenn es tatsächlich gelingt, was Google und Facebook vorhaben, alle Menschen mit Internet zu versorgen, dann wird der weltweite Bildungsschub auch zu einer Reduktion der Armut führen. Denn Armut und Bildung korrelieren negativ. Möglicherweise führt dies auch zu einem Aufklärungsschub und zu einem Demokratisierungsschub. Dies ist noch nicht erwiesen.

Aus heutiger Sicht können die Grenzen der Digitalisierung noch nicht wirklich abgeschätzt werden. Dennoch glaube ich, dass man schon einige Punkte nennen kann:

- Sicher gibt es eine Transparenzgrenze. Denn die Freiheit im Netz hat ihren Gegenpol in der dadurch möglichen sozialen Kontrolle. Die Frage: „wer muss was wissen", muss neu gestellt werden. Es wird daher ein System von gestaffelter Transparenz ausgehandelt werden müssen
- Ebenfalls wird es eine Messbarkeitsgrenze geben. Galilei sagte: Alles Messbare muss gemessen werden und das nicht Messbare muss messbar gemacht werden. Für die Messbarkeit bedeutet die Digitalisierung natürlich einen großen Fortschritt. Aber viele Teile der menschlichen Identität entziehen sich der Messbarkeit. Es ist zwar sehr praktisch für mich, wenn ich meine Laborwerte einsehen kann (Puls, Blutdruck, Zucker, Bewegung, Fettanteil), aber auch meine Interessenvorlieben, Gewohnheiten etc. Das bietet sicher Unterstützung für bessere Lebensführung und dementsprechende Entscheidungen. Diese Selbstvermessung hat aber auch ihre Grenzen: „Zählen ist nicht erzählen" sagt Byung-Chul-Han in seinem Buch „Psychopolitik" (S. Fischer. Wissenschaft, Frankf.a. M. 2014). Die Selbstvermessung steigert vielleicht die Leistung des Ich, führt aber zu einer neuen Definition der Identität.
- Die Gedächtnisgrenze: „So war es, sagt mein Gedächtnis – so kann es nicht gewesen sein, sagt mein Stolz – schließlich gibt mein Gedächtnis nach" (Nietzsche). Big Data versucht, das Gedächtnis maschinell abzubilden, was aber eine grobe Reduktion bedeutet. Schon werden Stimmen laut, auch aus dem Internet etwas wieder zu streichen, was dem Selbstbild schaden könnte. Unser Gedächtnis ist ein lebendiges flexibles Organ, mit dem die starren Algorithmen nicht Schritt halten können.

Ich habe dieses „Umschreiben unserer Vergangenheit", wie es die Philosophen nennen, einmal in meiner Jugend erlebt: Ein Kollege hat sich in ein Mädchen verliebt. Dieses wollte ihn aber nicht und er war sehr traurig und überlegte allerlei Kurzschlussreaktionen. Wir konnten ihn Gott sei Dank davon abbringen. Auch mein Argument, du wirst eine Bessere finden, nützte damals nichts.

Einige Jahre danach – ich hatte ihn nach dem Studium aus den Augen verloren – traf ich ihn zufällig wieder. Er erzählte mir sofort, dass er geheiratet habe, nicht das Mädchen von damals, sondern ein anderes, und schwärmte mir von seiner neuen Frau vor. Irgendwann dazwischen fragte ich ihn: „Jetzt bist du aber froh, dass dich die, in die du damals so verliebt warst, nicht genommen hat." Da stutzte er einen Augenblick und sagte dann Eugen Roth zitierend: „Ein Mensch im Leben blickt zurück und sieht, sein Unglück war sein Glück!"

Im Nachhinein gesehen war also der einstige Korb, den er mit so großer Traurigkeit erhalten hatte, durchaus positiv zu bewerten. Mir wurde damals klar, dass ein Ereignis nicht nur im Augenblick einen bestimmten Sinn hat, sondern auch später noch, und dass dieser spätere Sinn unter Umständen sogar dem ursprünglichen Sinn widersprechen kann. Unser Gedächtnis reagiert darauf so, dass es den Gesamtzusammenhang der Sinnaspekte unseres Lebens repräsentiert und nicht ein bestimmtes isoliertes Ereignis, sozusagen maschinell abbildet.

Im Prinzip war diese Problematik schon bei der Erfindung der Schrift ein Thema. Hier gibt es auch eine interessante Gender-Differenz. Sokrates hatte eine Lehrerin namens Diotima. Irgendwann bekannte dieser prominente erste Philosoph ein, dass alle seine wesentlichen Gedanken von dieser Lehrerin Diotima stammten. Diese Lehrerin hatte ihm allerdings einen Auftrag gegeben: schreibe deine Gedanken nicht auf, denn die Schrift tötet das lebendige Wort.

Gott sei Dank hat sich der Schüler des Sokrates, nämlich Platon, nicht an dieses Prinzip gehalten, an das sich Sokrates zeitlebens hielt. Platon schrieb vieles mit, was damals diskutiert wurde. Durch diese Mitschriften Platons wissen wir überhaupt davon. Platon war der Meinung, dass die Schrift zwar lebendiges Wort tötet, dafür aber Totes am Leben erhält. Aus Diotimas Ablehnung der „totmachenden" Schrift lässt sich erklären, warum es so wenige Schriften von Philosophinnen gibt. Denn Frauen hielten philosophische Salons ab, sie haben sicher nicht weniger oder weniger gut oder weniger gründlich philosophiert als die Männer, aber sie haben weniger aufgeschrieben. Die Aussage des Sokrates ist durchaus glaubhaft.

Mit der Digitalisierung wird eine neue Schleife in diesen alten Streit gezogen. Denn auch die Schrift bedeutete zwar eine gewisse Fixierung, trotzdem aber ließ sie vieles offen. Das Netz aber dokumentiert nicht nur Inhalte, sondern stellt auch Zeitpunkt, Ort des Ereignisses wie auch viele Befindlichkeiten fest. Es ist ein maschinelles Gedächtnis, das der Realität unseres Lebens eine andere Realität entgegensetzt. Ein österreichischer Fernsehmoderator hat einmal gesagt: „Das Archiv ist die Rache der Journalisten an den Politikern". Adenauer formulierte diese Diskrepanz einmal sehr souverän mit: „Was kümmert mich mein Geschwätz von gestern?"

• Die Grenze des Unbewussten im Rahmen der Digitalisierung

Byung-Chul Han sagt auf Seite 87 (s. o): „Big Data macht womöglich unsere Wünsche lesbar, deren wir uns nicht eigens bewusst sind. Wir entwickeln ja in einer bestimmten Situation Neigungen, die sich unserem Bewusstsein entziehen. Oft wissen wir nicht einmal, warum wir in uns plötzlich ein bestimmtes Bedürfnis spüren. Dass eine Frau in einer bestimmten Schwangerschaftswoche Verlangen nach einem bestimmten Produkt hat, ist eine Korrelation, deren sie sich nicht bewusst ist. Sie kauft das Produkt einfach so, aber sie weiß nicht warum. Es ist so. Dieses Es-ist-so hat womöglich eine psychische Nähe zum Freud'schen Es, das sich dem bewussten Ich entzieht. Big Data würde, so gesehen, aus dem Es ein Ich machen, das sich psychopolitisch ausbeuten ließe. Wenn Big Data Zugang zum unbewussten Reich unserer Handlungen und Neigungen böte, so wäre eine Psychopolitik denkbar, die tief in unsere Psyche eingreifen und sie ausbeuten würde."

In diesem Punkt kommen also deutlich Digitalisierung und Ökonomisierung zusammen. Dieser Prozess wird nicht ohne eingreifende Gesetzesgerechtigkeit auskommen. Denn das Unbewusste des Menschen – speziell das kollektiv Unbewusste – ist ein gesellschaftspolitisch relevantes Phänomen, über das natürlich politische Manipulationen möglich sind. Deshalb wird es hier einer neuen Aufklärungswelle bedürfen, die erst Sinn macht, wenn sie mit der Globalisierung im Zusammenhang steht.

13.5 Das neue „Manifest" des 21. Jahrhunderts

Wie immer bei neuen Entwicklungen, die notwendigerweise auch negative Folgen oder jedenfalls inakzeptable „Nebenwirkungen" haben, entwickeln sich Gegenbewegungen.

Gegenbewegungen gegen die drei Megatrends: Globalisierung, Ökonomisierung und Digitalisierung gibt es im Einzelnen bereits ansatzweise. Noch haben sie sich aber nicht zusammengeschlossen, was aber meines Erachtens nur eine Frage der Zeit ist. Denn die digitale Revolution besteht ja gerade im Zusammenkommen der 3 Megatrends.

Es wird zu einem neuen Manifest kommen (wie etwa das Kommunistische Manifest 1849 erschien, als die ersten negativen Auswirkungen des Kapitalismus sichtbar wurden). Hauptkritikpunkt wird dabei die Grundidee der digitalen Revolution sein, nämlich alle Probleme technologisch und ökonomisch lösen zu wollen. So wie seinerzeit im Zuge des Patriarchats die Messias-Idee auftrat: Einer wird kommen und uns erlösen von den Problemen, in die wir uns selbst hineinmanövriert haben. So werden auch hier die Grenzen der technischen und ökonomischen Machbarkeit erkannt und deutlich gemacht werden.

Wieder anders gesagt: Der „Religion des Geldes" wird der Erlösungscharakter abgesprochen werden müssen. Geld ist Mittel zum Zweck und eignet sich nicht als Gottheit. Vielleicht ist dies dann auch der Zeitpunkt, an dem die Göttlichkeit wieder im Menschen selber gesucht und gefunden werden kann. So ähnlich wie es Augustinus sagte: „Inscende te et transcende te" was frei übersetzt bedeutet: „Schau in dich hinein – dort findest du die gesuchte Unendlichkeit."

1

Justice according to the law

Money is the criterion for exchange in anonymous communication. A bank is the institution for organizing money matters in cooperation with other banks. Bank colleagues are the clerks of the bank and are responsible for order. The stock exchange is the market of markets. Work is organized hierarchically. Education is a public institution. Teachers are clerks; they evaluate pupils. Pupils are helpmates for success. Health is everybody's right.   Physicians are the „Gods in White". Ethics: good is what obeys the law. Principle of control.

3

Justness of needs

Money is a property, an intimate possession. A bank is a trustee. Bank clerks are consultants who look after the wishes of their clients. The stock exchange is the casino of the world (worldwide gambling). Work is self-defined and helps making sense. Education leads to recognition in society. Teachers provide a service. Pupils are learners. Health is an individual demand. Physicians are servants and replace father and mother. Ethics: good is what the individual conscience permits. Principle: transparency, cooperation, trust.

2

Justness of efficiency

Money is a good. A bank is a profit orientated single business which stays in competition with other banks. Bank colleagues are business men, who look for profit. Stock exchange is the mirror of the world's state of business (economic trend). Work is a good. Education is a good with a price. Teachers are representatives of efficiency on the education market. Pupils have rights, they judge their teachers. Health is a „good" that costs money. Physicians are businessmen. Ethics: good is what brings success. Ethics: good is what brings success. Principle: competition, camouflage and fraud, mistrust.

1

Справедливость закона

Деньги как мерило обмена в анонимной коммуникации

Банк как учреждение, организующее денежный оборот
и сотрудничающее с другими банками

Сотрудники банка – это банковские чиновники, обеспечивающие порядок

Биржа как рынок рынков

Иерархический принцип организации труда

Образование как общественный институт

Учителя как служащие, оценивающие успехи учеников

Ученики как помощники в успехе

Здоровье – право каждого

Врачи – «боги в белых одеждах»

Этика: благо есть то, что согласуется с законом

Принцип контроля

3

Справедливость потребности

Деньги как собственность, как личное достояние

Банк как доверенное лицо

Сотрудники банка как консультанты,
исполняющие желания клиентов

Биржа как мировое казино

Труд как нечто смыслообразующее и помогающее
самоидентификации

Образование как путь к положению в обществе

Учителя оказывают услуги

Ученики являются обучающимися

Здоровье как индивидуальная потребность

Врачи оказывают услуги и заменяют
отца или мать

Этика: благо – это то, что
позволительно с точки зрения
совести индивида

Принцип прозрачности

Кооперация,
доверие

2

Справедливость труда

Деньги как товар

Банк как компания, ориентированная на получение
прибыли и конкурирующая с другими банками

Сотрудники банка как банковские коммерсанты,
ориентированные на доход

Биржа как зеркало мировой конъюнктуры

Труд как товар

Образование как товар, имеющий цену

Учителя как носители достижений
на рынке образования

У учеников есть права, они оценивают учителей

Здоровье как «товар», стоящий денег

Врачи как предприниматели

Этика: хорошо то, что приносит успех

Принцип конкуренции

Маскировка и ввод
в заблуждение

Недоверие

1
法律公正性
金钱是匿名沟通中的交换衡量尺度。
银行是金钱往来的组织机构，并和其他银行之间展开合作。
银行职员是公务员，其工作是负责金钱往来中的秩序。
证券交易所是市场的市场。
工作的组织是分为各种等级。
教育是公共的机构。
教师是公职人员，他们评估学生的成绩。
学生是获得成功的助手。
健康是每一个人享有的权利。
医生是"穿白大褂的上帝"。
伦理学：合法的事情即是好事情。
检查原则。

3
需求公正性
金钱是财产，是私密的所有物。
银行是受托管理人。
银行员工是要满足客户需求的咨询人。
证券交易所是世界赌场。
工作是自己决定并且是有意义的活动。
教育带来社会地位。
教师是提供服务者。
学生是学习者。
健康是个体的需求。
医生是提供服务者，起作用是部分取代父母的工作。
伦理学：个体良心容许的事情即是好事情。
透明、合作、信任原则

2
效绩公正性
金钱是商品。
银行是旨在营利的一个企业，并和其他银行相互竞争。
银行职员是商人，其工作是要使银行有盈利。
证券交易所是世界经济形势的反映。
工作是商品。
教育是有价格的商品。
教师是在教育市场中作出效绩者。
学生们有权利评估教师们的效绩。
健康是需要花钱的"商品"。
医生是企业家。
伦理学：有成果的事情即是好事情。
竞争、伪装和欺骗、不信任原则

SYNTHESE DER 3 MEGATRENDS

Globalisierung
Gesetzesgerechtigkeit
Hierarchie, internat. Regeln,
Weltmacht, UNO, G7, NSA,
Menschenrechte
Allg. Wohlstand,
Demokratisierung,
Fortschritt weltweit,
globale Arbeitsteilung

Digitalisierung
Bedürfnisgerechtigkeit
Hierarchieumkehr
Macht von unten, Automation,
Erlösungsphantasien, „Wachstum"
im geistigen Bereich durch virtuelle
Realitäten

Ökonomisierung
Leistungsgerechtigkeit
alles geht über Geld
Finanzmärkte, Gott= Geld
Fremdausbeutung

Politisch: freier
Ökonomisch: effizienter
Digital: bedürfnisgerechter
Neue Geschäftsmodelle
Medien verstärken den Trend

Grenzen der Ökonomisierung
Was man für Geld nicht kaufen kann
Das Leben ist nicht nur eine
ökonomische Veranstaltung.
Selbstausbeutung
Occupy Wallstreet

Grenzen der Digitalisierung
Transparenzgrenze,
Messbarkeitsgrenze
Gedächtnisgrenze
Illusion: alle Probleme lösbar
durch tech-Innovation.
Neuer Erlösungsmythos.
Digitalisierungskritiker

Grenzen der Globalisierung:
Ungerechtigkeiten und Asymmetrien,
weltweite Kriminalität
Jobverluste , weite Warentransporte
regionaler Kulturverlust
Lohndumping etc.
Globalisierungsgegner,

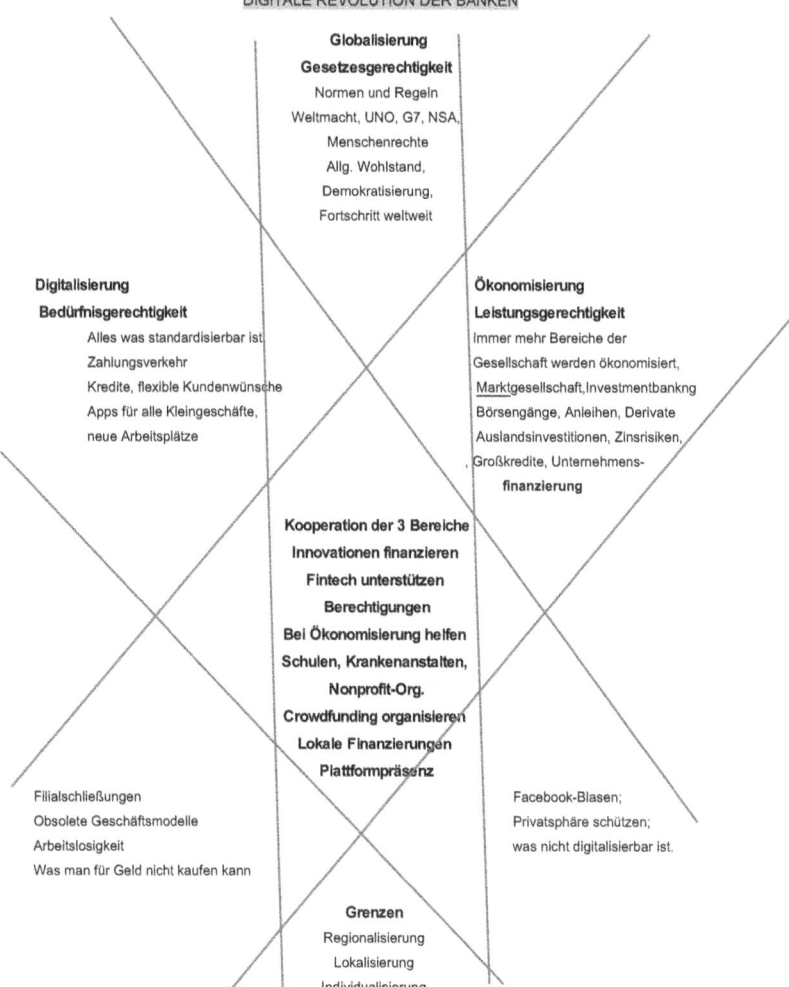

DIGITALE REVOLUTION DER BANKEN

Globalisierung
Gesetzesgerechtigkeit
Normen und Regeln
Weltmacht, UNO, G7, NSA,
Menschenrechte
Allg. Wohlstand,
Demokratisierung,
Fortschritt weltweit

Digitalisierung
Bedürfnisgerechtigkeit
Alles was standardisierbar ist
Zahlungsverkehr
Kredite, flexible Kundenwünsche
Apps für alle Kleingeschäfte,
neue Arbeitsplätze

Ökonomisierung
Leistungsgerechtigkeit
Immer mehr Bereiche der
Gesellschaft werden ökonomisiert,
Marktgesellschaft,Investmentbankng
Börsengänge, Anleihen, Derivate
Auslandsinvestitionen, Zinsrisiken,
Großkredite, Unternehmens-
finanzierung

Kooperation der 3 Bereiche
Innovationen finanzieren
Fintech unterstützen
Berechtigungen
Bei Ökonomisierung helfen
Schulen, Krankenanstalten,
Nonprofit-Org.
Crowdfunding organisieren
Lokale Finanzierungen
Plattformpräsenz

Filialschließungen
Obsolete Geschäftsmodelle
Arbeitslosigkeit
Was man für Geld nicht kaufen kann

Facebook-Blasen;
Privatsphäre schützen;
was nicht digitalisierbar ist.

Grenzen
Regionalisierung
Lokalisierung
Individualisierung

Literatur

Adorno, Theodor W.: Gesammelte Schriften, hrsg. v. Rolf Tiedemann, Frankfurt a. M. 1986
Anders, Günther: Die Antiquiertheit des Menschen, 2 Bände, München 1987
Apel, Karl-Otto: Diskurs und Verantwortung, Frankfurt a. M. 1997
Aristoteles: Politik, übers, v. Olof Gigon, München 1973
Aristoteles: Nikomachische Ethik, übers, v. Günther Bien, Hamburg 1985
Augustinus, Aurelius: Vom Gottesstaat, übers, v. Wilhelm Thimme, 2 Bände, München 1985
Baecker, Dirk: Womit handeln Banken? Eine Untersuchung zur Risikoverarbeitung in der Wirtschaft, Frankfurt a. M. 1991
Binswanger, Hans C./Flotow, Paschen v. (Hg.): Geld und Wachstum. Zur Philosophie und Praxis des Geldes, Stuttgart 1994
Boetius: Die Tröstungen der Philosophie, übers, v. Richard Scheven, Leipzig 1883
Böhm-Bawerk, Eugen von: Kapital und Kapitalzins, 3 Bände, 4. Aufl., Jena 1921
Bornemann, Ernest: Psychoanalyse des Geldes, Frankfurt a. M. 1973
Bourdieu, Pierre: Was heißt sprechen? Die Ökonomie des sprachlichen Tausches, Wien 1990
Brandtweiner, Roman: Naturwissenschaftliches Denken in der Wirtschaftstheorie, Frankfurt a. M. 1997
Braudel, Fernand: Sozialgeschichte des 15.–18. Jahrhunderts. Der Handel, München 1986
Brodbeck, Karl-Heinz: Die Herrschaft des Geldes, Darmstadt 2009
Burghardt, Anton: Soziologie des Geldes und der Inflation, Wien 1977
Descartes, René: Meditationen, mit sämtlichen Einwänden und Erwiderungen, Hamburg 1954
Durkheim, Emile: Die Regeln der soziologischen Methode, hrsg. v. René Könnig, 5. Aufl., Neuwied 1976
Dschuang Dsi: Das wahre Buch vom südlichen Blütenland, München 1963
Du Bois-Reymond, Emil: Vorträge über Philosophie und Gesellschaft, Hamburg 1974
Eichhorn, Wolfgang/Sollte, Dirk: Das Kartenhaus Weltfinanzsystem: Rückblick – Analyse – Ausblick, Frankfurt a. M. 2009
Einstein, Albert: Aus meinen späten Jahren, Frankfurt a. M./Berlin 1993
Einstein, Albert: Geometrie und Erfahrung Berlin 1921
Eucken, Walter: Die Grundlagen der Nationalökonomie; 7. Aufl., Berlin/Göttingen/Heidelberg 1959
Fichte, Johann Gottlieb: Fichtes sämtliche Werke, hrsg. v. I. H. Fichte, Berlin 1845/1846
Freud, Sigmund: Abriss der Psychoanalyse, Frankfurt a. M./Hamburg 1965

© Springer Fachmedien Wiesbaden 2016
G. Schwarz, *Die Religion des Geldes,* DOI 10.1007/978-3-658-10508-2

Freud, Sigmund: Der Humor; in: Studienausgabe Band IV, Frankfurt a. M. 1970

Friedman, Milton: Kapitalismus und Freiheit, München 1976

Gadamer, Hans-Georg: Wahrheit und Methode, 4. Auflage, Tübingen 1975

Gasset, José Ortega y: Der Aufstand der Massen, Reinbek bei Hamburg 1956

Gehlen, Arnold: Der Mensch, 11. Aufl., Wiesbaden 1976

Gehlen, Arnold: Philosophische Schriften, 2 Bände, Frankfurt a. M. 1980

Gehlen, Arnold: Urmensch und Spätkultur – Philosophische Ergebnisse und Aussagen,
    6. Aufl., Frankfurt a. M. 2004

Gerschlager, Caroline, Ina Paul-Horn (Hg.): Gestaltung des Geldes, Marburg 2000

Habermas, Jürgen: Zur Logik der Sozialwissenschaften, 3. Aufl., Frankfurt a. M. 1973

Habermas, Jürgen: Erkenntnis und Interesse, Frankfurt a. M. 1968

Han, Byung-Chul: Psychopolitik. Neoliberalismus und die neuen Machttechniken, 4. Aufl.,
    S. Fischer Wissenschaft, Frankfurt a. M. 2014

Harsch, Wolfgang: Die psychoanalytische Geldtheorie, Reihe Geist und Psyche, Frankfurt
    a. M. 1995

Hegel, Georg Wilhelm Friedrich: Die Philosophie des Rechts. Vorlesung von 1821/22, hrsg.
    v. Glockner Bd. 7, Stuttgart 1964

Heidegger, Martin: Sein und Zeit, 12. Aufl., Tübingen 1972

Heinsohn, Gunnar/Steiger, Otto: Eigentum, Zins und Geld. Ungelöste Rätsel der Wirt-
    schaftswissenschaft, 3. Aufl., Marburg 2004

Heinsohn, Gunnar/Steiger, Otto: Eigentumstheorie des Wirtschaftens vs. Wirtschaftstheo-
    rie ohne Eigentum (Ergänzungsband zur Neuauflage von „Eigentum, Zins und Geld"),
    Marburg 2002

Hofstätter, Peter R.: Gruppendynamik. Kritik der Massenpsychologie, Reinbek bei Hamburg
    1957

Horkheimer, Max: Kritische Theorie, 2 Bände, hrsg. v. A. Schmidt, Frankfurt a. M. 1968

Horkheimer, Max/Theodor W. Adorno: Dialektik der Aufklärung Amsterdam (Reprint von
    1944), Frankfurt a. M. 1972

Huber, Joseph: Vollgeld – Beschäftigung, Grundsicherung und weniger Staatsquote durch
    eine modernisierte Geldordnung Berlin 1998

Hume, David: Eine Untersuchung über den menschlichen Verstand, hrsg. v. Herbert Herring
    Stuttgart 1967

Hume, David: Eine Untersuchung über die Prinzipien der Moral, übers, v. C. Winckler,
    Hamburg 1972

Issing, Otmar: Einführung in die Geldtheorie, 14. Aufl., München 2007

Jarchow H.-J.: Theorie und Politik des Geldes, 10. Aufl., Göttingen 1998

Kant, Immanuel: Werke in sechs Bänden, hrsg. v. Wilhelm Weischedel, Wiesbaden 1966

Kennedy, Margrit: Geld ohne Zinsen und Inflation, München 1994

Keynes, John Maynard: Allgemeine Theorie der Beschäftigung, des Zinses und des Geldes,
    übers, von Fritz Waeger, Berlin 1936

Kreuzkamp, Michael: Innovations- und Nachhaltigkeitsmanagement in der deutschen Spar-
    kassen-Finanzgruppe als Reflexion der Weltfinanzmärkte – Bestandsaufnahme und Per-
    spektiven, Lichtenberg (Odenwald) 2011

Kuhn, Thomas S.: Die Struktur wissenschaftlicher Revolutionen, übers, v. Hermann Vetter,
    2. Aufl., Frankfurt a. M. 1967

Kurz, Robert: Schwarzbuch Kapitalismus. Ein Abgesang auf die Marktwirtschaft, Frankfurt
    a. M. 1999

Le Bon, Gustave: Psychologie der Massen, 6. Aufl., Stuttgart 1938

Le Goff, Jacques: Wucherzins und Höllenqual. Ökonomie und Religion im Mittelalter, Stuttgart 1988

Leibniz, Georg Wilhelm: Neue Abhandlungen über den menschlichen Verstand, übers, v. Ernst Cassirer, Hamburg 1971

Lenin, Wladimir I.: Gesammelte Werke, Berlin 1977

Leverkus, Erich: Freier Tausch und fauler Zauber: Vom Geld und seiner Geschichte, Frankfurt a. M. 1990

Lévi-Strauss, Claude: Das wilde Denken, übers, v. Hans Naumann, Frankfurt 1973

Lévi-Strauss, Claude: Mythos und Bedeutung, Vorträge, Frankfurt 1980

Liebrucks, Bruno: Erkenntnis und Dialektik. Zur Einführung in eine Philosophie von der Sprache her. Aufsätze aus den Jahren 1949 bis 1971, Den Haag 1972

Luhmann, Niklas: Die Wirtschaft der Gesellschaft, Frankfurt a. M. 1988

Luhmann, Niklas: Wirtschaftsethik als Ethik?, in: Die Wirtschaft der Gesellschaft, Frankfurt a. M. 1988

Lutz, Friedrich A.: Zinstheorie, 2. Aufl., Zürich/Tübingen 1967

Luxemburg, Rosa: Gesammelte Werke, Berlin 1974

Maas, Peter/Weibler, Jürgen (Hg.): Börse und Psychologie – Plädoyer für eine neue Perspektive, Köln 1990

Mandel, Ernest: Marxistische Wirtschaftstheorie, Frankfurt a. M. 1970

Mao Tse-tung: Ausgewählte Werke Band V, Peking 1978

Marcuse, Herbert: Triebstruktur und Gesellschaft, Frankfurt a. M. 1967

Marx, Karl; Friedrich Engels: Werke, hrsg. v. Institut für Marxismus-Leninismus beim ZK der SED, Berlin 1956 ff. (MEGA)

Milgram, Stanley: Das Milgram-Experiment. Zur Gehorsamsbereitschaft gegenüber Autorität, Reinbek bei Hamburg 1974

Mill, John Stuart: Einige ungelöste Probleme der politischen Ökonomie, hrsg. v. Hans G. Nutzinger, Frankfurt a. M./New York 1976

Müller, Dirk: Crashkurs – Weltwirtschaftskrise oder Jahrhundertchance? Wie Sie das Beste aus Ihrem Geld machen, München 2009

Myrdal, Gunnar: Das politische Element in der nationalökonomischen Doktrinbildung, 2. Aufl., Bonn-Bad Godesberg 1976

Nefiodow, Leo: Der Sechste Kondratieff, Bonn 2000

Nell-Breuning, Oswald von: Grundzüge der Börsenmoral, Freiburg im Breisgau 1928

Otte, Max: Der Crash kommt: Die neue Weltwirtschaftskrise und was Sie jetzt tun können, Berlin 2009

Pareto, Vilfredo: Allgemeine Soziologie, ausgewählt und übersetzt v. Carl Brinkmann, München 2006

Paul, Axel T.: Die Gesellschaft des Geldes. Entwurf einer monetären Theorie der Moderne, Wiesbaden 2004

Phillips, A. W.: Economica, Vol. 25, S. 283–299, 1958, in: Issing, Otmar: Einführung in die Geldtheorie, 14. Aufl., München 2007

Pietschmann, Herbert: Eris und Eirene: Anleitung zum Umgang mit Widersprüchen und Konflikten, Wien 2010

Pietschmann, Herbert/Schwarz, Gerhard; Mythos Urknall, Wien 2012

Platon: Werke, nach der Übersetzung von Friedrich Schleiermacher, hrsg. von Walter F. Otto, Ernesto Grassi und Gert Plambök, Hamburg 1957

Plettenbacher, Tobias: Neues Geld – neue Welt: Die drohende Wirtschaftskrise – Ursachen und Auswege, Wien 2010

Popper, Karl R.: Logik der Forschung. 9. Aufl., Tübingen 1989

Popper, Karl R.: Alles Leben ist Problemlösen, München 2002

Pribram, Karl: Geschichte des ökonomischen Denkens, übers. v. Horst Brühmann, Frankfurt a. M. 1998

Proudhon, Pierre J.: Ausgewählte Texte, Hrsg. von T. Ramm, Stuttgart 1963

Ranke-Graves, Griechische Mythologie, Bd. 1, München 1969

Rifkins, Jeremy: Die empathische Zivilisation – Wege zu einem globalen Bewusstsein, Frankfurt a. M. 2010

Robol, Günther: Betriebswirtschaftliche Missverständnisse in Geld statt Arbeit, Föhrenbergkreis, Wien 1999

Sandel, Michael J.: Was man für Geld nicht kaufen kann. Die moralischen Grenzen des Marktes, 7. Aufl., Ullstein Berlin 2012

Schmölders, Günter: Psychologie des Geldes, Reinbek bei Hamburg 1966

Schwarz, Gerhard: Konfliktmanagement, 8. Aufl., Wiesbaden 2008

Schwarz, Gerhard: Die Heilige Ordnung der Männer, 5. Aufl., Wiesbaden 2006

Schwarz, Gerhard: Was Jesus wirklich sagte, 2. Aufl., Wien 2006

Schwarz, Gerhard: Führen mit Humor, 2. Aufl., Wiesbaden 2008

Schwarz, Guido: Qualität statt Quantität, Motivforschung im 21. Jahrhundert, Opladen 2000

Schumpeter, Josef A.: Kapitalismus, Sozialismus und Demokratie, übers. v. Susanne Preiswerk, München 1950

Schumpeter, Josef A.: Das Wesen des Geldes, Göttingen 1971

Senf, Bernd: Der Nebel um das Geld, Lütjenburg 1997

Simmel, Georg: Philosophie des Geldes, 7. Aufl., Berlin 1977

Smith, Adam: Der Wohlstand der Nationen. Eine Untersuchung seiner Natur und seiner Ursachen, München 1978

Sohn-Rethel, Alfred: Materialistische Erkenntniskritik und Vergesellschaftung der Arbeit, Berlin 1971

Sohn-Rethel, Alfred: Warenform und Denkform, Frankfurt a. M./Wien 1971

Sohn-Rethel, Alfred: Das Geld, die bare Münze des Apriori, in: Paul Mattick u. a.: Beiträge zur Kritik des Geldes, Frankfurt a. M. 1976

Sollte, Dirk: Weltfinanzsystem in Balance – Die Krise als Chance für eine nachhaltige Zukunft, Köln 2009

Sombart, Werner: Der moderne Kapitalismus, 2 Bände, Leipzig 1902

Spann, Othmar: Die Haupttheorien der Volkswirtschaftslehre, 18. Aufl., Leipzig 1928

Spengler, Oswald: Der Untergang des Abendlandes, 2 Bände, München 1971

Topitsch, Ernst (Hg.): Logik der Sozialwissenschaften, Köln/Berlin 1971

Yablonsky, Lewis: Der Charme des Geldes, Köln 1992

Wetter, Gustav A.: Der dialektische Materialismus, 2. Aufl., Freiburg 1953

The manufacturer's authorised representative in the EU is Springer
Nature Customer Service Centre GmbH, Europaplatz 3, 69115 Heidelberg,
Germany. If you have any concerns regarding our products, please
contact ProductSafety@springernature.com

Printed and bound by CPI Group (UK) Ltd, Croydon, CR0 4YY
27/04/2026
02097650-0005